上海市高校智库年度研究报告

"一带一路"实践探索与问题研究

主编　李巍

格致出版社　上海人民出版社

序　言

　　自 2013 年习近平主席提出"一带一路"("丝绸之路经济带"和"21 世纪海上丝绸之路")倡议以来,中国已经同 150 多个国家和 30 多个国际组织签署了共建"一带一路"合作文件。"一带一路"倡议的核心在于倡导共商、共建、共享的原则,这一理念从根本上打破了传统国际治理格局中少数国家主导的局面,引领全球治理向更加民主化、平等化的道路迈进。同时,该倡议高度重视发展与合作,通过强化基础设施建设、促进贸易和投资环境的便利化、深化产能合作等多维度举措,为沿线国家创造了切实可行的发展契机,显著提升了它们应对全球性挑战的能力。此外,"一带一路"倡议还积极践行绿色、低碳、可持续的发展理念,不仅致力于推广清洁能源的应用,还着力加强生态环境保护,并推动绿色产业间的紧密合作。这些努力不仅为参与国家树立了绿色发展的典范,同时也为全球治理体系注入了宝贵的绿色发展动力,推动整个国际社会向更加环保、可持续的未来迈进。

　　中国与"一带一路"合作伙伴所开展的务实合作表明,"一带一路"倡议已经成为覆盖范围广、规模大、参与力量多、产生效用深的全球合作与发展的新道路。即使面临全球新冠疫情的持续冲击,也没能阻断中国与合作伙伴共建"一带一路"的步伐,未来,"一带一路"倡议下的合作将继续沿着高质量发展方向不断前进。

　　在全球化的浩瀚蓝图中,国际社会的互动与交融正以前所未有的深刻性和广泛性重塑着世界的每一个角落。人口迁移的洪流、国际合作倡议的兴起以及地区间的战略互动,共同编织出一幅既复杂多变又充满活力的世界发展宏图。《"一带一路"实践探索与问题研究》,正是在这一波澜壮阔的历史性背景下,立足于当今国际经济、历史、政治现实,全面而深入地剖析了"一带一路"倡议的实践进展与显著成效,同时也深刻揭示了其面临的多重挑战与困境。

本书第一章聚焦亚洲地区的人口迁移及冲突因素。亚洲作为承载着古老文明与现代活力的大地,因其庞大的人口基数、复杂多变的地缘政治环境以及多元化的经济发展模式,自然而然地成为国际人口迁移的热点区域。人口迁移的浪潮不仅映射出了亚洲地区内部的深刻社会变革与经济转型,更在国际社会的互动格局中留下深刻的印记,推动了全球人口流动格局的重塑。在此背景下,中国于2013年提出的"一带一路"倡议,作为深化国际合作与开放的战略构想,不仅为亚洲乃至全球范围内的人口合理流动与资源优化配置注入了新的活力,开启了国际合作的新篇章,还促进了区域间更为紧密的人口与经济联系,为构建人类命运共同体贡献了重要力量。

第二章的研究对象为中国与中亚共建丝绸之路经济带。中亚地区作为"一带一路"倡议不可或缺的核心区域,其在中国与沿线国家合作中的战略地位尤为重要。中亚地区不仅与中国拥有深厚的历史渊源和坚实的政治基础,更在贸易、投资、能源、交通运输以及人文交流等多个领域与中国开展了广泛而务实的合作,取得了令人瞩目的成果。然而,部分中亚地区国家长期以来面临着由内部矛盾和大国博弈所导致的区域安全问题,这给中亚地区的繁荣与稳定带来了较大压力。在此背景下,中亚国家积极参与"一带一路"建设,不仅为其发展经济、改善民生提供了重要契机,也为其在国际舞台上发挥更大作用创造了有利条件。因此,如何加强中国与中亚国家之间的合作机制,共同应对这些挑战,成为双方亟待解决的问题。深入分析中亚各国的具体需求与合作意愿,对于准确理解该地区在"一带一路"建设中的独特地位及其深远影响至关重要。这不仅有助于深化双方合作,还能为构建双方共赢发展的坚实基础提供有力支撑,从而在复杂多变的国际环境中,共同推动中亚地区的稳定与发展迈向新台阶。

第三章从企业对沿线地区的直接投资的视角探讨如何实现"一带一路"倡议与上海国际金融中心建设的协同。十余年来,"一带一路"倡议顺应时代潮流,深得民心,惠及民生,造福天下,不仅实现了沿线国家的互利共赢,更为世界各国的发展开辟了前所未有的新机遇,同时也为中国的开放发展打开了新天地。通过拓宽经济合作领域,加强基础设施建设,促进贸易和投资便利化,深化产能合作,"一带一路"倡议不仅为沿线各国构筑了切实可行且充满潜力的发展平台,极大增强了它们应对全球性挑战的能力,还有力促进了沿线国家的共同繁荣与兴盛。同时,这一倡议更为全球经济的稳健前行和区域均衡发展的宏伟蓝图注入了强劲的新动力,开创了新时代国际合作的新纪元,并且在全球经济治理体系中,展现出了中国所扮演新角色的新作为,以及作出的新贡献。可以看到,"一带一路"建设的稳步推进将对上海国际金融中心建设提出更高的要求。

然而,机遇与挑战总是并存的,一方面,在亚洲大规模人口迁移的过程中,非法移民、难民危机以及人口贩运等问题日益凸显,另一方面,世界各国还面临着地缘政治风险、经济安全风险、文化冲突等的持续冲击,这些都对"一带一路"倡议的深入实施构成了严峻挑战。同时,国际社会对"一带一路"的认知与反应,尤其是美国等大国的态度,对"一带一路"倡议的未来走向具有重要影响。值得一提的是,美国智库作为美国对外政策决策体系中的关键组成部分,其研究与分析往往能直接触及美国政治决策的核心,深刻影响着美国的内外政策走向。因此,尽管美国对"一带一路"倡议的官方态度相对保守与冷淡,但美国智库的视角却为我们打开了理解美国对"一带一路"倡议态度的另一扇窗。通过对美国主流智库的深入研究与分析,我们得以窥见其对"一带一路"倡议的认知取向、分析动向及潜在的政策导向,这不仅揭示了国际间复杂多变的互动关系,也为我们在推进"一带一路"倡议、调整对外政策时提供了宝贵的参考意见,指引着我们探索更加灵活有效的合作路径。因此,第四章的内容聚焦"美国主流智库与'一带一路'研究"。

综合这些维度的考察,《"一带一路"实践探索与问题研究》从国际人口迁移的动态视角切入,深度剖析了"一带一路"倡议在实践中的进展与挑战,细致考察了美国智库对这一倡议的认知与反应,并重点聚焦中亚地区在"一带一路"倡议中的独特地位与重要作用,以及中国对沿线国家和地区积极开展投资合作以顺应时代潮流的期许。这些内容相互交织、彼此支撑,共同构建了一个关于"一带一路"倡议较为全面而深入的研究框架。《"一带一路"实践探索与问题研究》旨在为读者打开一个全面了解"一带一路"倡议的窗口,不仅揭示其在现实中的具体实施情况,更深刻探讨其背后的全球合作新路径。通过理解各国的政策反应和地区间的复杂互动,为政策制定者、学者以及所有关心全球化发展的人士提供了一个宝贵的分析框架。

展望未来,高质量共建"一带一路"不仅是中国对外战略的重要组成部分,也是推动全球治理体系变革的重要力量。面对百年变局和区域冲突交织叠加的复杂形势,中国将继续彰显负责任大国的担当,以实际行动为共建"一带一路"提供更强动力、更大空间、更优路径。同时,我们也应看到,"一带一路"倡议在推进过程中仍面临着诸多挑战和困难,需要我们进行深入研究和妥善应对。因此,在高质量共建"一带一路"的过程中,我们需要更加注重风险防控和安全管理,加强与国际社会的沟通和协调,推动形成更加稳定、可持续的发展环境。希望我们的努力能够在理论与实践两个层面,为未来的"一带一路"相关研究提供启示,进而为推动这一倡议的深入实施和不断完善、助力全球合作共赢贡献一份力量,并共同书写"一带一路"倡议的新篇章,为构建人类命运共同体添砖加瓦。

华东师范大学周边合作与发展协同创新中心,作为上海市教育委员会的一家重点智库,理应为中国高质量推进"一带一路"建设提供智力和人才的支撑。为此,我们在推进国际政治经济学、地缘政治学、区域国别研究和历史学的跨学科协同研究基础上,重点聚焦大国关系、周边国家对华关系和服务地方(上海市)经济与社会发展等领域的学术研究和咨政服务,这也与"一带一路"建设的主要方向吻合。同时,针对国际和周边形势的迅速变化以及推进中国特色大国外交的需要,呼应国内专业主管部门、企业、学术、舆论界对中国与世界了解的需求,以及契合国内外学术交流的节奏,我们每年还推出若干系统性智库研究报告,既强化智库特色和研究重点,也有力地提升决策咨询能力和社会影响力。除此之外,上海师范大学天华学院作为一所具有鲜明特色的民办高等院校,也积极投身于"一带一路"建设的相关研究与实践,为本书的撰写出版提供了一定的帮助和支持。

承蒙格致出版社的合作与帮助,《"一带一路"实践探索与问题研究》得以顺利出版。希望借助这本基于扎实可靠分析与评估结果的著作,呼应当前推进"一带一路"高质量建设的需要,期待得到各界朋友的批评指正。

借本书出版之际,在此谨向各位作者和格致出版社的有关领导和同仁,表示衷心的谢意!

李 巍

2025 年 1 月于上海

目　录

亚洲地区的人口迁移及冲突因素考察

潘兴明

亚洲在多种因素的作用下,成为国际人口迁移的重要地区之一,呈现出移民人口庞大、种类多样、受冲突影响明显等特点。因此,亚洲的人口迁移,包括合法移民、非法移民、难民和人口贩运等,需要纳入综合考察和应对的范围。在此,我们将对亚洲地区的国际人口迁移进行专门考察。

一、当今国际移民背景下的亚洲移民及难民走势

在当今的全球化时代,人员流动与资本、技术和信息的流动一样频繁,且总量不断增长。根据联合国的数据,国际移民的人数从 2000 年的 1.73 亿,增加到 2005 年的 1.91 亿、2010 年的 2.20 亿、2015 年的 2.47 亿和 2020 年的 2.81 亿。[①]由此可见,国际移民占世界人口的比例也保持了持续上升的态势。

而且,世界各国和地区均参与其中,传统意义上的移民输出地、输入地和中转地的地位虽依然存在,但其中的界限却日趋模糊。一个新的趋势已经出现———一批新兴经济体正在从移民输出地向移民输入地转化,或者更确切地说正在成为移民输出-输入复合型国家。

造成国际移民现象的原因除了全球化之外,传统的经济因素仍然是主要移民动因之一。经济发展水平较低的国家人口向经济发展水平较高的国家流动

---

① Department of Economic and Social Affairs, United Nations, International Migration Report 2020, United Nations：New York, 2020, p.5.

表 1.1　21 世纪国际移民情况表

年份	国际移民人数（人）	国际移民占世界人口百分比（%）
2000	173 230 585	2.8
2005	191 446 828	2.9
2010	220 983 187	3.2
2015	247 958 644	3.4
2020	280 598 105	3.6

资料来源：International Organization for Migration, World Migration Report 2024, Geneva, 2024, p.22。

仍然是主要趋势之一。因此,高收入国家仍然是主要的移民输入地。2020 年高收入国家接纳的国际移民占 65%(1.82 亿人),中等收入国家接纳的国际移民占 31%(0.86 亿人),低收入国家仅接纳了 4%(0.12 亿人)。[①]2020 年排列前五的移民输入地为美国(5 100 万人)、德国(1 600 万人)、沙特阿拉伯(1 300 万人)、俄罗斯(1 200 万人)和英国(900 万人)。[②]

国际移民对世界人口动态产生了影响,并呈现出新颖的特性。首先,国际移民的增长速度超过了世界人口的增长速度,表现为国际移民在世界人口中的比例上升。2000 年,国际移民占世界人口的 2.8%。到 2015 年,这个比例上升到 3.4%。而至 2020 年,这个比例上升到 3.6%。[③]在各大地区移民增长规模方面,2000—2020 年中亚和南亚地区的增长幅度位居第一。[④]

其次,新冠疫情对国际移民的迁徙造成了明显的影响。新冠流行及其带来的应对措施,大幅度减少了国际交通的运量,国际移民受到直接的波及。据联合国专门机构的估计,到 2020 年中期,新冠流行造成的干扰可能导致全球国际移民数量减少约 200 万,比 2019 年 7 月至 2020 年 6 月预计的增长下降约 27%。[⑤]

---

① Department of Economic and Social Affairs, United Nations, International Migration Report 2020, 2020, p.5.

② *Ibid.*, 2020, p.10.

③ International Organization for Migration, World Migration Report 2024, Geneva, 2024, p.19.

④ Department of Economic and Social Affairs, United Nations, *ibid.*, 2020, p.17.

⑤ *Ibid.*, 2020, p.1.

再次,国际移民的人数增长具有普遍性特征,大部分地区在移民移出方面均有一定幅度的增长。根据联合国的统计,以国际移民的出生地(来源地)来看,欧洲占据首位,其移民人数高达 6 300 万人,占世界移民总数的 23%。列第二位的是中亚和南亚地区,在此出生的移民人数为 5 100 万人。其他地区的数据依次为:拉丁美洲及加勒比地区 4 300 万人;东亚和东南亚地区 3 800 万人;北非和西亚地区也是 3 800 万人;撒哈拉以南非洲 2 800 万人;北美洲 400 万人;大洋洲 200 万人。另有 1 300 万人的国际移民来源地不明。①需要注意的是,亚洲的数据被分列于三个不同地区,实际上亚洲的国际移民人数名列第一,因为仅仅是中亚和南亚地区加上东亚和东南亚地区就已达到 8 900 万人之多,另外还要加上西亚地区。

最后,国际移民对移居地(目的地)和来源地的经济社会发展作出了显著的贡献。国际移民对移居地的作用主要体现在三个方面:第一,增加移居地人口总量,提高青壮年及儿童比例,缓解老龄化现象;第二,提供专门人才和劳动力供给,增强专业人才的配置和建设,弥补某些行业的劳动力不足。第三,增加税收、消费及投资,推动经济发展。对来源地的作用则主要体现在经济方面,尤其是在移民向来源地的家庭成员或社区机构的汇款方面。据相关统计,自 2000 年以来,国际移民的汇款额一直呈增加的走势,即从 1 280 亿美元(2000 年)增加到 2022 年的 8 310 亿美元。移民汇款对部分收款国的经济发展和民生维持都至关重要。如在以下几个国家,移民汇款占国内生产总值相当大的比例:塔吉克斯坦(51%)、汤加(44%)、黎巴嫩(36%)、萨摩亚(34%)和吉尔吉斯斯坦(31%)。②

另一方面,由于 21 世纪以来连续发生多场规模较大的局部性战争和其他冲突,加上交通条件的改善、难民避难的能力提高和国际社会的积极回应和协助,世界难民的人数达到了自第二次世界大战结束以来的最高点。联合国难民署将难民统称为"受迫流离失所者"(forcibly displaced people),包括国际难民、国内流离失所者、寻求庇护者,等等。据联合国难民署的数据,2023 年受迫流离失

---

① Department of Economic and Social Affairs, United Nations, International Migration Report 2020, 2020, p.15.

② International Organization for Migration, World Migration Report 2024, Geneva, 2024, p.38.

所者的总数多达 1.186 亿人,其中国内流离失所者最多,为 6 830 万人;其次为由联合国难民署和联合国近东巴勒斯坦难民救济和工程处负责管理的 3 760 万难民;余下的为 690 万寻求庇护者和 580 万需要得到国际社会保护的人员。[①]在接纳难民的国家中,中低收入国家占据主导地位,尤其是位于或靠近冲突地区的这类国家。2023 年,中低收入国家接纳的难民,占当年难民总数的 75%。相邻国家和地区接纳难民的比例为 69%。[②]2023 年接纳难民最多的五个国家如表 1.2 所示。

表 1.2　2023 年接纳难民主要国家情况表　　　　(单位:万人)

国　别	接纳难民数量
伊　朗	380
土耳其	330
哥伦比亚	290
德　国	260
巴基斯坦	200

资料来源:The UN Refugee Agency, Global Trends：Forced Displacement in 2023, UN High Commissioner for Refugees：Copenhagen, 2024, p.20。

伊朗和巴基斯坦接纳的难民几乎全部来自阿富汗,土耳其接纳的难民大多来自叙利亚。哥伦比亚的难民主要来自邻国委内瑞拉等。德国接纳的难民来源地较多,包括乌克兰(110 万人)、叙利亚(70.6 万人)、阿富汗(23.5 万人)和伊拉克(14.6 万人),而且德国与这些难民来源地均不接壤,是这五大难民接纳国中的唯一例外。[③]

另一方面,主要的难民来源地均受到武装冲突、社会动荡的直接影响。因此,难民产生的来源地十分集中。据联合国难民署的数据,国际难民的将近 3/4 来自排名靠前的五个难民来源地,如表 1.3 所示。

[①]　The UN Refugee Agency, Global Trends：Forced Displacement in 2023, UN High Commissioner for Refugees：Copenhagen, 2024, p.2.

[②]　The UN Refugee Agency, *ibid.*, p.2.

[③]　The UN Refugee Agency, *ibid.*, p.20.

表 1.3　2024 年难民主要来源地情况表　　　　（单位:万人）

国　　别	输出难民数量
阿富汗	640
叙利亚	640
委内瑞拉	610
乌克兰	600
南苏丹	230

资料来源:UNHCR，2024. https://www.unhcr.org/refugee-statistics/。

　　阿富汗是美国发动的"反恐"战争的直接受害者。这场战争产生的国内外难民人数远多于联合国统计的 640 万余人,实际上多达 1 100 万人[①],阿富汗难民逃往的国家多达 108 个,但绝大多数前往两个邻国——伊朗和巴基斯坦,比例高达 90%。叙利亚难民的流动方向是欧洲大陆,但由于受到欧洲国家边境管制的限制,大部分(73%)叙利亚难民居住在邻国,包括土耳其(320 万人)、黎巴嫩(78.49 万人)和约旦(64.91 万人)。委内瑞拉是这五个国家中唯一未受武装冲突影响的难民来源国,经济困难和社会动荡是造成该国出现难民潮的主要原因。委内瑞拉难民的避居国主要是拉丁美洲国家,特别是邻国——哥伦比亚(290 万人),以及秘鲁、厄瓜多尔、智利等,此外近期也有相当数量的委内瑞拉人进入美国。乌克兰难民的分布地区集中在欧洲一带,其邻近国家接纳了约 260 万人,其余的接纳国也大多是欧洲国家。[②]除了前往国外的约 600 万难民之外,乌克兰国内还有 370 万人成为国内流离失所者。[③]南苏丹的武装冲突和内战导致大量难民前往邻国避难。

　　亚洲作为人口最多和经济活动十分活跃的大洲,在国际移民方面占有重要地位,既是国际移民的主要输入地(目的地),也是主要输出地(来源地)。出于经济原因的移民(自愿型移民),主要由出国务工的劳工移民构成,是亚洲国际

---

　　① 《20 年战争:阿富汗之"伤"　美国之"害"》。新华社,2021 年 8 月 20 日,http://www.xinhuanet.com/2021-08/20/c_1127781046.htm。

　　② The UN Refugee Agency，Global Trends：Forced Displacement in 2023，UN High Commissioner for Refugees：Copenhagen，2024，p.18.

　　③ 《外媒:俄乌冲突两年后,更多乌克兰民众不愿返乡》,《参考消息》2024 年 2 月 22 日,https://app.xinhuanet.com/news/article.html?articleId=4aef473eb01f3b807fb17d4fa0e586db。

移民的主要构成部分之一。另外,这类移民中还包括经商、就学、人才流动和投资类移民等。同时,阿富汗、伊拉克、叙利亚等战争和冲突均发生在亚洲,造成大量当地人口丧失家园,出现大规模难民(非自愿型移民)潮。根据联合国的最新资料,2020 年亚洲的国际移民人数高达 1.15 亿人,占亚洲现有总人口的约 2.5%。[①]同年,超过一半(6 900 万人)的移民居住在亚洲范围之内,较 2015 年大幅增加,当时估计约有 6 100 万人居住在亚洲大陆。过去 20 年里,移居北美洲和欧洲的亚洲移民人口也大幅增加。2020 年,从亚洲移民至北美洲的人数达到 1 750 万人,略高于 2015 年的 1 730 万人;而在欧洲,2020 年来自亚洲的移民人数为 2 300 万人,高于 2015 年的近 2 000 万人。[②]

表 1.4　2020 年亚洲及太平洋地区移民情况表　　　(单位:万人)

地　区	移入移民	移出移民	移民合计
东　亚	900	1 370	2 270
东南亚	1 060	2 360	3 420
南　亚	760	2 990	3 750
西南亚	620	1 350	1 970
太平洋地区	910	190	1 100
亚太总计	4 250	8 260	12 510

资料来源:IOM, Asia-Pacific Migration Data Reort 2022, IOM Regional Office for Asia and Pacific, Bangkok, 2023, p.3。

在亚洲接纳国际移民较多的国家中,首先为经济发展水平较高的国家和地区。如在东南亚国家中,经济发展水平较高的新加坡和文莱是主要移民目的地;经济发展水平较低的印度尼西亚、老挝、菲律宾、缅甸、越南和柬埔寨是主要移民来源地;而经济发展处于中等水平的马来西亚和泰国则兼具两种移民国家的角色,既输出移民也输入移民。其中新加坡的经济发展水平最为突出,2020 年的国际移民人数总计为 252 万人,占该国总人口将近一半。[③]东亚的日本、韩

[①]　International Organization for Migration, World Migration Report 2024, Geneva, 2024, p.66.

[②]　IOM, "Asia and Pacific", 2024, https://www.iom.int/asia-and-pacific.

[③]　Statista, "Number of Immigrants in Singapore from 2005—2020", May 29, 2024, https://www.statista.com/statistics/698035/singapore-number-of-immigrants/#:~:text=In%202020%2C%20there%20were%20about,population%20of%20about%205.7%20million.

国等也属移民目的地,接纳国际移民均超过百万人。

其次为对外国劳动力需求较大的资源丰富国家。这一点在中东产油国表现得尤为突出。这些国家的本国劳动力不敷劳动力市场需要,而且由于本国公民的福利待遇优厚,不愿从事一些低收入、高危险行业的工作,加上文化习俗的限制、本国女性的就业受限以及经济快速发展的需要,其建筑业、服务业等对外国劳动力需要十分庞大。2020 年,沙特阿拉伯的国际移民高达 1 345.5 万人;而在阿联酋,国际移民的人数为 871.6 万人,远远超过本国出生的公民人数。①

最后为所在地区经济发展领先国家,同时也是吸引周边国家移民的目的地。这一类国家的较典型代表除了上文提到的位于东南亚的新加坡之外,还有中亚的哈萨克斯坦和南亚的印度。哈萨克斯坦的经济发展水平较高,就业机会较相邻国家充分,对其他中亚国家的劳工移民具有吸引力。而且,由于中亚国家之间互免签证,大批来自乌兹别克斯坦、吉尔吉斯斯坦和塔吉克斯坦的劳工在哈萨克斯坦工作,据统计,2020—2023 年间其人数高达 72.5 万人之多。②印度的国际移民特点是输出移民和输入移民的规模都很庞大。印度既接纳了周边国家的大量移民,也向中东国家输出许多劳工。中东产油国是南亚劳工移民的主要移出目的地。2019—2022 年,南亚地区主要国家对外输出劳工的人数为:孟加拉国从 70 万人增加到 113.6 万人,巴基斯坦从 62.6 万人增加到 83.2 万人,尼泊尔从 50.9 万人增加到 63 万人。印度则略基本持平,从 36.8 万人减少到 36.6 万人。③

与此同时,亚洲是当今难民的主要来源地和接纳地之一。如上文所述,2020 年接纳难民最多的五个国家中,有三个是亚洲国家,即排名第一、第二和第五位的伊朗、土耳其和巴基斯坦。发生在叙利亚、阿富汗和伊拉克等地的战争和冲突,是制造亚洲难民潮的最主要原因。关于叙利亚和阿富汗的个案考察,具体

① Statista, "Countries with the Largest Immigrants Population Worldwide in 2020", June 14, 2024, https://www.statista.com/statistics/1378084/migrants-stock-world-highest-population/.

② Almaz Kumenov, "Kazakhstan Cracking down on Illegal Migration", Eurasianet, May 9, 2024, https://eurasianet.org/kazakhstan-cracking-down-on-illegal-migration-in-aftermath-of-moscow-terror-attack.

③ IOM, Asia-Pacific Migration Data Report 2022, IOM Regional Office for Asia and Pacific, Bangkok, 2023, p.16.

见下文(本章第三节和第四节)。

难民的流动更加具有不可控和不可预测的特性,对于难民何时、何地,以及以何种规模迁徙,有关国家更加难以掌握和应对。而且与应对非法移民不同,不能简单地用围堵和打击的方式加以处理,而是要按照国际公约的规定,给予人道方面的救助和收容,需要付出更大的人力和物力资源,产生的后果也更加深远。在经济方面,首先,难民往往给接纳地带来额外的经济负担,需要从国际社会及国际组织获得支援才能应付过去。其次,难民中大量低技能青壮年的到来,会给接纳地的就业市场带来竞争和压力,会减少本国人的就业机会并压低工资水平。所以,土耳其、巴基斯坦等主要难民接纳国均对难民的就业采取了限制措施。另一方面,难民对那些缺乏劳动力和老龄化严重的接纳地带来新的活力,他们将弥补劳动力的不足和改善人口年龄结构。下文将对叙利亚难民和阿富汗难民进行专门的个案研究。

二、亚洲的非常规移民和人口贩运考察

所谓非常规移民(irregular migration),通常又称非法移民,但其包括范围又超过了通常意义上的非法移民。非法移民通常有两种情况:一种是非法入境,指未经入境国的合法授权和批准、未能持有合法入境法律文件(签证等),规避各种入境检查,非法入境的移民行为。主要形式有偷越国境(偷渡)等。另一种是合法入境,但从事与所申报入境事宜不相符合的事宜,或未经批准逾期居留。如持旅游签证入境,却在入境国就业或学习等。除了以上的非法移民之外,非常规移民还包括有组织的国际走私和贩卖人口活动以及难民,等等。

在当今运输技术和渠道相当发达的情况下,旧日阻隔人类迁徙的高山大川已不再是移民运动的障碍。各国对于出入境和外国人就业、居住和学习等方面的管理和控制成为规范和控制移民运动的主要工具和手段。而根据国家利益,各国在人口迁移和流动方面,特别是国际性人口迁移和流动方面均有不同程度的控制和限制。即使是在全球化时代,完全打开国门的国家也并不存在。由于有合法的管理和限制存在,那些试图违反或规避这些管理和限制的非法移民行为便如影随形。在现实世界中,主权国家对出入境实行管控,对入境的本国公

民要求提供和查验护照,对外国公民要求提供和查验护照与签证。即使是在所谓的"免签证"的情况下,一般也只是对外国公民进入本国国境旅游、探亲、商务等短期停留予以免办签证,通常并不允许就业、学习或长期居住等。所以,非法移民是当今移民活动中的常见现象,只是在不同国家出现的程度不同。

与合法移民不同,有关非法移民的数据均不够完整和及时。原因很简单,非法移民出于对被查获、惩处和遣返的担心,自然不会到有关部门登记或申报。各国际组织和各国政府所得到或提供的相关数据,因此均为估计数据。据美国方面的估计,2019 年美国的非法移民中有 169.7 万人来自亚洲,占非法移民总数的 15%。在非法移民的国别来源中,印度是位居前五的来源国中唯一的亚洲国家(其余均为拉美国家),非法移民人数为 55.3 万人,占在美国的非法移民总数的 5%。①根据国际移民组织(International Organization for Migration,IOM)编纂的《2024 年世界移民报告》,在东南亚地区,移民接纳地对劳动力的巨大需求与移民来源地存在的严重失业现象并存,形成了组织完善的非法移民人口走私网络,导致该地区出现大规模非法移民潮。如在经济发展水平较高的泰国和马来西亚就存在着大量的非法劳工移民。②不仅是移民接纳国,而且包括移民来源国在内,对本国非法移民的情况也只是掌握大概情况。以菲律宾为例,菲律宾侨民委员会(Commission on Filipinos Overseas)的最新数据显示,该国在国外的非法移民约为 120 万人。③

人口贩运又称人口拐卖,是通过强制手段掠取、运输和卖出人口,从中牟利的违法犯罪行为,非法移民是其主要受害者之一。按照《联合国打击跨国有组织犯罪公约关于预防、禁止和惩治贩运人口特别是妇女和儿童行为的补充议定书》(United Nations Protocol to Prevent,Suppress and Punish Trafficking in Persons,Especially Women and Children),"'人口贩运'系指为剥削目的而通过暴力威胁或使用暴力手段,或通过其他形式的胁迫,通过诱拐、欺诈、欺骗、滥用

---

① MPI(Migration Policy Institute),"Profile of the Unauthorized Population:United States",2019,https://www.migrationpolicy.org/data/unauthorized-immigrant-population/state/US.

② International Organization for Migration,World Migration Report 2024,Geneva,2024,p.71.

③ Commission on Filipinos Overseas,"Stock Estimate of Filipinos Overseas",2024. https://cfo.gov.ph/statistics-2/.

权力或滥用脆弱境况,或通过授受酬金或利益取得另一个有控制权的某人的同意等手段招募、运送、转移、窝藏或接收人员。剥削应至少包括利用他人卖淫进行剥削或其他形式的性剥削、强迫劳动或服务、奴役或类似奴役的做法、劳役或切除器官"①。参与人口走私的人员完全或部分出于自愿,通常愿意通过支付相关费用的方式实现偷渡他国的目的,开始新的生活或寻找新的人生发展机会。而被贩卖的人员则完全是被强制或欺骗离开原居住国,被运到他国出售,受到人身盘剥,丧失人身自由。其受盘剥的具体方式包括:强制劳动、强迫出卖肉体、强迫出卖人体器官等,被贩卖者处于被奴役的地位,与奴隶无异。非法移民在以上两种类型的非法人口迁徙中均占一定的比例。

人口走私和贩卖是非常规移民中的有组织犯罪行为。犯罪组织及个人通过将移民非法运入他国国境,从中获取经济收益和利益。被走私和贩卖的移民既是这种犯罪活动的受害者,有时也可能是参与者,其本身也是非法移民。由于个人(俗称的"人蛇")在偷越国境方面能力有限,资讯不通,所以往往求助于人口走私及偷渡组织或个人,即俗称的"蛇头"的安排和协助。个人需要交纳一笔费用,用作偷渡开支和人口走私组织及个人的利润收入。由于合法移民渠道难以充分满足各种人口迁移的需要,所以这种非常规移民就有了存在的空间,在经济动因的移民活动中也普遍存在,表现为低收入国家的部分移民通过这种方式向高收入国家迁移和流动。人口走私的规模相当庞大,但由于其非法性质,所涉及确切人数无法得知。

人口贩运大多发生在所在地区或大洲之内,但跨国和跨地区的人口贩运对国际秩序的影响更大,更加需要引起关注。目前国际人口贩运的流向是从欠发达国家向发达国家流动。经济富裕国家是吸引国际贩运人口流入的目的地,主要有西欧、北美和中东地区。而国际人口贩运的来源地区主要是南亚、东南亚、东亚、中亚和非洲、南美洲以及东欧等。

据联合国毒品和犯罪问题办公室的最新研究报告《2022 年全球人口贩运报告》(Global Report on Trafficking in Persons 2022),目前全球人口贩运偷渡出现

---

① 联合国:《联合国打击跨国有组织犯罪公约关于预防、禁止和惩治贩运人口特别是妇女和儿童行为的补充议定书》,http://www.un.org/chinese/esa/women/protocol1.htm。

了一些新的动向,值得引起注意和防范,并推出针对性的法规政策加以治理。

这些新动向主要有:

- 被寻获的人口贩运偷渡受害者数量20年来首次较大幅度下降,其主要是因为新冠疫情限制了运输条件,同时疫情可能将人口贩运偷渡活动推向地下,并限制了执法部门打击相关犯罪的能力;
- 疫情期间性剥削贩运活动被发现的机会较平时减少;
- 反人口贩运偷渡应对措施不足,受害者更多的只能依赖"自救";
- 疫情期间全球人口贩运偷渡定罪率下降,幅度加大;
- 非法移民来源地打击人口贩运偷渡不力,导致更多受害者被贩运到更多的目的国和地区;
- 战争和冲突为人口贩运分子提供了新的活动空间和资源;
- 气候变化使贩运人口风险成倍增加;
- 随着新剥削形式的出现,男性在被寻获的受害者中所占比例略有增加;
- 妇女和儿童更多地遭受人口贩运者的暴力对待;
- 人口贩运者组织程度越高,对受害者剥削和施加暴力程度越高,持续时间越长。①

从表1.5可以看出,世界各国寻获的人口贩运偷渡受害者的人数自2003年以来基本上保持逐年增加的走势(2007年除外)。2020年出现明显的拐点,下降幅度较大,较2019年减少了11%之多。其中被寻获的以性剥削为目的的人口贩运受害者减少24%、跨边界人口贩运受害者减少21%。②

在世界各主要地区中,2020年被寻获的人口贩运受害者均比上一年有明显的下降,从中可以看出新冠疫情的影响,但北美洲的情况例外,被寻获人口贩运受害者的人数上升了14%。如表1.6所示。

---

① UNODC, Global Report on Trafficking in Persons 2022, UN Publications, Vienna: 2023, p.ii.

② *Ibid.*, p.18.

表 1.5 2003—2020 年世界被寻获人口贩运偷渡受害者占人口比例情况表

（单位:每十万人）

年份	比例（%）	年份	比例（%）
2003	0.29	2012	0.53
2004	0.33	2013	0.58
2005	0.45	2014	0.58
2006	0.47	2015	0.65
2007	0.45	2016	0.72
2008	0.45	2017	0.90
2009	0.46	2018	0.94
2010	0.50	2019	1.13
2011	0.54	2020	1.00

资料来源:UNODC, Global Report on Trafficking in Persons 2022, UN Publications, Vienna：2023, p.17。

表 1.6 2019—2020 年各主要地区被寻获人口贩运外籍受害者情况表

地　区	变动比例(%)
北美洲	+14
西欧和南欧	−15
中美洲及加勒比	−27
撒哈拉以南非洲	−36
南美洲	−58
北非和中东	−70
南亚	−81
东亚和太平洋	−81

资料来源:UNODC, Global Report on Trafficking in Persons 2022, UN Publications, Vienna：2023, p.21。

人口贩运受害者所受到的剥削和压榨的主要方式有三种:性剥削、强迫劳动和其他剥削。具体而言可分为以下几类:强迫劳动(38.8%)、性剥削(38.7%)、混合类别(10.3%)、强制犯罪活动(10.2%)、强迫婚姻(0.9%)、强制乞讨(0.7%)、非法流产(0.3%)、强摘器官(0.2%)。①各地区在受害者群体和受剥削压榨的类别上也存在差异。在北美洲、中美洲及加勒比地区,受害者以女性为主,被贩运和偷渡的主要目的是进行性剥削;在欧洲、中东和北非地区,受害者以男性居多,成年男性被贩运的主要目的是强迫劳动,未成年男性则是为了从事强制犯罪活动。此外在撒哈拉以南的非洲,儿童成为人口贩运的主要受害者,主要目的是从事强迫劳动。南亚的儿童贩运也相当严重,其目的也类似,包括强迫劳动和性剥削以及强迫婚姻。西欧和南欧的情况有所不同,相当大比例的人口贩运受害者被迫从事强制犯罪活动或非法的混合类别活动。

在人口贩运的犯罪活动受害者中,女性和儿童等弱势群体占比大,遭受更多的剥削和暴力侵犯。2020 年,被寻获的人口贩运受害者中女性占 60%(成年女性为 42%、未成年女性为 18%),男性占 40%(成年男性为 23%、未成年男性为 17%)。在人口贩运过程中,女性受到更多的暴力侵犯及性侵犯,具体的受侵犯案件数目是男性的三倍。而未成年人口贩运受害者的受侵犯比例比成年人口贩运受害者高 70%。②

人口贩运的活动范围大多是在国境之内,其余不到一半是将受害者贩运到本地区内的其他国家、附近地区和其余较远的地区。如表 1.7 所示。

从 2017—2019 年的变动走势来看,人口贩运的活动范围中,来源地境内类别的下降最为明显,从 69%下降到 55%,下降了 14 个百分点,幅度高达 20%以上。而增长幅度最大的类别是地理距离最大的其余地区,从 7%增加到 21%,三年之间增长了两倍,表明人口贩运的国际化程度逐年提高,活动范围显著扩大。2020 年的走势有所不同,主要是新冠疫情造成的暂时性回调,其长期走势还有待观察和考证。

人口贩运的有组织犯罪的特征突出。在 2012—2020 年间,个人作为人口贩运者的比例只有 10%,而商业运作性质的有组织犯罪集团(Business-like type of organized crime groups)作为人口贩运者的比例将近一半,达到 46%,其组织性、暴力性和营利性最为显著。其他类型的人口贩运者包括有组织运行性质的犯

---

① UNODC, *Global Report on Trafficking in Persons 2022*, 2023, p.23.
② UNODC, *ibid.*, 2023, p.25.

表 1.7　2017—2020 年人口贩运受害者所处地区情况

年份	地　　区	所占比例（%）
2017	来源地境内	69
	所在地区以内	19
	附近地区	5
	其余地区	7
2018	来源地境内	65
	所在地区以内	17
	附近地区	7
	其余地区	11
2019	来源地境内	55
	所在地区以内	21
	附近地区	3
	其余地区	21
2020	来源地境内	60
	所在地区以内	18
	附近地区	6
	其余地区	16

资料来源：UNODC，Global Report on Trafficking in Persons 2022，UN Publications，Vienna：2023，p.42。

罪集团,占比为 23%。因此有组织的人口贩运形成国际犯罪网络,跨国运行,涉及的贩运者和受害者人数众多,涉及范围广、运行时间久、危害性更大。其余 21% 的人口贩运者为非组织犯罪性质的社会联系人或团体,即通过社会关系形成的非组织犯罪性质的人口贩运行为体及其网络,虽不具备犯罪目的,但也具有一定程度的组织性和违法性。[①]

此外,人口贩运受到冲突影响的特点同样引人注目,这一点与难民形成的原因相似,其中非洲和中东地区受到的影响最大。对此,联合国秘书长古特雷

---

① UNODC，Global Report on Trafficking in Persons 2022，2023，p.49.

斯指出:"对于掠食者和人口贩子来说,战争不是一场悲剧——而是一个机会。"[1]2020年在撒哈拉以南非洲,抵达这里的人口贩运受害者有63%来自发生冲突的地区。在北非和中东地区,这个比例是42%。排在第三位的东欧和中亚地区,有26%的人口贩运受害者来自冲突地区。另外,从人口贩运受害者的来源地来看,来自撒哈拉以南非洲的占73%之多,来自其他地区的比例依次为:北非和中东地区11%、亚洲7%、美洲6%、东欧和中亚3%。[2]

　　亚洲地区的人口贩运犯罪高企不下,每年都有数以百万计的受害者被贩卖到本地区乃至世界各地,约占整个世界这项犯罪活动受害者人数的一半。受害者人数庞大,仅东亚和太平洋地区就有约2 500万人之多。[3]贩卖人口已经成为仅次于毒品交易和武器交易之后第三个最有利可图的犯罪活动,每年的交易额约在100亿美元。[4]

表1.8　2003—2020年东亚和太平洋地区被寻获人口贩运受害者占人口比例情况

年份	比例(%)	年份	比例(%)
2003	0.12	2012	0.49
2004	0.12	2013	0.42
2005	0.23	2014	0.55
2006	0.28	2015	0.45
2007	0.36	2016	0.51
2008	0.39	2017	0.77
2009	0.33	2018	0.56
2010	0.30	2019	0.83
2011	0.42	2020	0.34

资料来源:UNODC, Global Report on Trafficking in Persons 2022, UN Publications, Vienna:2023, p.120。

---

[1]　UNODC, Global Report on Trafficking in Persons 2022, 2023, p.52.

[2]　UNODC, *ibid.*, 2023, p.52.

[3]　Mely Caballero-Anthony, "A Hidden Source", IMF, September 2018, https://www.imf.org/en/Publications/fandd/issues/2018/09/human-trafficking-in-southeast-asia-caballero.

[4]　Asia Life, "Human Trafficking in South East Asia", February 18, 2013, https://www.asialifemagazine.com/vietnam/human-trafficking-in-south-east-asia/.

　　总的来看,以上东亚和太平洋地区人口贩运受害者人数的走势曲线与同期的世界贩运人口走势曲线存在相似之处,即从 2003 年到 2019 年均保持总体上升的走势,在 2020 年都因新冠疫情而出现明显的拐点。同时两者也存在不同之处。世界贩运人口的走势曲线除其中的一年微降之外(2007 年从上一年的 0.47% 下降到 0.45%),大体上是逐年上升。而东亚和太平洋地区人口贩运受害者人数的走势曲线则四次出现下降的走势,分别发生在 2009 年、2013 年、2015 年和 2018 年,而且下降幅度均超过前者,其中以 2018 年的下降最为明显,下降幅度高达 27%。2017—2020 年,南亚地区人口贩运受害者人数的走势曲线波动幅度不大,在每十万人中所占比例为:2017 年 0.45%、2018 年 0.44%、2019 年 0.45% 和 2020 年 0.43%。①

　　根据联合国毒品和犯罪问题办公室的《全球人口贩运报告》,东亚、南亚和太平洋地区的人口贩运的受害者中,有 64%(全球比例为 40%)被迫从事强迫劳动,26%(全球比例为 53%)遭受性剥削。②到 2020 年,东亚和太平洋地区人口贩运受害者中,有 54% 被迫从事强迫劳动,38% 遭受性剥削。③亚洲地区人口贩运的另一个特点是受害者中女性和儿童的比例很高:女性占比 77%,儿童占比 36%。④据该机构最新统计资料,东亚和太平洋地区在 2020 年的人口贩运受害者中,女性占 54%,儿童占 7%。⑤国际移民组织与伦敦卫生和热带药物学院对柬埔寨、泰国和越南的 1 102 名人口贩运受害者进行了问询调查,发现他们所从事的职业可分为 15 个领域。被贩运人口的 72.9% 从事其中三大职业:性工作者占据首位,为 32.4%;从事渔业的占第二位,达到 27.1% 之多;占第三位的是工厂工人,占比 12.4%。而在 10—18 岁的青少年中,性工作者的人数超过一半。此外,被贩运者遭受暴力及性侵害的现象十分普遍。这项调查的受访者表示,将近一半(49.3%)的成年男性遭受暴力侵害,超过一半的成年女性(60.0%)遭受性侵害。这类强迫性移民的行动自由受到严格限制,而且加班时间很长。⑥另据国际

①　UNODC, Global Report on Trafficking in Persons 2022, 2023, p.130.

②　UNODC, Global Report on Trafficking in Persons 2014, Vienna, 2014, pp.5—7.

③　UNODC, Global Report on Trafficking in Persons 2022, 2023, p.121.

④　UNODC, Global Report on Trafficking in Persons 2014, pp.6—7.

⑤　UNODC, Global Report on Trafficking in Persons 2022, 2023, p.123.

⑥　Zimmerman and others, *Health and Human Trafficking in the Greater Mekong Subregion*, International Organization for Migration and London School of Hygiene and Tropical Medicine, 2014, pp.31, 36.

货币基金组织的资料,亚太地区是世界上强迫劳动利润最高的地区。柬埔寨、印度尼西亚和泰国的渔业强迫劳动现象屡见不鲜。人口贩运受害者每天工作长达 20 小时,但工资却很低甚至无工资可领。[①]2020 年以来,南亚人口贩运受害者从事的职业也以强迫劳动和性剥削为主,占总数的九成以上,其中被强迫劳动的占 56%、遭受性剥削的占 37%。[②]

需要指出的是,人口贩运大多发生在所涉及的国家之内,并不属于国际移民的范畴。而且由于人口贩运属于严重的刑事犯罪,所以隐蔽性很高,难以获得确切的人数,更难获得外界的救助。据国际劳工组织(International Labour Office)的估计,亚太地区存在着约 1 170 万名强迫劳工(persons in forced labour),占世界总数的 56%。[③]正是由于这种人口犯罪的隐蔽性,得到救助的受害者往往与实际情况存在很大差距。因此,人口贩运活动的范围多在本地区之内,东亚和太平洋地区的数据是 82%,其中限于所在国之内贩运的占 51%,在本地区跨境贩运的占 31%。[④]而在南亚地区,几乎所有的人口贩运活动都在所在国国境之内进行,占比高达 99%。本地区之内的跨境人口贩运只有 1%。[⑤]不过在法庭审判的案例中,南亚人被贩运到本地区以外的情况并不罕见。联合国毒品和犯罪问题办公室收录的案件 631 号和 667 号记载了南亚人口贩运受害者(大多为男性)被贩运到北美洲或欧洲从事强迫劳动。这些受害者由于自身的社会经济原因或移民身份问题而受到犯罪组织的操弄和控制,任其摆布。在其中的一个案件中,3 名南亚受害者被贩运到美国,从事家政服务,过着奴隶一般的生活。美国一对中年夫妇对这些受害者施加了肉体上和精神上的虐待和折磨。[⑥]

东亚和太平洋、南亚地区人口稠密,经济发展水平差异较大,人口贩运在地区内和地区外均有较大规模,大多在本地区或所在国内之内进行,但也已在中

[①] Mely Caballero-Anthony, "A Hidden Source", IMF, September, 2018, https://www.imf.org/en/Publications/fandd/issues/2018/09/human-trafficking-in-southeast-asia-caballero.

[②] UNODC, Global Report on Trafficking in Persons 2022, 2023, p.131.

[③] ILO, "Forced Labour Action in the Asian Region", 2024, https://www.ilo.org/projects-and-partnerships/projects/forced-labour-action-asian-region-flare-phase-ii #:~:text = Background,cent%20of%20the%20global%20total.

[④] UNODC, Global Report on Trafficking in Persons 2022, 2023, p.122.

[⑤] *Ibid.*, p.131.

[⑥] *Ibid.*, p.131.

东地区有一定规模的出现,并扩展到中北美和加勒比地区。该地区国际人口贩运的主要特点有以下几点:

- 国际人口贩运受害者分布在世界各个地区,但本地区仍占主导地位;
- 人口贩运的罪犯中绝大多数为本地区人,男女比例基本对等;
- 儿童受害者的比例较高,东亚和太平洋地区为24%,南亚为40%;
- 受害者中女性比例很高,东亚和太平洋地区男性仅占总数的21%;
- 受害者中遭受强迫劳动的比例较高,其中东亚和太平洋地区为54%、南亚为56%。①

在东亚和太平洋地区,日本一直是国际人口贩运的主要目的国之一,其色情行业则是这类犯罪活动的重灾区。2020年,由日本警方受理立案的人口贩运或绑架案为526起,其中破案的案件数为473起,从2019年以来出现了连续四年增长的情况。②被贩卖到日本的妇女和儿童来自东亚、东南亚、东欧和拉丁美洲等,沦为商业性剥削的牺牲品。这些受害人到日本后通常会承担高达5万美元的债务,并因为债务的负担而被迫从事奴役劳动和卖淫。被发现的受害者人数只是实际人数的一小部分,每年只有区区几百人。许多在夜总会或酒吧工作的外国妇女,都是非法打工,并且可能是人口贩卖的受害者。此外,由于警察的打击行动,与色情行业相关的企业正在越来越多地转向地下。除了性剥削之外,以劳工剥削为目的的国际人口贩运在日本也具有相当的规模,常见的有打着"研修生"旗号的人口贩运活动,其中也牵涉到欺诈等犯罪行为。③这些研修生通常来自孟加拉国、不丹、缅甸、柬埔寨、印度、印度尼西亚、老挝、蒙古、巴基斯坦、菲律宾、泰国、越南、土库曼斯坦、乌兹别克斯坦和日本的东亚邻国。他们需要向其本国的派遣组织支付数千美元的费用、押金或所谓的"佣金",日本方面

① UNODC, Global Report on Trafficking in Persons 2022, 2023, pp.121—131.
② Statista, "Number of Kidnapping and Human Trafficking Offenses and Respective Clearances Recorded by the Police in Japan from 2014 to 2023" 2023. March 13, 2024, https://www.statista.com/statistics/1322405/japan-number-kidnapping-human-trafficking-clearances/#:~:text=In%202023%2C%20the%20police%20in,trafficking%20was%20473%20in%202023.
③ Marthar Mensendiek, "Human Trafficking and the Sex Trade in Japan", Global Ministries, May 27, 2014, http://www.globalministries.org/human_trafficking_and_the_sex_trade.

提供渔业、食品加工、贝类养殖、造船、建筑、纺织品生产以及电子元件、汽车和其他大型机械制造方面的工作机会。日本雇主往往并不安排研修生学习和提高技术技能,同时还安排研修生从事与他们事先商定的工种不符的工作。这些研修生(约40万人)中的一些人在行动和通信方面受限,本人护照和其他个人和法律证件被代为保管,受到驱逐出境或伤害家人的威胁,遭受身体上的暴力虐待,生活条件恶劣,工资遭到扣押。有些派遣机构要求研修生签署"惩罚协议",即如果他们不履行劳动合同,包括怀孕在内,将被处以数千美元的罚款。擅自离开工作岗位的研修生会失去合法身份,犯罪集团正是利用这一点胁迫他们从事奴役劳动和进行卖淫活动。①

人口贩运的受害者也包括日本本国人。这些高度组织化的商业化犯罪集团在公共场所,如地铁、青年聚会地、学校和街头,通常通过债务胁迫和其他诱骗手段,把日本女性和女孩(包括生活贫困或有认知障碍的女性)作为贩运目标,将她们送往商业性色情场所、小型音乐表演场所、零售场所和足疗中心等进行性交易。一些冒充模特和演员招募机构的犯罪集团使用欺诈性招聘手段,胁迫日本男性、女性以及未成年的少年儿童签署欺骗性合同,然后威胁恐吓,迫使受害者参与色情电影的拍摄。

在东南亚地区,人口贩运活动较为常见,成为劳动力经济的组成部分,尤其是在缅甸、泰国、柬埔寨、马来西亚、菲律宾和印度尼西亚等。该地区仅女性和儿童每年大约就有20万人被迫成为人口贩运犯罪活动的受害者。②据联合国毒品和犯罪问题办公室的数据,截至2021年,在被贩运的妇女和女孩总数中,超过60%的妇女和25%的女孩被贩运后从事与性别相关的工种,包括育儿、家政和性交易。从事妇女暴力侵害问题的官员拉迪卡·库梅拉斯瓦米(Radhika Coomeraswamy)指出:"妇女缺乏权利是导致迁徙和贩运的主要因素。"鉴于人口贩运能够将妇女困在强迫劳动、性剥削和强迫婚姻的犯罪活动中,东南亚的人口贩运已成为一种不断恶化的有组织犯罪活动。③这些国家的人口贩子在地方上往往

---

① Department of State, "2023 Trafficking in Persons Report: Japan", 2024, https://www. state.gov/reports/2023-trafficking-in-persons-report/japan.

② Diana Betz, *Human Trafficking in Southeast Asia: Causes and Policy Implications*, Monterey: Naval Post Graduate School, 2009, p.1.

③ Rosario Frada, "Silent Battlegrounds: Understanding and Combating Human Trafficking of Women and Girls in Southeast Asia", Jan 12, 2024, https://igg-geo.org/?p=17598&lang=en.

很有势力,无法无天,执法部门常常感到束手无策或选择不作为。官方在取缔非法性产业方面犹豫不决,因为担心会对作为经济支柱的旅游业产生负面的影响。这些国家的经济甚至在一定程度上依赖于人口贩卖,特别是旅游业。①冲突和社会动荡造成了社会秩序的混乱和法治的崩溃,犯罪分子与各种武装派系之间的勾结给民众带来了更大的人身风险,女性往往首当其冲地承受着冲突引起的苦难,成为人口贩运的牺牲品。自 2021 年军方接管政权之后,缅甸局势动荡不定,边境地区成为人口贩运的热点,包括运出和运入的双向活动。缅甸的许多电信网络诈骗中心都设在监管薄弱且漏洞百出的边境地区。许多缅甸人和周边国家的国民被拐骗到这些诈骗中心,失去人身自由,被迫从事诈骗犯罪活动。受缅甸内部冲突影响的克伦族、掸族、阿卡族和拉祜族等少数民族妇女特别容易受到贩运犯罪的染指,遭受性剥削或陷入强迫婚姻的困境。②

在南亚,人口贩运也是一个较为严重的社会问题。联合国毒品和犯罪问题办公室估计,南亚每年有超过 15 万人被贩运,其中妇女和女孩分别占贩运受害者的 44%和 21%。强迫劳动、性剥削和强迫婚姻是该地区最常见的贩运形式。③一项研究估计,印度至少有 800 万人口贩运的受害者,其中大多数是债务劳工。代际债务劳工仍然存在,贩运者将已故工人的未偿债务转移给他们的父母、兄弟姐妹或子女。贩运者通常以最弱势的社会阶层为目标。低种姓和部落以及流动劳工的子女特别容易成为人口贩运的受害者。抵押劳工和强迫家务劳动在印度农村社会仍然十分普遍,而对历史上处于边缘地位的种姓所遭受的不公正待遇却很少被追究。气候变化增加了大规模的流离失所和移民,进一步加剧了人口贩运的脆弱性。贩运者利用债务胁迫(债务劳工)强迫男女老少在农业、砖窑、刺绣纺织厂、碾米厂和采石场工作。贩运者承诺提供大笔预付款,以操纵

① Emerson Benko, "Human Trafficking in Southeast Asia", August 31, 2015, https://history105.libraries.wsu.edu/fall2015/2015/08/31/human-trafficking-in-southeast-asia/.

② Priyali Sur, "Silent Slaves: Stories of Human Traficking in India", *Women under Siege*, December 30, 2013, http://www.womenundersiegeproject.org/blog/entry/silent-slaves-stories-of-human-trafficking-in-india.

③ World Bank Group, "Towards Safer Migration: Countering Human Trafficking in an Integrated South Asia", November 30, 2022, https://www.worldbank.org/en/events/2022/11/30/16DaysofActivismSouthAsia.

工人接受低薪工作,然后贩运者通过设立各种名目的收费和开支,以强迫工人继续工作,但给受害者的报酬很少或不付报酬。印度的人口贩运犯罪集团利用商业性交易方式剥削数百万人,其中主要是成年和未成年女性;还通过经济手段致使受害者陷入债务圈套,迫使后者就范。除了印度妇女和女孩,贩运者通常还以就业机会为借口,欺骗性地招募尼泊尔和孟加拉国大量妇女和女孩到印度进行性交易。贩运者还利用来自中亚、欧洲和非洲国家的妇女和女孩进行性交易。据报道,冒充孟买娱乐业代理的贩运者以虚假的演艺或模特职业承诺引诱来自东欧和哥伦比亚的妇女。贩运者利用罗兴亚难民进行性交易和劳工交易。同时,人贩子越来越多地使用社交媒体平台(包括移动约会应用程序和网站)来引诱受害者。[①]在打击人口贩运方面,印度内务部声称每年这类犯罪立案数约2 000 起,其中 2022 年为 2 250 起。而在 2018—2022 年的五个年度,人口贩运的立案总数是 10 659 起,警方逮捕的涉案嫌疑犯 26 840 人,其中 2022 年为 5 648 人。每年被起诉的涉案人员约 3 500—4 000 人。[②]

西亚北非的中东地区,可分为产油国和非产油国两大类,经济富裕程度差别很大(以色列的情况不同,虽为非产油国,但也是经济较发达国家)。在人口流动方面,富裕的产油国吸引贫穷的非产油国的低技术劳动力前往打工,后者的范围包括地区内和地区外,尤其是东亚和太平洋、南亚地区。同时,国际人口贩运的流向也与之相同。根据"全球奴役指数"公布的数据,中东地区的被贩运人口约为 170 万人。[③]该地区国际人口贩运有如下几个特点:

- 中东地区具备国际人口贩运的主要动因:战争、难民、贫穷和自然灾害等。[④]

---

① Department of State, "2023 Trafficking in Persons Report: India", 2024, https://www.state.gov/reports/2023-trafficking-in-persons-report/india/#:~:text=Traffickers%20exploit%20millions%20of%20people,their%20risk%20of%20debt%20bondage.

② Shiv Sahay Singh, "Over 10 000 Cases of Trafficking but only 1 031 Convictions between 2018—2022", The Hindu, January 7, 2024. https://www.thehindu.com/news/national/other-states/over-10000-cases-of-trafficking-but-only-1031-convictions-between-2018—2022/article67713302.ece.

③ Mary Nikkel, "Human Trafficking in the Middle East", The Exodus Road, March 20, 2024. https://theexodusroad.com/human-trafficking-middle-east/.

④ Mary Nikkel, "Human Trafficking in the Middle East", 2024.

- 2021年,52%的人口贩运受害者从事强迫劳动和遭受性剥削;48%被迫接受强迫婚姻。

- 人口贩运活动多为跨国或跨地区进行,国际性特征十分明显。源自本地区的被贩运人口仅占被贩运人口总数的31%。

- 地区外被贩运到中东地区的人口中,来自东亚和太平洋地区的占33%,来自南亚的占18%,来自撒哈拉以南非洲的占10%,来自东欧和中亚的占6%。

- 被贩运人口的95%为成年人,女性为55%,稍多于男性。受害者从事强迫劳动的比例较高。

- 人口贩运的罪犯中,男性占大多数,为75%左右。

- 受害者除了遭受性剥削和从事强迫劳动之外,从南亚地区贩卖来的男童(体重不得超过20公斤)被迫从事危险性很大的赛骆驼。①

中东地区还有一种拐卖年轻女性的"婚姻"制度,称为"米斯亚婚姻"或"旅者婚姻"(misyar marriage)。这是一种暂时性婚姻安排,男主人通过付费(聘礼)与年轻女性维持一段性关系,需保守秘密,并无与婚姻相应的权利和义务承诺。这种婚姻在法律层面和宗教层面均属合法行为。来自沙特阿拉伯、阿联酋的富裕人士和科威特的成年男性前往埃及、菲律宾等国购买妇女和女童,以这种方式安排临时婚姻。有时,女童年仅10岁就已经被以这种方式贩卖,不久之后便被遗弃在男方国家的街上,或留在自己的国家中无人搭理。结果很可能再次落入人口贩卖集团的手中,任人宰割。所以,这种婚姻又被称为"随意和暂时婚姻""性旅游"或"合法卖淫"。②由于这种婚姻的隐秘性,尚无法找到任何官方统计数据。但一份于2010年10月发表的研究报告称,在埃及被米斯亚婚姻中的男方遗弃的儿童有900名。另外在马尼拉的沙特大使馆登记的被遗弃的儿童约50名,这种婚姻的男方是沙特人,女方则是当地的菲律宾人。③

---

① UNODC, Global Report on Trafficking in Persons 2014, 2014, pp.81—86.

② Tofol Jassim Al-Nasr, "Gulf Cooperation Council(GCC) Women and Misyar Marriage: Evolution and Progress in the Arabian Gulf", Vol.12, No 3, March 2011, p.50.

③ Tofol Jassim Al-Nasr, *ibid.*, 2011, p.52.

由于联合国有关机构的统计资料将中亚和东欧放在同一个分地区(sub-region)之内,所以我们将这个分地区作为一个整体进行考察。中亚和东欧地区的人口贩运具有这样的特点:

● 大部分被发现的人口贩运犯罪的活动范围在本地区之内(超过90%),被贩运到其他地区的受害者人数很少。

● 人口被贩运的地区外目的地主要是西欧和中欧地区(占该地区被发现受害者比例的4%)、中东地区(6%)以及东亚和太平洋地区(2.5%)。

● 女性在人口贩运的罪犯(50%)和受害者(77%)中占有较大比例。

● 受害者多遭受性剥削(71%)和强迫劳动(26%)的压榨,其中遭受性剥削的比例较高。

● 儿童受害者的比例较低,仅占约8%。

● 国际人口贩运的犯罪率处于较高水平。[①]

● 贫困、处于社会弱势地位和受教育水平低是造成人口贩运的主要原因。[②]

中亚是被贩运人口的来源地,也是被贩运人口的中转站和目的地,这些人口贩运的受害者在欧洲、亚洲及中东地区受到性剥削和劳动剥削。因此在中东或亚洲,这些来自中亚的受害者被迫卖淫,或在俄罗斯或东欧其他地区被迫从事建筑业和各种行业。同时,中亚地区的棉花采摘季节也是所在国国内人口贩运的活跃期。[③]

以中亚国家吉尔吉斯斯坦为例,据国际移民组织的估计,每年约4 000名吉尔吉斯斯坦人被卖身为奴。男性往往被贩运到哈萨克斯坦、乌克兰和俄罗斯的烟草种植园、农场和建设工地出卖体力。而被贩运的年轻女性大多在25岁以

① UNODC, Global Report on Trafficking in Persons 2014, 2014, pp.67—70.

② Winrock International, "Regional Mapping of Trafficking and Vulnerable Migrants' Routes", August 2023, https://winrock. org/wp-content/uploads/2023/10/CentralAsiaRegionalMappingofTraffickingandVulnerableMigrantsRoutes.pdf.

③ OSCE Office, "Trends and Challenges in Addressing Human Trafficking in Central Asia", May 27, 2021, https://www.osce.org/odihr/484979.

下,其工作地点大多是在阿联酋、土耳其、德国、希腊、韩国、塞浦路斯的色情场所。而且,吉尔吉斯斯坦也作为国际人口贩运的中转点,犯罪组织和个人将人口贩卖到与欧洲接壤的国家,如俄罗斯和土耳其,以及其他国家,如韩国和阿联酋等。据某些方面的估计,每年多达 20 万女性通过吉尔吉斯斯坦被贩运到其他国家沦为性工作者。据报道,哈萨克斯坦人口贩子可以从贩卖妇女为性工作者的犯罪活动中赚取丰厚的利润。国际移民组织指出,这些人口贩子通常是受害者认识的朋友或亲戚。①

在吉尔吉斯斯坦的邻国——哈萨克斯坦,情况略有不同。当涉及贩卖人口问题时,哈萨克斯坦扮演了三重角色。它既是来源地(国际移民组织称,该国贩运人口的主要目的地是俄罗斯、阿联酋和土耳其)、也是中转地(其他中亚国家人口经哈萨克斯坦前往俄罗斯和欧洲),还是目的地(来自吉尔吉斯斯坦、乌兹别克斯坦和塔吉克斯坦这样贫穷邻国的移民和被贩运人口在哈萨克斯坦石油资源驱动的经济中寻找工作机会)。该国设有一个专门的警察工作小组处理有关人口贩运方面的案件,2011 年有 287 起人口贩运刑事案件得到立案。其中大多数(206 起)为涉及性剥削的贩运案(被贩卖妇女的 80% 遭受性剥削),46 起案件涉及贩卖未成年人口犯罪,另有 36 起案件涉及绑架和非法监禁。②

三、叙利亚战争与难民危机

武装冲突如同其他灾害一样,能够对所波及地区和国家的国际人口贩运产生影响。武装冲突会导致难民和无家可归者大量产生,同样也会置当地居民于易受人口贩运犯罪活动侵害的境地。冲突地区的正常秩序和治理受到破坏,居民失去通常的保护,政府机构也无法发挥正常职能。在 2011 年叙利亚战争爆发之前,叙利亚的社会秩序稳定,人民生活在和平环境之中,人口贩运之类的犯罪活动难有可乘之机,所以联合国等国际组织也未在叙利亚境外发现该国的国际

---

① Aigul Rasulova, "Kyrgyzstan Struggles to Stop Slave Trade". https://godswordtowomen.org/kyrgyzstan.htm.

② Joanna Lillis, "Kazakhstan: Grappling with Human Trafficking", December 3, 2012, http://www.eurasianet.org/node/66247.

人口贩运受害者。但在叙利亚战争爆发之后,联合国毒品和犯罪问题办公室在2011—2013年间,在八个国家发现了来自叙利亚的国际人口贩运受害者。这些受害者被发现的地区集中在中东和西欧。①

叙利亚战争直接导致了第二次世界大战后最大的难民危机之一。由2010年12月17日的突尼斯动荡开始,北非和西亚的多国接连出现社会动荡和武装冲突,其中冲突最激烈的就是利比亚战争和叙利亚战争。美国等西方国家的直接干预和推波助澜加剧了这个地区的动荡,以美国为代表的西方势力在叙利亚策动政权更替,企图颠覆叙利亚合法政府。②叙利亚内战在2011年3月爆发,叙利亚政府军与反对派武装激烈交火。昔日安宁祥和的叙利亚顿时陷入激烈战火之中,叙利亚人不堪战火蹂躏,只得背井离乡踏上逃亡之路。战争难民开始出现。到2011年5月,约有300名叙利亚人已经跨境进入土耳其,成为第一批叙利亚战争难民。③随着战争规模的扩大,战争难民的人数大幅度上升。到2016年8月,据联合国人道主义事务协调厅(United Nations Office for the Coordination of Humanitarian Affairs, UNOCHA)的数据,超过480万叙利亚人逃亡国外,成为国际难民,另有650万叙利亚人逃到国内其他地方避难,成为国内难民。④到2024年初,1 300余万叙利亚人流离失所,其中650万人逃到国外避难。也就是说,叙利亚总人口(2 436万⑤)的一半以上已经成为国际或国内难民。目前,叙利亚难民分布在130余国之中,占全球难民总数的近25%。⑥

叙利亚难民主要分布在周边国家,主要是借助地理上的邻近和交通上的便利等客观条件。以上接纳叙难民最多的十个国家中,有五个国家均为叙利亚周边的临近国家,即土耳其、黎巴嫩、约旦、伊拉克和埃及。另外需要指出的是,以

---

① UNODC, Global Report on Trafficking in Persons 2014, 2014, p.42.

② 《叙利亚内战背后的大国博弈》,《人民周刊》2017年第2期,http://paper.people.com.cn/rmzk/html/2017-02/07/content_1755616.htm。

③ Yalinan, "Turkey Preparing for Large Numbers of Syrian Refugees", *YaLibnan*, May 3, 2011, http://yalibnan.com/2011/05/03/turkey-preparing-for-large-numbers-of-syrian-refugees/.

④ UNOCHA, "About the Crisis". http://www.unocha.org/syrian-arab-republic/syria-country-profile/about-crisis.

⑤ Worldometer, "Syria Population", July 2024, https://www.worldometers.info/world-population/syria-population/.

⑥ World Vision, "Syrian Refugee Crisis", 2024, https://www.worldvision.org/refugees-news-stories/syrian-refugee-crisis-facts#what-is.

表 1.9　2022 年接纳叙利亚难民最多的十个国家　　　　（单位：人）

国　　家	难民人数
土耳其	3 535 898
黎巴嫩	814 715
约　旦	660 892
德　国	522 575
伊拉克	257 439
埃　及	145 658
瑞　典	111 199
苏　丹	93 478
奥地利	73 923
荷　兰	45 141

资料来源：Einar H. Dyyik，"Syrian Refugees：Major Hosting Countries Worldwide in 2022"，July 4，2024. https：//www.statista.com/statistics/740233/major-syrian-refugee-hosting-countries-worldwide/。

上表格中的叙利亚难民人数仅统计了在联合国难民署登记在册的人数，实际难民人数更多。以黎巴嫩为例，2023 年的一项研究指出，黎巴嫩在联合国难民署登记的难民为 95 万人，但实际人数达 150 万人。[1]

如表 1.10 所示，叙利亚难民中男性与女性人数基本平衡，分别为 48.9% 和 51.1%。青壮年占多数，未成年人占 41.3%。60 岁以上老年人的比例较小，约占 9.2%。

关于叙利亚难民的其他构成情况，如家庭规模、文化水平和语言等状况，加拿大政府对其所接纳的叙利亚难民进行了统计，从中可以大致了解相关情况。加拿大政府承诺在 2015 年 1 月至 2016 年 5 月之间接纳安置 29 125 名叙利亚难民。加拿大政府将叙利亚难民主要分为两大类：政府资助类和私人担保类，前者由加拿大政府提供资助，后者由难民在加拿大亲友提供财政担保和资助。在

---

[1]　Ibrahim Yasin，"The Syrian Refugee Crisis in Lebanon：Between Political Incitement and International Law"，October 3，2023，https：//arabcenterdc.org/resource/the-syrian-refugee-crisis-in-lebanon-between-political-incitement-and-international-law/.

表 1.10　2024 年叙利亚难民性别和年龄分布情况

年龄（岁）	男性（%）	女性（%）
0—4	3.3	3.0
5—11	9.4	9.0
12—17	8.2	8.4
18—59	22.4	27.1
60+	5.6	3.6

资料来源：UNHCR，"Country：Syria Arab Republic"，2024，https://data.unhcr.org/en/country/syr。

已接纳的叙利亚难民中，前者为 15 665 人，后者为 11 055 人。另有一类为公私混合类难民，为 2 405 人，同样需要由联合国难民署预先确定难民身份，由加拿大政府提供六个月的收入来源，再由私人担保者提供六个月的财政资助。[1]

根据加拿大提供的数据和资料，叙利亚难民的构成有这样一些特点：

● 总体年纪较轻，有孩子的家庭占家庭总数的 85%，高于来自其他国家难民家庭的 63%。

● 具备一定的英语或法语语言能力。懂英语或法语的叙利亚难民在政府资助类中占 20%、在私人担保类中占 67%。

● 文化程度较低。拥有大学学历的叙利亚难民在政府资助类中仅占 3%、在私人担保类中占 25%。

● 在难民接纳国的就业适应能力较弱。2016 年已就业者在叙利亚难民的男性中占 24%，不到 1/4，在女性中更低，只有 8%。[2]

对于叙利亚难民的工作经验和技能情况，加拿大政府未进行系统的统计。据来自驻外签证官员的报告，叙利亚难民大多属于低技能劳工，有工作经验的几乎完全限于男性。最常见的职业是司机（出租车和卡车）、建筑工人或普通体

---

① Rene Houle，"Syrian Refugees Who Resettled in Canada in 2015—2016"，February 12, 2019，Statistics Canada. https://www150. statcan. gc. ca/n1/pub/75-006-x/2019001/article/00001-eng.htm.

② Rene Houle，"Syrian Refugees Who Resettled in Canada in 2015—2016"，February 12, 2019.

力工人、厨师和农夫等。①

叙利亚难民的分布主要在土耳其、黎巴嫩、约旦等周边国家、海湾国家和欧洲国家,欧洲以外的加拿大也接纳了较多数量的叙利亚难民。目前,在接纳叙利亚难民的国家中,只有土耳其、约旦和伊拉克建有正规的难民营,所以大部分叙利亚难民住在难民营外(约85%)的简易住所或租借房屋内。由于未成年的少年儿童占难民人口的一半,教育问题十分突出。住在难民营内的适龄少年儿童的入学率是89%,而住在难民营外的适龄少年儿童的入学率为68%,约有1/3的适龄少年儿童失学。②

叙利亚国内的战争和动荡造成了难民危机,难民危机反过来加剧了国内外局势的动荡。在接纳叙利亚难民的周边国家,大量难民的涌入产生了巨大的社会负担,导致社会紧张。而土耳其、黎巴嫩、约旦、伊拉克、埃及等国家,本身的政治、经济和社会状态不佳,频频受到恐怖主义袭击,国民生存环境处于较脆弱状态。

叙利亚难民在周边国家一般不是居住在专门设置的难民营中,其中超过80%的难民居住在城市和其他既有社区内,大幅度地改变了当地居民构成,也给公共服务增加了负担,使得原来就供应紧张的自来水、食品、住房、电力、医疗卫生和环卫设施等更加不敷使用。在大量难民人口涌入的情况下,相应的基础设施建设并没有跟上。而且与叙利亚接壤的约旦北部和黎巴嫩东部地区均为经济发展较为落后地区,应对难民危机的能力更加显得不足。

目前,黎巴嫩是世界上按人口比例接纳难民最多的国家。黎巴嫩推行无难民营政策,并不专门设立难民营来应对难民危机。因此,叙利亚难民散居于1 700处公寓或房屋、废弃建筑物和临时搭建的棚舍之中。③随着叙利亚难民的大量涌入,黎巴嫩的贫困问题日益严重。自2011年叙利亚战争开战以来,黎巴嫩的贫困率上升了近2/3。④而在黎巴嫩的叙利亚难民中有90%生活在贫困线以

---

① Government of Canada, "Syrian Refugee Profile: Addendum—January 2016", p.6. http://www.wrwelcomesrefugees.ca/en/resourcesGeneral/Syrian_Refugee_Profile_Addendum_January_2016.pdf.

② Citizenship & Immigration Canada, "Population Profile: Syrian Refugees", November, 2015. p.7. http://lifelinesyria.ca/wp-content/uploads/2015/11/EN-Syrian-Population-Profile.pdf.

③ Government of Canada, "Syrian Refugee Profile: Addendum—January 2016", pp.7—8.

④ Government of Lebanon and OCHA (United Nations Office for the Coordination of Humanitarian Affairs), "Lebanon Crisis Response Plan 2015—2016", 2014. https://docs.unocha.org/sites/dms/CAP/2015-2016_Lebanon_CRP_EN.pdf.

下。83%的叙利亚难民在黎巴嫩没有合法居留身份，而且由于申请过程复杂，许多叙利亚难民很难获得合法居留身份，尤其是非法入境者。黎巴嫩安全部门强迫非法难民出境，或将他们交给叙利亚当局处理。黎方规定凡被捕的叙利亚非法入境者在第一次违法后，一年内不得再次进入黎巴嫩，第二次违法后五年内不得再次进入黎巴嫩，第三次违法后十年内不得进入黎巴嫩。①

黎巴嫩官方拒绝设立官方机构来应对叙利亚难民的行政管理和救助安排事务，还发布官方文件将难民相关事务任由联合国及其他国际组织和当地非政府组织处理。另一方面，黎巴嫩当局采取集中行动清理叙利亚难民中的非法入境者，将查获的非法入境者驱逐出境。据报道，2023年4—6月间874名叙利亚难民被强制遣返。②而且，黎巴嫩当局限制叙利亚难民获取工作谋生机会，因此叙利亚难民在农业、环卫和建筑等行业的就业受到限制。叙利亚难民在黎巴嫩生存不易，缺乏安全保障，其中部分人只得再次冒险，由黎巴嫩海岸偷渡欧洲，还有不少人成为国际人口贩运的受害者。

约旦自独立以来，该国的统治权掌握在哈希姆王朝手中，政治局势长期保持稳定，在中东国家中实属罕见。由于邻近国家的地区战火不断，难民潮频频爆发，约旦多次承担起难民接纳国的角色，为从战争地区逃难而来的难民打开大门。1948年的第一场阿以战争中，数以百万计的巴勒斯坦难民进入约旦，此后的历次阿以战争均有较大规模的巴勒斯坦难民涌入。伊拉克战争中，约旦又接纳了邻国伊拉克的难民。叙利亚战火燃起之后，进入约旦这个只有800万人口国家的叙利亚难民超过120万人，其中在联合国难民署登记的有66万人③，已经超过了伊拉克难民的规模。叙利亚难民在约旦人口中的占比约为15%。虽然约旦在联合国等国际组织的帮助下设立了难民营，但直到2024年初，超过80%的叙利亚难民居住在难民营外，主要聚居在首都安曼和其他省会城市。④难

---

① Ibrahim Yasin, "The Syrian Refugee Crisis in Lebanon: Between Political Incitement and International Law", October 3, 2023.

② Ibrahim Yasin, *ibid.*, 2023.

③ Einar H. Dyyik, "Syrian Refugees: Major Hosting Countries Worldwide in 2022", Jul. 4, 2024, https://www.statista.com/statistics/740233/major-syrian-refugee-hosting-countries-worldwide/.

④ Doris Carrion, "Syrian Refugees in Jordan: Confronting Difficult Truth", September, 2015. *Chatham House*, p.3. https://www.chathamhouse.org/sites/files/chathamhouse/field/field_document/20150921SyrianRefugeesCarrion.pdf.

民自愿离开免费吃住的难民营的一个重要原因是可以打工挣钱。那些未取得就业许可的难民非法工作,实际上拿走了约旦人的工作机会,也拉低了工资水平。而约旦本身的失业率已经居高不下,其中年轻人的失业率在42%左右。[①]与上一波来自伊拉克的难民不同,叙利亚难民自身携带的钱财较少,而且有能力经约旦移居第三国的难民比例较低。联合国给难民提供的救济款通常只够支付房租,其余开支需要难民自己解决。

叙利亚危机爆发13年后,叙利亚难民与约旦的关系较为融洽,但66%在约旦的叙利亚难民生活在贫困线以下。在国际援助削减和经济放缓时期,大多数叙利亚难民仍然依靠人道主义援助度日。许多难民,尤其是那些住在难民营外的难民,采取了消极的应对策略,如依赖债务、使用童工和减少食物摄入量,以应对失业、疾病和艰难的生活条件。[②]根据联合国难民署2023年第二季度的一项调查,叙利亚难民在这个季度的家庭平均收入是278约旦第纳尔(相当于392美元),人均月收入仅为49约旦第纳尔(相当于69美元)。在收入来源方面,国际组织的援助占47%、劳动收入占42%,家庭汇款占8%,其余为3%。由于收入不够支出,90%的叙利亚难民家庭欠下债务,平均欠债额为1 261约旦第纳尔(相当于1 778美元)。借债来源均为非官方、非金融机构,其中30%为朋友和邻居、26%为商店店主、22%为房东、10%为在约旦的亲戚、12%为其他人际关系。其财政状况与一年前相比,更好的只占3%、不变的占24%、更差的高达73%。叙利亚难民多数打零工,获得正式工作许可的男性仅为19%,女性很少,只有5%。他们从事的行业主要有:制造业、建筑、食品加工和农业。叙利亚难民在约旦的失业率略高于约旦本国人,分别为28%和22%。在应对食品不足的困难方面,大多数叙利亚难民家庭的对策是购买较廉价的食品。日常开支还包括水电等费用,叙利亚难民家庭的月平均电费支出是28约旦第纳尔(相当于39.5美元)、水费开支是9约旦第纳尔(相当于12.7美元)。在居住条件方面,大多数叙

---

① UNHCR, "Syrian Regional Refugee Response: Jordan", January 30, 2024, https://data. unhcr.org/en/situations/syria/location/36.

② European Civil Protection and Humanitarian Aid Operations, "Jordan", May 27, 2024, https://civil-protection-humanitarian-aid.ec.europa.eu/where/middle-east-and-northern-africa/jordan_en#:~:text=Jordan%20hosts%20the%20fifth%20largest,live%20below%20the%20poverty%20line.

利亚难民住在正规住宅内,其中82%住在公寓中,但绝大多数(95%)是租住性质,能够按时支付房租的只占41%。而在难民营中的叙利亚难民主要住在非正式住宅(帐篷)内。需要指出的是,82%在约旦的叙利亚难民有医疗和药品服务方面的需求,大多数能够得到满足。其余的难民则由于费用负担不起而被挡在医疗机构的大门之外。①

土耳其是叙利亚北面的邻国,又是前往欧洲的必经之地,吸引大批叙利亚难民前往,当下为接纳叙利亚难民最多的国家。同时,土耳其对叙利亚难民采取积极的欢迎态度,官方将进入土耳其避难的叙利亚人称为"客人",而不是"难民"。②与其他难民接纳国一样,土耳其在接纳叙利亚难民方面承担了沉重的财政负担。到2015年初,土耳其政府用于接纳难民方面的财政开支为50亿美元,国际社会提供的支援仅占3%。③而且,土耳其政府起初认为叙利亚的战乱将在短期内结束,叙利亚人也将随之返回国内。在2014年,逃离叙利亚的难民中约3/5进入土耳其。截至2015年底,土耳其在与叙利亚交界地区设立了23座难民营,容纳26万名叙利亚难民。难民营中30%的难民居住单元超过七个人,十分拥挤。④叙利亚难民的居住地集中在叙土边界地区和伊斯坦布尔地区。自2018年起,在土耳其的叙利亚难民人数基本保持稳定,但其迁徙流动仍在进行之中,约50万叙利亚难民进入土耳其境内,同期也有相当数量的叙利亚难民返回国内。⑤

对于土耳其而言,叙利亚难民的大量涌入需要调动大量资源来应对。难民对土耳其社会的影响日益增强。土耳其接纳的叙利亚难民的人数不断增加,造成社会紧张和排外主义出现,难民对土耳其的政治、社会和经济稳定产生的负

① UNHCR, "Social-economic Situation of Refugees in Jordan, Q2 2023", 2023, https://www.3rpsyriacrisis.org/wp-content/uploads/2023/10/UNHCR-Socio-economic-situation-of-refugees-in-Jordan-Q2-2023.pdf.

② Senay Ozden, "Syrian Refugees in Turkey", Florence: Migration Policy Center, 2013, http://www.migrationpolicycentre.eu/docs/MPC-RR-2013-05.pdf.

③ Ahmet Icduygu, "Syrian Refugees in Turkey: The Long Road Ahead", p.11.

④ Government of Canada, "Syrian Refugee Profile: Addendum—January 2016", p.8.

⑤ Alice Hickson and Calvin Wilder, "Protecting Syrian Refugees in Turkey", May 16, 2023, https://newlinesinstitute.org/displacement-and-migration/protecting-syrian-refugees-in-turkey-from-forced-repatriation/.

面作用开始显现,土耳其方接纳难民的能力出现不足。相对而言,土耳其难民营中的设施条件较为完善和有秩序,但由于接纳能力受到限制,越来越多的难民只能选择住在难民营外。在 2013 年初,土耳其设立的难民营尚有足够的能力接纳所有叙利亚难民,但此后只能听任难民在难民营外居住。到 2014 年底,80%的叙利亚难民已经居住在城镇地区。[①]难民在寻找住房、工作机会和医疗服务,以及青少年接受教育方面均遇到困难。由于在获取就业许可方面遇到困难,许多叙利亚难民在地下经济行业打工,工作条件不佳,工资水平很低。到 2016 年 7 月,仅有 5 500 名叙利亚难民获得在土耳其的工作许可,仅占叙利亚难民人口的 0.2%。[②]叙利亚难民子女接受学校教育的比例只有约 40%。[③]再者,大批叙利亚难民未在土耳其进行难民登记,其自身的权利得不到保障,又对土耳其的稳定和安全造成潜在的威胁。为此,土耳其调整了无条件接纳叙利亚难民的政策,决定关上部分大门,在长达 900 公里的土叙边界线上建造一堵高墙,"旨在阻止非法越境和打击人口走私"[④],另一个目的是为了更好地防范外来恐怖袭击。目前在土叙边境的 19 个官方出入境关口中,仍有两个保持开放,但土耳其方只允许重伤病员入境,每天最多 200 人。土耳其军队采取严厉措施打击偷越国境和人口走私。

由于叙利亚战争迟迟未能结束,最终解决尚需时日,土耳其政府在应对叙利亚难民问题时采取的另一项对策是在边界外的叙利亚一侧开辟"安全区",方法是从 2016 年 8 月起派出军队进入叙利亚,联合当地的反政府武装沿边界划出由双方共同控制的地区(安全区),清除该地区的敌对极端势力,安排叙利亚难

---

① Disaster and Emergency Management Presidency of Turkey(AFAD) , "Population Influx from Syria to Turkey: Life in Turkey as a Syria Guest", in Ahmet Icduygu, "Syrian Refugees in Turkey: The Long Road Ahead", Washington, DC: Migration Policy Institute, April, 2015, p.7. file:///C:/Users/PAN/Downloads/TCM-Protection-Syria%20(1).pdf.

② Lauren Zanolli, "Syrian Refugees: Struggles in Turkey Intensify", *Aljazeera*, July 25, 2016, http://www. aljazeera. com/indepth/features/2016/07/syrian-refugees-struggles-turkey-intensify-160717072943845.html.

③ "Why Don't Syrian Refugees Stay in Turkey?", *BBC NEWS*, July 15, 2016, http://www. bbc.com/news/magazine-36808038.

④ Zia Weise, "Turkey's New Border Wall to Stop Syrian Refugees", *Politico*, October 10, 2016, http://www. politico. eu/article/turkeys-new-border-wall-will-stop-syrian-refugees-immigration-instanbul/.

民居住在叙利亚境内的安全区内。①到 2023 年,土耳其继续为登记在册的叙利亚难民提供基本权利和服务②,所涵盖范围相当全面,具体包括:

● 临时保护:凡在土耳其境内登记在册的叙利亚难民自动取得土耳其方的临时保护,可合法居住。

● 医疗卫生:叙利亚难民获得土耳其方临时保护的同时,也获得在所登记的省份享有医疗服务的保障。

● 教育:叙利亚难民获得土耳其方临时保护的同时,也获得在所登记的省份享有受教育的权利。

● 工作权利:叙利亚难民须申请工作许可,条件是在土耳其境内居住 6 个月以上。工作许可须每年办理续期手续。

● 迁徙权利:叙利亚难民可跨省旅行或移居,但需要预先获得批准。

● 居住许可:外籍人士(含叙利亚难民)可申请土耳其境内的居住许可,但居住在外籍人士超过居民总数 25%的社区者除外。

● 入籍资格:叙利亚难民凡拥有工作居住许可满五年,可申请加入土耳其国籍。

由于土耳其本国经济出现困难,通货膨胀率和失业率居高不下,各项费用大幅度上涨,同时受 2023 年地震的影响,叙利亚难民面临的困难和挑战持续增加。土耳其官方又公布在安置叙利亚难民方面的开支超过 400 亿美元,引起民众对叙利亚难民的不满。早在 2021 年的一项民意调查表明,多达 82%的土耳其人支持将叙利亚人遣送出境。与此同时,超过半数的叙利亚难民拒绝在任何条件下返回叙利亚。③

让叙利亚难民安全地重返家园,并为此创造条件,是最终解决叙利亚难民

---

① Zia Weise, "Turkey's New Border Wall to Stop Syrian Refugees".

② ECHO, "ECHO Factsheet-Türkiye", October 10, 2023, Türkiye https://reliefweb.int/report/turkiye/echo-factsheet-turkiye-last-updated-10102023.

③ Alice Hickson and Calvin Wilder, "Protecting Syrian Refugees in Turkey", 2023.

问题的主要途径之一。尽管联合国难民署目前并未协助或推动叙利亚难民回国,但 2023 年 1—2 月,该署对在埃及、黎巴嫩、约旦和伊拉克(土耳其未参与此项调查研究)的叙利亚难民的回国意愿及现状等问题,作了问卷调查,共收回 2 948 份有效作答的问卷。这次问卷调查主要有以下发现:

- 尽管叙利亚当下存在着各种挑战和困难,近半数叙利亚难民(40.6%)希望有朝一日返回自己的国家,另有 15.8% 尚未决定。
- 相当比例(25.2%)的叙利亚难民希望在未来五年内回国。
- 希望在未来一年内返回国内的叙利亚难民只占很小的比例(1.1%)。
- 叙利亚难民认为回国的主要障碍是叙利亚国内武装冲突仍未停止、缺乏安全环境、缺乏工作机会、缺乏基本生活条件。
- 约 90% 的回答问卷者称在目前的接纳国存在基本生活困难问题,主要是缺乏工作机会、无法得到经济资助、债务增加、缺乏医疗条件、担心被驱逐出境、与接纳国社区的紧张关系、缺乏受教育机会、人身安全缺乏保障等。
- 与去年相比,更多不打算短期内回国的叙利亚难民,倾向于移居第三国。[①]

综上所述,超过一半(56.1%)[②]的叙利亚难民希望在未来的某个时候能够返回国内居住生活,但叙利亚国内的现状使得他们无法成行,其中最主要的障碍是叙利亚战火未息,缺乏工作和生活的基本条件与和平环境。因此,在叙利亚恢复和平、加速重建和恢复正常的民生环境和社会秩序,是解决叙利亚难民问题的关键所在。另据联合国难民署的资料,近年来叙利亚难民自发回国的现象一直存在,以下统计资料仅包括该署登记在册的人数,实际回国的叙利亚难民人数要远多于此。

---

① UNHCR, "Syrian Refugees' Perceptions and Intentions on Return to Syria", May 2023, pp.3—7, https://data.unhcr.org/en/documents/details/100851.

② UNHCR, "Syrian Refugees' Perceptions and Intentions on Return to Syria", 2023, p.7.

表 1.11　2016 年至 2024 年 2 月叙利亚难民自发回国情况　　（单位：人）

年份	自发回国人数
2016	28 540
2017	50 705
2018	55 049
2019	94 971
2020	38 235
2021	35 617
2022	50 966
2023	27 972
2024.1—2	6 240
合计	388 295

注：截止日期为 2024 年 2 月 29 日。
资料来源：UNHCR，"Country：Syrian Arab Republic"，2024，https：//data.unhcr.org/en/country/syr。

　　叙利亚难民给周边国家带来了巨大的政治、经济和社会冲击。叙利亚难民作为"他者"在周边国家社会中作为异己力量的存在，与这些国家国民的"我者"的认识产生冲突，恶化了难民与所在国国民的关系。第一，接纳国国民起初对于难民的同情和慷慨相助态度发生变化，总的趋势是由热转冷。如到 2021 年，多数土耳其人反对继续接纳叙利亚难民。①约旦政府表示接纳难民的能力已经达到了极限。②2016 年 8 月，约旦国王阿卜杜拉（Abudullah）表示，国家预算的 1/4 已经用于救助外国难民。③在接纳叙利亚难民最多的邻国——土耳其，2021 年主张将难民送回叙利亚的比例达到 82%。④

---

① Alice Hickson and Calvin Wilder，"Protecting Syrian Refugees in Turkey"，2023.
② "Speech by Minister of Foreign Affairs & Expatriates Affairs His Excellency Nasser Judeh at the International Conference on 'Syrian Refugee Situation—Supporting Stability in the Region'," Embassy of the Hashemite Kingdom of Jordan, Washington, D.C., October 28, 2014. http://jordanembassy-us.org/news/speech-minister-foreign-affairs-expatriates-affairs-his-excellency-nasser-judeh-international.
③ Yolande Knell, "Jordan Reversal on Syrian Work Permits Starts to Bear Fruit", *BBC News*, August 10, 2016. http://www.bbc.com/news/world-middle-east-37011859.
④ Alice Hickson and Calvin Wilder, "Protecting Syrian Refugees in Turkey", 2023.

第二,作为"他者"的存在,叙利亚难民不仅被接纳国视为一种负担,而且还被看作一种威胁。据黎巴嫩的一项调查,接受访问的黎巴嫩人超过90%将叙利亚难民视为对其经济来源和价值观体系的威胁,而大多数叙利亚难民也对黎巴嫩人持有相似的看法。①在黎巴嫩与叙利亚接壤地区,人们对叙利亚武装力量对于黎巴嫩内战的介入和干预记忆犹新,对叙利亚难民带来的安全威胁尤为关切。在2014年8月的阿萨尔冲突中,黎巴嫩政府军与叙利亚的反政府武装努斯拉阵线和"伊斯兰国"武装发生交战,当时就有难民介入。叙利亚战争及难民问题有可能导致接纳国原有的政治和宗教矛盾恶化,导致安全问题外溢。中东地区国家在这方面的控制能力尚存在不足。

第三,接纳国对叙利亚难民的歧视,有可能在长时期内影响国家之间和民众之间的关系。叙利亚难民与接纳国国民在就业、教育、社会福利等方面具有竞争关系,引发的后果之一就是歧视现象的产生。在土耳其和黎巴嫩等国的教师和学生中存在着歧视叙利亚难民学生的现象,致使不少难民家庭的孩子不愿就学。这些年轻的一代在这里正在成为"失去的一代",不仅可能成为当地的不稳定社会力量,而且在叙利亚实现和平之后,也难以承担起重建国家的使命。而失去文化教育的青少年尤其容易受到激进势力的影响和感召,给国际反恐增加新的障碍和难题。②

第四,境内外的叙利亚难民中产生新的社会问题。难民中的妇女儿童占有较高的比例,其中逃到国外的叙利亚儿童约200万人。由于生活困难和其他原因,大量叙利亚未成年女性仓促嫁人,使得女童童婚比例由原来的12%增长到26%。③与此同时,大批难民儿童由于战争失学或不愿上学,并承担起养家糊口的重担。据估计,在黎巴嫩、土耳其和约旦的难民童工现象相当普遍,达到约1/3,劳动条件没有保障,收入偏低。战前,叙利亚的教育体系运转良好,高达97%的适

① Charles Harb and Rim Saab, "Social Cohesion and Intergroup Relations: Syrian Refugees and Lebanese Nationals in the Bekaa and Akkar." *Save the Children*, *AUB*, May 2014. https://www.aub.edu.lb/ifi/publications/Documents/policy_memos/2014-2015/20140624_Social_Cohesion.pdf.

② Gordon Brown, "Without Education, Syria's Children Will Be a Lost Generation", *The Guardian*, January 12, 2016, https://www.theguardian.com/commentisfree/2016/jan/12/syria-refugee-children-lebanon-double-shift-schools.

③ Gordon Brown, *ibid*.

龄儿童进入学校学习。而到 2023 年,将近 250 万叙利亚儿童失学,产生了"垮掉的一代人"。[①]

第五,接纳国对于叙利亚难民的开放入境政策出现改变。近来,出于对叙利亚难民造成的经济、社会压力和发生恐怖主义袭击的担心,叙利亚周边国家纷纷改变允许叙利亚难民自由入境避难的政策,开始收紧边界控制,甚至关闭入境通道。黎巴嫩开始要求叙利亚人申办入境签证方可入境,取消原先的免签证待遇;土耳其关闭了大部分边界出入境关卡,开始在土叙边界筑墙和在边界的叙利亚一侧设立"安全区";约旦则在 2016 年 7 月完全关闭了边界检查站,禁止难民入境,致使 7.5 万多名叙利亚难民困在两国交界的无人区,处境十分艰难。联合国难民署发言人马修·索特马什(Matthew Saltmarsh)发表讲话说:"我们看到的趋势是叙利亚的邻国正在加强边界控制。"这将使大量的难民"陷入危险的境地"[②]。土耳其也数次关闭与叙利亚的边界,最近的一次发生在 2024 年 7 月初。民意调查表明,高达 77% 的土耳人赞成对难民关闭边界。[③]

第六,叙利亚难民危机加大了周边国家的反恐压力。叙利亚战争及所引发的难民危机使得周边接纳大批叙利亚难民的国家的安全局势更加动荡不安,而土耳其、黎巴嫩和约旦在 2016 年以来相继受到恐怖主义袭击,致使这个地区的安全受到更大的威胁。在这些恐袭中,来自叙利亚的极端主义组织扮演了重要角色,叙利亚难民因此也受到牵连和波及。土耳其《沙巴日报》(Daily Sabah)谴责"伊斯兰国"和库尔德工人党对该国发动的多次恐怖袭击,在 2015 年 7 月至 2016 年 6 月间造成超过 500 名土耳其军警失去生命,另有数百名土耳其平民丧生。该报指出"两个失败国家向土耳其输出恐怖"。[④]该报所指的这两个失败国

---

① Olivia Giovetti, "The Syria Crisis Explained: 5 Things to Know in 2024", March 12, 2024, https://www.concern.net/news/syria-crisis-explained.

② Zia Weise, "Turkey's New Border Wall to Stop Syrian Refugees".

③ Asian News, "Death and Arrest: Turkey Closes Border with Syria to Stem Xenophobic Violence", July 3, 2024, https://www.asianews.it/news-en/Deaths-and-arrests:-Turkey-closes-border-with-Syria-to-stem-xenophobic-violence-61073.html.

④ "Two Failed States Exporting Terror to Turkey", Daily Sabah, June 29, 2016, http://www.dailysabah.com/editorial/2016/06/29/two-failed-states-exporting-terror-to-turkey.

家就是叙利亚和伊拉克。在 2016 年 6 月 28 日晚的伊斯兰堡机场恐袭事件中,三名袭击者就是"一个月前从叙利亚的'伊斯兰国'堡垒——拉卡进入土耳其"①。因此,叙利亚和叙利亚难民成了恐怖主义的替罪羊,受到土耳其人的抨击。叙利亚难民在土耳其的处境大变,从受欢迎者变为受抨击者。正如一些难民所言,"他们曾经欢迎我们,而现在他们向我们扔石头"②。土耳其对来自叙利亚境内的恐怖组织及其成员十分警惕,并为此展开了反恐军事行动。③

总体而言,叙利亚的冲突及其难民问题对中东地区的安全局势和社会稳定造成了不利的影响。约旦亲王哈桑(Hassan)指出,"叙利亚灾难的后果是破坏东地中海国家的稳定,包括约旦的人口状况"④。而且,叙利亚难民危机的影响超出了周边国家以及中东地区的范围,所波及的主要地区是难民潮指向的欧洲大陆,其中德国、瑞典和奥地利接纳了大部分赴欧难民,成为叙利亚难民属意的避难定居地,位于难民入欧通道上的希腊、保加利亚、匈牙利和巴尔干国家也受到直接的冲击。

四、阿富汗难民危机与地区安全困境

21 世纪难民危机的第一个高潮始于阿富汗战争。2001 年 9 月 11 日,美国遭受恐怖袭击。美国总统乔治·布什要求阿富汗的塔利班政权交出基地组织领导人乌萨马·本·拉登。塔利班方面要求美国提供拉登卷入恐怖袭击的证据,否则拒绝美方的引渡要求。于是,美国政府指责塔利班采取拖延策略,于

---

① Faith Karami and Steve Almasy, "Istanbul Airport Attack: Planner, 2 Bombers Identified", *CNN*, July 2, 2016, http://www.cnn.com/2016/07/01/europe/turkey-istanbul-ataturk-airport-attack/.

② Menekse Tokyay, "Syrian Refugees in Turkey: 'They Used to Welcome Us—Now They Throw Stones'", *International Business Times*, September 5, 2016, http://www.ibtimes.co.uk/syrian-refugees-turkey-they-used-welcome-us-now-they-throw-stones-1579725.

③ Martijn Vugteveen and Joshua Farrell-Molloy, "Turkish Military Offensive in Syria: Consequences for Counter-Terrorism Operations", June 28, 2022, https://www.icct.nl/publication/turkish-military-offensive-syria-consequences-counter-terrorism-operations.

④ Ian Black, "Terrorist Attack and Security Lapses Fuel Fears for Jordan's Stability", *The Guardian*, July 25, 2016, https://www.theguardian.com/world/on-the-middle-east/2016/jul/25/terrorist-attacks-and-security-lapses-fuel-fears-for-jordan-stability.

2001 年 10 月 7 日发动号称"持久自由行动"的阿富汗战争。

战争引发了大规模难民潮,包括国内难民和国际难民。阿富汗的国内难民人数达到百万人的规模,其国际难民规模也十分庞大,在 2012 年全世界的 760 万名难民中占第一位。[①]阿富汗难民大多在周边的伊朗和巴基斯坦避难。2013—2014 年,居住在伊朗的阿富汗难民人数为 240 万,居住在巴基斯坦的难民人数约 350 万。到 2021 年,大部分阿富汗难民没有在避难国登记,其中在伊朗登记的人数将近 80 万,在巴基斯坦登记的人数为 150 万。此外,前往地区外的阿富汗难民主要流向欧美国家。

表 1.12　2021 年阿富汗难民分布情况　　　　　　　（单位:人）

国　家	阿富汗难民人数
巴基斯坦	1 503 822
伊　朗	778 054
德　国	203 373
土耳其	140 709
法　国	59 484
奥地利	48 285
希　腊	37 685
瑞　典	29 386
意大利	17 936
瑞　士	16 560

资料来源:Elliott Davis Jr., "The 10 Countries Hosting the Most Afghan Refugees and Asy-lum-Seekers", August 31, 2022, https://www.usnews.com/news/best-countries/slideshows/countries-hosting-the-most-afghanistan-refugees-asylum-seekers?slide=11。

与叙利亚难民只是近几年出现的现象不同,阿富汗难民现象的存在已经有数十年的时间。确切地说,1978 年阿富汗人民民主党(People's Democratic Party of Afghanistan)政府掌权之后,最初的阿富汗难民潮开始出现。巴基斯坦与阿富汗接壤,边境地区的普什图人等民族跨境居住,两国边民往来较为频繁。阿富

---

① "More than seven million refugees displaced in 2012-UN", June 19, 2013, http://www.bbc.com/news/world-22963060.

汗局势动荡时,巴基斯坦便成了首选避难地。至 1979 年 6 月,涌入巴基斯坦寻求避难的阿富汗难民已达 10.9 万人。苏联入侵阿富汗之后,难民潮迅速扩大,于 1980 年达到第一个高潮。这一年,每个月跨过边界避难的难民人数达 8 万—9 万人之多。[①]根据联合国难民署的数据,在巴基斯坦的阿富汗难民人数多达327 万人,约占巴人口总数的 3%。1980—2002 年,阿富汗难民人数一直居世界首位。[②]2021 年 8 月,阿富汗政局变动,出现了一波新的难民潮。自 2021 年以来,到达邻国的阿富汗难民增加了 160 万人。[③]根据联合国难民署的最新资料,在 2023 年,近 1 090 万阿富汗人流离失所,几乎全部在国内或邻国。2023 年,全球报告的阿富汗国际难民人数增加了 74.14 万,达到 640 万。[④]

阿富汗难民的迁徙有一个明显的特点,就是呈双向性。一旦阿富汗国内局势出现缓和,难民便大批返回故里。而一旦战火又起,难民潮再次涌向境外,如此反复进行。1992 年,阿富汗圣战者联盟夺取政权,国内战火平息。当年的阿富汗回流难民有 120 万人之多。到 1994 年初,在巴基斯坦的阿富汗难民人数下降到 147 万。[⑤]此后,阿富汗国内武装冲突又起,回流难民大为减少。

与此同时,巴基斯坦政府为维护本国安全和经济利益,大力推动阿富汗难民回流。2001 年末塔利班政府被推翻之后,巴基斯坦政府提出将所有阿富汗难民送回国内,并在 2002 年与阿富汗政府和联合国难民署签署了有关阿富汗难民回流的三方协议,但明确规定:阿富汗难民回国必须出于自愿。表 1.13 中的回流难民绝大多数是从巴基斯坦和伊朗返回阿富汗的。

---

① William Maley and Fazel Haq Saikal, "Afghan Refugee Relief in Pakistan: Political Context and Practical Problems", Canberra, Working Paper, Department of Politics, University College, University of New South Wales, May 1986, p.9.

② Susanne Schmeidl and William Maley, "The Case of the Afghan Refugee Population: Finding Durable Solutions in Contested Transitions," in Howard Adelman, ed., *Protracted Displacement in Asia: No Place to Call Home*, Aldershot: Ashgate, 2008, pp.131—179.

③ NUHCR DATA, "Afganistan Situation", January 31, 2023, https://data.unhcr.org/en/situations/afghanistan#: ~ : text = While% 206. 2% 20million% 20refugees% 20returned, choosing% 20to% 20return% 20in%202022.

④ UNHCR, Global Trends: Forced Displacement in 2023, Copenhagen, 2024, p.9.难民统计数据由于统计时间、方式和范围的不同以及未登记人数不详等原因,存在较大差异,即使是联合国难民署的数据也存在这个问题。

⑤ Peter Mardsen, *The Taliban: War, Religion and the New Order in Afghanistan*, Karachi: Oxford University Press, 1998, p.37.

表 1.13　2002—2023 年阿富汗回流难民情况　　　　（单位：人）

年份	回流难民人数	年份	回流难民人数
2002	1 834 537	2013	38 766
2003	475 639	2014	16 995
2004	761 112	2015	58 460
2005	514 090	2016	372 577
2006	139 804	2017	58 817
2007	265 410	2018	15 699
2008	278 484	2019	8 079
2009	54 552	2020	2 174
2010	112 968	2021	1 429
2011	67 962	2022	6 506
2012	94 556	2023	54 870

资料来源：UNHCR，"Refugee Returnees to Afghanistan by Year"，July 6, 2024, https://data.unhcr.org/en/situations/afghanistan#:~:text=While%206.2%20million%20refugees%20returned, choosing%20to%20return%20in%202022；https://www.refugeesinternational.org/reports-briefs/they-left-us-without-any-support-afghXans-in-pakistan-waiting-for-solutions/

2001 年美国发动阿富汗战争，导致了新的难民潮。至 2023 年，阿富汗难民已分布于 103 个国家。其中巴基斯坦和伊朗等邻国成为阿富汗难民首选的避难地。

巴基斯坦虽没有制定接纳难民避难的相关法律，也没有签署联合国 1951 年《关于难民地位的公约》和 1967 年《关于难民地位的议定书》，但一直有接纳周边国家难民的传统和举措。目前在巴基斯坦避难的阿富汗难民的确切人数难以统计，估计除了登记在册者之外，还有 220 万难民没有登记，其难民身份未能获得法律认定和承认。①尽管边界设有铁丝网，巴方也派兵守护，但巴基斯坦方面通常并不阻止阿富汗难民进入本国境内，也不登记入境的阿富汗人信息。阿富汗难民在巴基斯坦各地均有分布，但以阿巴两国交界的开伯尔-普赫图赫瓦省和俾路支省为主要聚居地。不过，巴基斯坦在接纳和安置难民方面与联合国

① Devon Cong and Sabiha Khan，"*They Left Us without Any Support*"：*Afghans in Pakistan Waiting for Solutions*，July 2023，p.4.

难民署和其他方面合作,相继推出政策措施,并为此作出了巨大的努力。首先,巴基斯坦政府推动阿富汗难民登记工作,为在巴的阿富汗难民提供基本权利和生活条件。第一次大规模的阿富汗难民登记和发证在 2006—2007 年之间进行,共有 132 万阿富汗难民登记在册,领取登记证明卡(Proof of Registration Card, PoR Card)。此卡确认持卡人的难民登记和享有的合法权利。根据巴基斯坦政府的规定,领取登记证明卡的阿富汗难民享有以下权利:

- 在巴基斯坦拥有临时合法身份。
- 旅行和迁徙不受限制。
- 允许开设银行和电信账户、购买 SIM 卡、申领驾照。
- 可接受公立教育。
- 可接受公立医疗服务。
- 在规定条件下拥有私有财产。
- 有权在非正式劳务市场务工。

第二次登记和发证工作在 2017—2018 年进行,共有 84 万阿富汗难民在巴基斯坦设立的机构登记和领卡。此次发放的是阿富汗国民卡(Afghan Citizen Card, ACC),发放对象是 2018 年之前入境巴基斯坦但未领取登记证明卡的阿富汗人。此卡的作用是确认持卡人的阿富汗国民身份,并令持卡人在巴基斯坦拥有以下权利:不被驱逐出境、可在非正式劳务市场务工、可部分享受公立教育和公立医疗服务。其余未登记的阿富汗难民和 2018 年之后入境巴基斯坦的阿富汗人,如未持有巴基斯坦有效签证,则不享有合法权利和难民保护。

巴基斯坦本身的经济发展和社会服务面临困难和挑战,难以应对和满足庞大数量的阿富汗难民的各方面需求。在受教育方面,巴基斯坦对本国国民提供中小学免费教育,但教育经费不足,儿童入学率需要提高,该国 10 岁以上国民的认字率为 62.8%。[①]目前约有 5 万名持有登记证明卡和阿富汗国民卡的阿富汗难

---

① 中国领事网:"巴基斯坦"。http://cs.mfa.gov.cn/zggmcg/ljmdd/yz_645708/bjst_645958/。

民青少年在巴基斯坦公立学校中就读。2018 年之后入境巴基斯坦的阿富汗难民中的适龄青少年比例更高,但却无法进入公立学校读书。一些难民通过以志愿者身份担任教师的方式,给难民中的青少年提供非正式教育的机会。但失学青少年所占比例仍然居高不下。

在就业方面,持卡难民不得从事正式工作,一般是干那些本地人不愿干的重体力、高风险和临时性工作,如建筑业等。在自雇方面,持卡难民可做小生意,如销售日用品或食品。虽然生活艰难,但这些难民的处境比 2018 年后来到巴基斯坦的难民要好得多,因为后来者完全没有合法工作的资格。一位阿富汗政府前女雇员称:"我们不能在这里工作,手里的钱就要用尽了。我们中的大多数人能活这么久,幸亏是有亲朋好友从国外给我们的汇款。我曾经有一份很不错的重要工作。但我在这里什么也不是。"①

在医疗服务方面,持卡难民与巴基斯坦本国国民一样可以免费到公立医院就诊。巴基斯坦政府还将阿富汗难民纳入公共防疫和传染病防治的范围之内,受到无差别和无歧视的对待,这在经济不够发达的难民接纳国中显得难能可贵。而无卡难民就无法接受巴基斯坦公立医院系统的医疗服务。一般而言,巴基斯坦公立医院并不经常查看患者的身份证件,通常也不会将患者拒之门外。但难民不愿冒着被驱逐出境的风险,通常到私立诊所看病,但费用要高很多。

阿富汗难民作为一个人数众多的外来群体,在巴基斯坦社会中生存了很长时间,其间产生了一些摩擦和不满,招致巴基斯坦国内对阿富汗难民的排外情绪。近年来,巴基斯坦人需要应对国内经济困难、应对巴阿边界地区恐怖主义势力的威胁,结果逐渐形成了与阿富汗难民之间的紧张关系。近年来大量抵达巴基斯坦的阿富汗难民在巴基斯坦没有合法身份,缺乏法律和生活保障,同时面临着被强制驱逐出境的可能性。2023 年,巴基斯坦以打击犯罪的名义,收紧了对在巴非法居留的阿富汗人的检查和递解。有报道说,从 2022 年 10 月到 2023 年初,1 400 余名阿富汗人被从卡拉奇和海得拉巴遣送回阿富汗。2023 年 1 月,信德省当局在三天之内将 600 余名阿富汗人递解回国。②

---

① Devon Cong and Sabiha Khan, *ibid.*, 2023, p.18.
② *Ibid.*, 2023, p.15.

巴基斯坦一方面慷慨地接纳阿富汗难民入境,为其提供基本生活条件,另一方面创造条件让阿富汗难民自愿返回国内,或采取措施将合法居留的阿富汗人强制驱逐出境。早在 2005 年之后,巴基斯坦就开始逐步关闭收容阿富汗难民的难民营。自 2002 年以来,联合国难民署共协助 438 万阿富汗难民自愿回国。[1]但 2019—2022 年,由于阿富汗国内的时局变动和疫情的原因,阿富汗难民自愿回国的人数很少,年均不到 1 万人。2023 年出现变化,阿富汗难民回国人数出现反弹,超过了 5 万人,但与 2016 年超过 30 万人比较还相去甚远。

阿富汗难民的另一个主要接纳国是伊朗。伊朗是世界上接纳难民规模最大、持续时间最长的国家之一,40 多年来一直为难民提供庇护。自 1979 年苏联入侵和随后的暴力浪潮以来,来自阿富汗的难民仍在伊朗和巴基斯坦等邻国流离失所,时间跨度已长达 45 年。

至于伊朗国内到底有多少阿富汗难民,不同的统计口径有不同的说法。按照联合国难民署的登记记录,在伊朗的阿富汗难民约 78 万人;而据伊朗官方 2022 年对阿富汗难民的专项人口普查,发现未登记在册的阿富汗难民人数为 260 万。而自 2021 年阿富汗政局变化以来,入境伊朗的阿富汗人远超如今巴基斯坦的人数,估计有 100 万人之多。另外还有 58.6 万阿富汗人在伊朗持有签证居住。因此,目前伊朗境内的约 450 万难民中,除了数万伊拉克难民外,绝大多数是阿富汗难民。[2]另据半岛电视台的报道,2021—2022 年间,约有 248.9 万阿富汗人进入伊朗境内。伊朗外长侯赛因·阿卜杜拉希扬估计伊境内阿富汗人(包括难民)的总人数已达 500 万之多。[3]

伊朗政府负责难民登记和身份确认。伊朗于 1976 年 7 月 28 日加入了 1951 年《关于难民地位的公约》及其 1967 年《关于难民地位的议定书》,但对第 17 条(有偿就业)、第 23 条(公共救济)、第 24 条(劳动立法和社会保障)和第 26 条

---

[1] Devon Cong and Sabiha Khan, *ibid.*, 2023, p.19.

[2] UNHCR, "Refugees in Iran", 2024. https://www.unhcr.org/ir/refugees-in-iran/.

[3] 加扎勒·阿里亚希:《伊朗境内的阿富汗难民——对德黑兰是机遇还是威胁?》,半岛电视台,2023 年 12 月 27 日,https://chinese.aljazeera.net/news/political/2023/12/27/%E4%BC%8A%E6%9C%97%E5%A2%83%E5%86%85%E7%9A%84%E9%98%BF%E5%AF%8C%E6%B1%97%E9%9A%BE%E6%B0%91%E5%AF%B9%E5%BE%B7%E9%BB%91%E5%85%B0%E6%98%AF%E6%9C%BA%E9%81%87%E8%BF%98%E6%98%AF%E5%A8%81%E8%83%81。

(行动自由)有保留。伊朗方面根据以上关于难民的法律文件确定难民身份,并发放难民卡。阿富汗难民领取的是阿玛耶什卡(Amayesh Card),每年续期。持卡人可在伊朗合法居住,在规定范围内自由旅行,获取医疗、教育和就业等基本服务。2023 年 6 月,伊朗政府为加强对境内外国人(包括难民)的管理和服务,推出新的个人身份智能卡,发卡对象包括已登记难民(阿玛耶什卡持有人)、参加 2022 年普查的收据持有人和家庭护照持有人。根据伊朗官方公布的信息,该卡已制作了 200 万张,每天发放 3 万—4 万张。①

2024 年 1 月,由原外国人和外国移民事务局改制的国家移民组织(National Organization for Migration, NOM)推出一项"金融项目",以响应伊朗政府利用小额外资促进经济生产和基础设施建设的政策构想,同时这也是为了解决外国人短期居住和服务问题。该项目系自愿参加,主要针对参加 2022 年普查的收据持有人,规定项目参加者投入 10 亿—15 亿伊朗里亚尔,可获得短期居住许可,获取银行和保险等方面的服务。该项目推出后,有超过 7.5 万人登记参加。②

在伊朗的阿富汗难民可在教育和医疗方面获取几乎与伊朗本国人相当的服务。教育方面,自 2015 年 5 月起,所有外国人(无论其法律身份如何)的子女均可在伊朗中小学与伊朗本国学生一起就读,授课方式和课程安排完全相同。2023—2024 年度,阿富汗和伊拉克青少年的在校人数为 80 万—100 万人。联合国难民署在建校方面提供资助,并为难民青年提供大学奖学金,2024 年度获得奖学金资助的难民大学生人数为 298 人。③在医疗方面,阿富汗难民免费获得基本医疗服务,包括疫苗接种、产前护理、妇幼保健、基本药物等;另外通过联合国难民署与伊朗卫生与医学教育部的合作,登记在册的难民能够享有全科公共卫生保险,与伊朗人一样在住院和辅助临床医护方面获得价格折扣。

据估计,99%的阿富汗难民与伊朗人毗邻居住在城市、城镇和村庄的社区之中,而其余 1%的阿富汗难民居住在由联合国难民署的对应机构——伊朗内政部外国人和外国移民事务局(BAFIA)管理的 20 个定居点中。④新抵达的阿富汗

---

① UNHCR, "Iran: Factsheet", January to March 2024, p.2.

② UNHCR, *ibid.*, 2024, p.2.

③ *Ibid.*, 2024, p.3.

④ UNHCR, "Refugees in Iran", 2024.

人大多居住在城市中,得到阿富汗居民的帮助和支持,少数人暂时被安置在中转中心。不过,大量阿富汗青壮年难民进入伊朗就业市场,虽然受到部分雇主的欢迎,可以降低用工成本,但也引起了部分伊朗人的不满,认为阿富汗人拿走了自己的工作机会、压低了工资收入。2021年以来,伊朗的反阿富汗情绪强化,仇外言论和歧视行为亦呈上升趋势。2023年,每天非法入境的阿富汗人达到1万,引发伊朗人的关切。一份报纸引用非官方的数字称,上一年的秋季在南部城市设拉子附近的一个城镇——卡瓦的医院里出生了300名婴儿,其中属于阿富汗家庭的高达297名。这份报纸呼吁伊朗官员要"提高警觉,因为如此之多的外国人的存在将(给国家安全)带来威胁"。伊朗议会议员哈桑·赫马蒂(Hassan Hemmati)指出大量阿富汗非法移民的到来将可能导致犯罪率的上升和失业现象更加严重,表示:"我反对外国人未经许可进入本国境内,这个问题的讨论更多的是指非法入境的阿富汗人。"①

伊朗政府、联合国难民署和非政府组织正在探索长期的解决办法,即推动阿富汗难民自愿返回国内。自2023年底以来,伊朗官方多次宣称要将阿富汗非法移民递解出境。同时,阿富汗看守政府也敦促生活在国外的阿富汗移民返回国内,参与受到战争蹂躏的国家的重建。②在实际操作层面,据报道,2022年从伊朗被迫返回国内的阿富汗人为48.5万;2023年,这个数字增长到65.1万。③而同在2023年,经联合国难民署协助,自愿离开伊朗回国的阿富汗难民仅516人。④

阿富汗难民问题的存在,给阿富汗、巴基斯坦、伊朗三国及所在地区的安全造成了相当严重的影响。

首先,阿富汗难民问题成为阻碍三国改善和加强关系的障碍之一。数百万

---

① Iran International Newsroom, "Concerns Rise over Growing Afghan Population in Iran", September 28, 2023, https://www.iranintl.com/en/202309275945.

② Xinhua, "Around 115,000 Afghan Refugees Return Home from Pakistan, Iran", July 2, 2024, https://english.news.cn/20240702/f82461a7b4484d51a058a1412aed6f7a/c.html.

③ DRC NEWS, "Afghans Increasingly Forced to Return from Iran", May 7, 2024, https://pro. drc. ngo/resources/news/afghans-increasingly-forced-to-return-from-iran-an-overlooked-population-in-dire-need-of-protection/#: ~ : text = In% 202023% 2C% 20this% 20number% 20rose, space% 20in% 20its%20neighboring%20country.

④ UNHCR, "Iran Voluntary Reptriation: January to December 2023", January 9, 2024, https://reliefweb.int/report/iran-islamic-republic/iran-voluntary-repatriation-january-december-2023.

难民使国内经济状况不佳和频遭恐怖主义袭击的巴基斯坦和伊朗难以负担和承受,急于通过遣返难民来解决这个难题。但阿富汗的国内条件使得大批难民不愿返回国内,尤其不接受强制遣返的做法。而且,难民问题是造成边境局势紧张和发生冲突的原因之一,体现在两个方面:其一,难民跨境流动给巴方和伊方边境管理和控制带来麻烦,而巴方和伊方试图加强边界控制的举动招致阿方的反弹。其二,难民问题还不断将三国在边界及管理方面遗留的历史旧账重新翻出来,加剧各方的对立和不满,对官方和民间关系都造成不利影响。

其次,阿富汗难民问题的持续存在为国际反恐增加了难度。难民的大规模跨界流动和边境管理力度的不足,为恐怖主义势力的活动提供了可乘之机。阿富汗、巴基斯坦和伊朗境内恐怖主义组织相当活跃,频频发动恐袭,给三国安全造成巨大损害,给三国民众生命财产造成巨大损失,导致所在国及地区局势动荡。在国际反恐斗争中,恐怖主义组织和个人往往利用难民潮的混乱局势流窜于边境两侧逃避打击,致使斗争的难度加大和效率降低。另一方面,大批阿富汗难民处境艰难,为恐怖组织招兵买马、壮大力量提供了潜在的机会。而且,恐怖主义势力通过这些地区的训练营,训练当地和来自相邻国家的恐怖分子。借助难民潮,这些受训的恐怖分子得以出入这一地区,进而对相邻国家的安全造成威胁和损害,也增加了相邻国家反恐的难度。

最后,阿富汗难民成为新的难民潮的潜在来源。阿富汗难民问题存在的时间长、规模大,给巴基斯坦和伊朗等邻国造成巨大的负担和安全问题。由于巴基斯坦和伊朗经济状况不佳,国内安全局势不稳,而且与其他国家的关系紧张,一旦巴基斯坦国内局势出现较大动荡或加大强制遣返难民的力度,考虑到阿富汗接纳回流移民的能力有限,阿富汗难民可能向地区内其他国家和地区外流动,造成难民危机的进一步外溢。目前的欧洲难民潮中已经能够看到阿富汗难民的身影,所以阿富汗难民未来的流动方向有可能会包括欧洲和北美洲等地区。

五、亚洲地区国际移民及难民动因分析

自有人类产生以来,作为生存本能的迁徙活动就从没有停息过。其动因在不同时间的侧重点有所不同,但追求更好生活的基本动因始终存在。因此,"移民的动机自始至终都非常相似,它包含着交织在一起的各种向往:向往富裕、向往土地、向往变化、向往安定、向往自由以及向往某些无法用语言表达的东西"①。根据当下国际移民研究的概念框架,决定移民的主要动因为:经济动因、政治动因、社会动因、环境动因等。

经济动因揭示了国际移民的最基本特性:经济诉求一直是国际移民的最主要动因和推动力,在各种移民动因中占据支配地位。国家之间经济发展的差异导致经济发展水平较低国家的国民向经济发展水平较高的国家迁徙和流动,这是人类迁徙的普遍现象。在目前的国际移民过程中,发达国家和地区仍然是国际移民的主要输入地,欠发达国家和地区则是国际移民的主要输出地。

从表1.14可以看出,亚太地区的国际移民走向与经济发展水平密切相关,经济发达的国家和地区(人均GDP 3万美元以上)均属移民输入为主类别。位于东亚的日本、韩国,位于东南亚的新加坡、文莱以及位于西亚的沙特阿拉伯和阿联酋等均为所在地区的主要移民接纳地,同时接纳来自其他地区的移民。尤其是西亚的海湾产油国,是南亚地区大批劳工移民的聚居地。以色列由于其特殊性,无法与周边的阿拉伯国家形成正常的人口流动关系,其输入移民大多为欧美和其他大洲的犹太移民。

经济发展处于中等水平的国家和地区(人均收入在1万—3万美元之间)则是既对外移民,又接纳移民。如东南亚地区经济发展处于中等水平的马来西亚和泰国兼备两种移民国家的角色,既输出移民也输入移民。土耳其和伊朗则由于相邻的叙利亚和阿富汗的战争难民的冲击,接纳数百万的难民,因而成为输入移民为主的国家。哈萨克斯坦在中亚地区的经济发展水平明显高出一筹,因此是该地区的移民接纳国,同时又对俄罗斯输出移民。

中国不是传统意义上的移民国家,这主要是指中国不是移民目的国,但并不否认中国作为移民来源国的历史地位。事实上,中国在近代就是主要的移民输出国之一。另一方面,近几十年,随着中国经济的高速发展和富裕水平的提

---

① Maldwyn Allen Jones, *American Immigration*, Chicago: University of Chicago Press, 1960, pp.4—5, https://www.yahoo.com/news/pakistan-says-starts-fencing-afghanistan-border-high-threat-070057171.html.

表 1.14　2022 年亚太部分国家和地区人均 GDP(购买力平价)　(单位:美元)

国家和地区	人均 GDP	国家和地区	人均 GDP
移民输入为主	**30 000 美元以上**	阿塞拜疆	15 094
新加坡	108 036	土库曼斯坦	14 740
卡塔尔	96 558	印度尼西亚	12 410
阿联酋	74 918	斯里兰卡	12 220
文莱	58 670	蒙古	12 073
巴林	51 855	越南	11 397
沙特阿拉伯	50 188	**移民输出为主**	**10 000 美元以下**
澳大利亚	43 000	约旦	9 491
科威特	49 400	伊拉克	9 199
韩国	45 560	菲律宾	8 582
以色列	44 393	乌兹别克斯坦	8 073
日本	41 838	老挝	7 948
阿曼	35 337	印度	7 112
土耳其	33 150	孟加拉国	6 263
移民输入和输出	**10 000—30 000 美元之间**	巴勒斯坦	5 722
马来西亚	28 384	巴基斯坦	5 377
哈萨克斯坦	26 093	吉尔吉斯斯坦	5 070
马尔代夫	21 271	柬埔寨	4 534
泰国	17 508	缅甸	4 250
格鲁吉亚	17 078	塔吉克斯坦	4 137
亚美尼亚	16 057	尼泊尔	4 002
伊朗	15 461	阿富汗(2021 年)	1 516
土耳其	15 300		

注:原文中部分国家和地区资料不全。

资料来源:Global Economy:*GDP-per Capita*(*PPP*),2022,https://www.theglobaleconomy. com/rankings/gdp_per_capita_ppp/Asia/。

高,对外来移民的吸引力也随之上升,对周边经济发展水平较低国家移民的吸引力尤为明显。据《第七次全国人口普查公报》,2020 年 11 月 1 日居住在中国境内的外籍人口为 845 697 人,而 2010 年为 593 832 人,增加了 29.8%。来华目的主要是就业(333 596 人)、定居(194 778 人)、学习(105 711 人)、商务(43 964 人)、探亲(40 863 人)及其他(126 785 人)等。①事实表明,中国正在移民事务上出现经济发达国家自第二次世界大战结束之后曾经出现的变化——由移民输出国(来源国)向移民输入国(目的国)逐渐过渡。

经济发展水平较低的国家和地区(人均收入在 1 万美元以下),大多是以移民输出为主。移民输出的对象既有本地区经济较发达的国家和地区,也有欧美发达国家。其中也有例外情况,印度既是移民输出国,每年有大量的劳工移民前往海湾国家就业;同时又从相邻国家吸引一定数量的劳工移民。

战争和武装冲突是造成大规模人口迁徙的另一个重要原因。进入 21 世纪以来,亚洲是战争冲突的重灾区。阿富汗战争和伊拉克战争均发生在亚洲,造成的社会动荡和难民潮至今积重难返。同时,另外两场规模最大的内战和国际武装冲突——叙利亚内战和也门内战则鏖战不息,前者还创造了 21 世纪最大的难民潮。战争导致的难民潮不仅给当地的社会稳定带来巨大冲击,而且给周边国家和地区乃至整个世界都造成不同程度的影响。

环境动因对于移民的影响越来越受到关注和重视。各种自然灾害造成人类生存环境的变化,进而导致大规模迁徙的案例俯拾皆是。当前国际社会更加关注的是由于人类活动造成的气候变暖,使得地球两极冰层融化,引起海平面上升,导致生活在低海拔沿海地区居民的移民现象。国际移民组织宣布:"环境和气候变化动因在塑造人类迁徙方面发挥了重要的和逐渐具有决定意义的作用。"②对此,该组织提出了五点认识或结论:

第一,环境因素一直是人类移民的动因之一,与经济、政治、社会和其

---

① 国务院第七次全国人口普查领导小组办公室(编):《中国人口普查年鉴:2020》,中国统计出版社 2022 年版,附录二,第 2—3 页。

② International Organization for Migration, "IOM Perspectives on Migration, Environment and Climate Change", Geneva:IOM, 2014, p.1, http://publications.iom.int/system/files/pdf/meccinfosheet_climatechangeactivities.pdf.

他因素的作用相同。

第二,人们在遭遇自然灾害时具有逃生本能,当环境条件变坏时当然就会移居他处。

第三,气候变化会导致缓慢的或突发性的自然灾害,产生渐进性的环境破坏,损害人类生存环境。

第四,环境因素所导致的移民,既包括强迫型移民,也包括自愿型移民,两者之间的界限不易区分。

第五,移民是一种应变策略,以适应环境变化带来的冲击。人口的移出可降低人口压力和环境负担,移民汇款则可以在经济上提供新的收入来源。[1]

因此,气候变化和灾害对移民具有显著的影响。据国际移民组织的数据,2008—2017 年,亚太地区有超过 1.981 亿人因突发气候灾害而流离失所,约占全球所有灾害流离失所人数的 81%,其中超过 95% 的流离失所的直接原因是风暴和洪水等突发气候灾害。该地区的国家,如印度、孟加拉国和菲律宾,经常发生气候灾害及其导致的流离失所。另一方面,平均年流离失所人数比例最高的国家是太平洋地区的三个岛国:帕劳、瓦努阿图和汤加。[2]

世界气象组织在 2024 年 4 月发布的一份名为《2023 年亚洲气候状况》(State of the Climate in Asia 2023)的报告中指出:"2023 年,亚洲仍然是世界上受天气、气候和与水相关的灾害影响最严重的地区。洪水和风暴造成的人员伤亡和经济损失最大,而热浪的影响也愈发严重。"[3]2023 年,自然环境灾害(含气候灾害和地质灾害)造成的国内人口迁徙人数,占总数的 56%。到 2023 年底,居住在 82 个国家中的至少 770 万人受到这种灾害的影响而失去家园,不得不在国内迁徙。[4]根据移民数据网的资料,2023 年受到自然环境灾害影响的国内迁徙

① International Organization for Migration, "IOM Perspectives on Migration, Environment and Climate Change", Geneva: IOM, 2014, p.1, http://publications.iom.int/system/files/pdf/meccinfosheet_climatechangeactivities.pdf.

② IOM, "Migration, Environment and Climate Change Infosheet", September 16, 2022, https://roasiapacific. iom. int/sites/g/files/tmzbdl671/files/documents/MECC% 20infosheet% 202022 _v2.pdf.

③ World Meteorological Organization, State of the Climate in Asia 2023, April 23, 2024.

④ Migration Data Portal, "Environmental Migration", June 5, 2024, https://www.migration-dataportal.org/themes/environmental_migration_and_statistics.

人数最多的亚洲国家包括土耳其（410 万人）、菲律宾（200 万人）和孟加拉国（180 万人）。

气候变化对太平洋地区的众多低海拔岛国的生存造成的威胁更加严重，其作为国土承载物的岛屿逐渐为海洋所淹没。基里巴斯的处境尤为岌岌可危，甚至在 21 世纪 10 年代中期提出要举国迁徙。基里巴斯有 33 个珊瑚礁，这个 800 平方公里的岛国的海拔高度只有 3 米左右。①除了填土筑坝阻挡海水浸漫之外，政府提出了向外举国移民的应对计划。2016 年 2 月，该国总统阿诺特·汤（Anote Tong）指出："现在人们已感到十分恐惧，我们需要立即采取行动。这就是我急忙作出决定的原因，这样我国人民才能放下心来。"②他提到的这项决定是指为了应对海平面上升造成的灭顶之灾，基里巴斯政府打算从 2020 年起组织国民迁居国外，逐步完成全国 10 万人口的总体移民。基里巴斯人向外移居的目的地包括近邻斐济。早在 2014 年，基里巴斯就在斐济买了一块地，用于安置本国公民。汤将这项举国移民计划称为"出于尊严的移民"（migrate with dignity）。③

按照传统的"推力—拉力理论"，以上三大动因中，第二种和第三种可归为推力因素，即武装冲突和环境恶化是促使移民离开原居地、移居他地的主要原因；第一种是最基本的移民动因，既是推力因素，又是拉力因素。移民原居地的经济发展水平较低，促使他们离开；而移民移居地的经济发展水平较高，吸引他们前来就业和居住。另外，这些动因往往不是单一存在，而是具有复合性，多种动因可同时发挥作用。

六、亚洲主要国家难民政策及评析

历史上，亚洲国家主要是移民及难民输出地，而非输入地。关于移民的法

---

① Asia-Pacific RCM Thematic Working Group on International Migration including Human Trafficking, *Asia-Pacific Migration Report 2015*: *Migrants' Contributions to Development*, UN ESCAP, 2016, p.54, http://www.unescap.org/sites/default/files/SDD%20AP%20Migration%20Report%20report%20v6-1-E.pdf.

② Alex Pashley, "Kiribati President: Climate-induced Migration Is 5 Years away", *Climate Home*, February 18, 2016, http://www.climatechangenews.com/2016/02/18/kiribati-president-climate-induced-migration-is-5-years-away/.

③ Alex Pashley, *ibid.*

律和政策较为健全。这里将专门考察亚洲主要国家的难民政策和相关法律。

亚洲大多数国家并未制定专门的《难民法》及相关法律,也未设立相应的处理难民事务的机构。但是,随着亚洲经济的发展,一些亚洲国家开始成为吸引移民和难民的国家。另外,不少亚洲国家加入或签署了与难民问题及事务相关的国际条约,承担相应的国际义务和责任。有关难民问题及事务相关的国际条约有三个,即《关于难民地位的公约》(1951 年)、《禁止酷刑和其他残忍、不人道或有辱人格的待遇或处罚公约》(1984 年)和《公民权利和政治权利国际公约》(1966年),亚洲主要国家加入和签署这些条约的情况如表 1.15 所示。

表 1.15　亚洲部分国家和地区有关难民问题三项主要国际条约的加入和签署情况

国家或地区	《关于难民地位的公约》及/或议定书	《禁止酷刑和其他残忍、不人道或有辱人格的待遇或处罚公约》	《公民权利和政治权利国际公约》
中亚地区			
哈萨克斯坦	加入	加入	加入
吉尔吉斯斯坦	加入	加入	加入
塔吉克斯坦	加入	加入	加入
土库曼斯坦	加入	加入	加入
乌兹别克斯坦	否	加入	加入
东亚和太平洋地区			
美属萨摩亚	加入	加入	加入
澳大利亚	加入	加入	加入
中国	加入	加入	签署
库克群岛	否	否	否
密克罗尼西亚	否	否	否
斐济	加入	加入	加入
法属波利尼西亚	加入	加入	加入
中国香港	否	加入	加入
日本	加入	加入	加入

（续表一）

国家或地区	《关于难民地位的公约》及/或议定书	《禁止酷刑和其他残忍、不人道或有辱人格的待遇或处罚公约》	《公民权利和政治权利国际公约》
基里巴斯	否	加入	否
中国澳门	加入	加入	加入
马绍尔群岛	否	加入	加入
瑙鲁	加入	加入	签署
蒙古	否	加入	加入
新喀里多尼亚（法）	加入	加入	加入
新西兰	加入	加入	加入
纽埃	否	否	否
北马里亚纳群岛（美）	加入	加入	加入
帕劳	否	签署	签署
巴布亚新几内亚	加入	否	加入
萨摩亚	加入	加入	加入
韩国	加入	加入	加入
所罗门群岛	加入	否	否
汤加	否	否	否
图瓦卢	加入	加入	加入
瓦努阿图	否	加入	加入
南亚地区			
巴基斯坦	否	加入	加入
不丹	否	否	否
印度	否	签署	加入
马尔代夫	否	加入	加入
尼泊尔	否	加入	加入
斯里兰卡	否	加入	加入

（续表二）

国家或地区	《关于难民地位的公约》及/或议定书	《禁止酷刑和其他残忍、不人道或有辱人格的待遇或处罚公约》	《公民权利和政治权利国际公约》
孟加拉国	否	加入	加入
东南亚地区			
文莱	否	签署	否
缅甸	否	否	否
柬埔寨	加入	加入	加入
东帝汶	加入	加入	加入
印度尼西亚	否	加入	加入
老挝	否	加入	加入
马来西亚	否	否	否
菲律宾	加入	加入	加入
新加坡	否	否	否
泰国	否	加入	加入
越南	否	加入	加入
西南亚地区			
阿富汗	加入	加入	加入
伊朗	加入	否	加入

注：截止时间为 2024 年 2 月。

资料来源：Savitri Taylor，" Refugee Protection in the Asia Pacific Region"，2024，https://amerainternational.org/refugee-protection-in-the-asia-pacific-region/。

从亚洲的实际情况来看，主要的难民接纳地基本上都是那些难民输出地的邻国，如叙利亚周边的土耳其、约旦、黎巴嫩等，阿富汗周边的巴基斯坦和伊朗等。地区外的难民接纳国主要是欧美发达国家，而亚洲和太平洋地区的发达国家并没有成为吸引大量难民前往的目的地。

（一）日本难民政策及评析

日本是亚洲最大的发达国家，作为以上三项涉及难民问题和事务国际条约的加入国,日本在实施条约方面采取了一些相应政策举措。

历史上,日本在接纳难民方面的作为相当有限,基本上采取拒绝难民的立场和举措。1917 年俄国革命之后,日本拒绝接纳那些逃离苏俄的"白俄"的避难申请。在 20 世纪 30 年代,日本同样拒绝接纳那些逃离纳粹迫害的欧洲犹太人的避难申请。只有极少数的例外情况发生,为数不多的犹太人在日本获得难民资格,得到官方的保护,其原因在于日本政府试图得到犹太财团和富裕阶层的资助,以扩大对外侵略战争。第二次世界大战后的 20 世纪 70 年代中期,迫于美国和国际难民署的压力,日本被迫同意接纳中南半岛难民。根据这些难民政策措施,日本共接纳了约 1 万名难民。①

1951 年,日本政府在联合国《关于难民地位的公约》颁布之后,根据 1951 年 10 月 4 日的内阁第 319 号令,制定《出入境管理及难民认定法》(Immigration Control and the Refugee Recognition Act),此后进行了多次修正。根据该法的最新修正版,其中关于"难民"的定义规定为:"指根据关于难民地位的公约(以下简称'难民公约')第 1 条的规定及难民地位议定书第 1 条规定承认适用难民公约的难民。"②但该法的主要内容是对外国人出入境和居住的管理规定,对难民身份认定及保护的规定较为简略。

根据日本相关法令和政策规定,所有外国人,不论其在日本的身份是否合法,均可在日本向法务省的移民官申请避难,并获取难民身份。对于申请人的具体资格,须具备三个条件:(1)申请人须在抵达日本或具备成为难民之条件的 6 个月之内提出避难申请;(2)须直接来自其生命、自由或安全受到威胁的地方;(3)不得在此前已收到日本政府之递解令。

具体的难民认定程序分为三个主要步骤:避难申请人通过提交申请表提出申请;移民官对申请人进行面谈,面谈的次数可以超过一次,申请人可以要求增加面谈次数;法务省作出决定,通知申请人。整个认定程序所需时间并不确定,从几个月到几年不等。

---

① Hiroshi Honma, "Japan's Refugee Policy: from Post-World War II to present day", *Voice from Japan*, No.18, 2007, p.23, http://www.ajwrc.org/english/sub/voice/20-1-7.pdf.

② *Immigration Control and Refugee Recognition Act*, Cabinet Order No.319 of October 4, 1951, https://www.japaneselawtranslation.go.jp/en/laws/view/1934/en.

而申请人获得法务省认定为难民之后,将享有与其他在日合法居住的外国人所享有的一切权利和《关于难民地位的公约》规定的权利。具体而言,在日难民能获得1—3年的居住权(可延期);可申请获得国民健康保险的各项福利;在特定情况下还可向市县政府领取社会福利补助。同时,在日难民还可以申请参加政府资助的融入项目,包括参加日语学习课程,听取关于在日生活的介绍和帮助,获得就业协助和领取一定数额的经济补助。该融入项目的期限为6个月,参与项目的难民在政府的融入促进中心居住。政府准许难民前往国外旅行,并由法务省发给难民旅行证件。[①]

虽然日本具有较为完备的关于难民的法律和政策,但审核条件极为严格,获得难民身份认定的人数比例很低,实际作用有限。以2023年为例,共有13 823人向日本政府提出难民身份认定申请。其中居前三位的国家分别是斯里兰卡(3 778人)、土耳其(2 406人)和巴基斯坦(1 062人)。但获得法务省认定难民身份者仅有303人,其中237人来自阿富汗,占比为78.2%。该年度总的难民身份认定率低至2.19%,但日本媒体称303人获得难民认定已经创造了新的"记录"。获得难民身份认定者可获取医疗、教育、养老和育儿方面的社会福利待遇、就业服务和长期居住资格,还可在特定情况下申请永居。除此之外,"出于人道方面的考虑",另有1 005名申请人获准在日本临时居留。此外,申请难民认定未获准者,可提出上诉。上诉案通常要等数月才能开始审理,往往需要耗时数年。[②]

因此,日本难民政策的基本原则,一是拒绝接纳大批难民,尽量将申请避难者挡在日本国门之外或基本拒绝认定在日申请者的难民身份。而且,日本政府考虑加大避难申请的难度,法务省指出,要打击那些借申请难民之名在日本务工者,具体的举措包括:强制驱逐和递解那些未获难民身份认定的申请者;遏制重复申请避难的做法;对避难申请者进行预审,排除明显不合格的申请者。[③]二

① UNHCR, "Information for Asylum-Seekers in Japan", December 2005, http://www.unhcr.or.jp/html/protect/pdf/info_seekres_e.pdf.

② Yukana Inoue, "Japan Granted Refugees Status to Record 303 Asylum-seekers in 2023", *The Japan Times*, March 26, 2024, https://www.japantimes.co.jp/news/2024/03/26/japan/society/record-high-refugee-status/#: ~ : text = In% 20Japan% 2C% 20applications% 20for% 20refugee, education%20and%20job%20placement%20services.

③ Mina Pollmann, "Japan's Role in the Refugee Crisis", *The Diplomat*, September 11, 2015, http://thediplomat.com/2015/09/japans-role-in-the-refugee-crisis/.

是在经济上为国际社会和组织应对难民问题提供资助。2021年,日本向联合国难民署捐款1.4亿美元,列世界第四位,仅次于美国、欧盟和德国。同年,日本的私立机构团体向该署捐款6100万美元,列世界第三位。[①]

(二)韩国难民政策及评析

韩国有关接纳难民问题的立场同样十分谨慎,对难民身份的认定也十分严格。1994—2003年之间,韩国在20年中只接纳了251名外国难民(不包括朝鲜人)。同时,韩国也是三项涉及难民问题和事务国际条约的加入国。由于韩国较发达的经济水平,对其他国家的寻求庇护者具有一定的吸引力。[②]

表1.16列出了韩国处理避难申请的基本情况,列出了提出申请的部分国家申请人的处理结果。2023年韩国共收到18 717名外国人寻求避难的申请,获批准数为69人,占比仅仅为0.37%。而来自主要难民输出国——叙利亚的申请避难的只不过103人,却无一人获得批准,来自其他主要难民输出国——阿富汗和伊拉克的申请避难者更少,只有区区几十人,64名伊拉克申请避难者同样没有一人获得批准;来自阿富汗的难民申请人数只有33人,有12人获得批准。[③]需要指出的是,以上数据中只有申请者是当年的数字,而获得批准和否决的人数包括往年累计的人数,所以相互之间数量关系并不完全相对应。

此外,韩国是东亚国家中第一个专门就难民事务立法的国家。2012年,韩国国会通过第11298号法律,即《难民法》(*Refugee Act*)。该法基本援用了联合国《关于难民地位的公约》中关于难民的定义:"难民是指由于种族、宗教、国籍、特定社会团体成员或政治见解而足以担心受到迫害而不能或不愿意获得他/她所属国家的保护的外国人,或由于无国籍而不能,或由于以上恐惧而不愿意返回其进入大韩民国之前原居住国家的外国人。"[④]该法具体规定了申请避难的程序:

---

① UNHCR, "Japan", 2023. https://www.unhcr.org/countries/japan.

② Steven Borowiec, "South Korea: New Beacon for Refugees", *Yale Global Onlines*, September 12, 2013, http://yaleglobal.yale.edu/content/south-korea-new-beacon-refugees.

③ "Asylum Applications of Foreign Refugees in South Korea", *WorldData.info*, June 2024, https://www.worlddata.info/asia/south-korea/asylum.php.

④ Republic of Korea, *The Refugee Act*, Law NO.11298 of 2012, July 1, 2013, http://www.refworld.org/docid/4fd5cd5a2.html.

表 1.16　2023 年韩国处理避难申请情况

申请人国别	申请数	批准数	否决数	批准率(%)
俄罗斯	5 750	5	756	0.7
哈萨克斯坦	2 094	0	1 007	0.0
马来西亚	1 205	0	155	0.0
印　度	1 189	0	794	0.0
蒙　古	836	0	103	0.0
土耳其	564	5	679	0.7
乌兹别克斯坦	477	0	119	0.0
巴基斯坦	476	5	232	2.1
吉尔吉斯斯坦	372	0	82	0.0
突尼斯	364	0	53	0.0
孟加拉国	334	0	406	0.0
埃　及	322	5	281	1.7
尼泊尔	318	0	157	0.0
埃塞俄比亚	262	10	109	8.4
摩洛哥	226	0	174	0.0
缅　甸	192	12	175	6.4
塔吉克斯坦	182	0	20	0.0
斯里兰卡	179	0	102	0.0
叙利亚	103	0	24	0.0
泰　国	97	0	38	0.0
菲律宾	82	0	28	0.0
也　门	74	0	10	0.0
伊拉克	64	0	39	0.0
阿富汗	33	12	10	54.5
乌克兰	25	0	5	0.0
伊　朗	19	0	12	0.0
越　南	14	0	11	0.0

资料来源："Asylum Applications of Foreign Refugees in South Korea", *WorldData. info*, June 2024, https://www.worldata.info/asia/south-korea/asylum.php。

（1）在韩申请避难的外国人须向出入境管理局或分局（含入境口岸，但设有限定条件）的主管官员递交书面申请表。

（2）申请者需要提交以下证件材料：护照或外国人登记卡（不能提交者须提交原因陈述书）、与申请事由相关的材料。

（3）申请者须接受移民局受理申请的主管官员的面谈，以了解和核实申请事由。

（4）司法部对申请者提交的材料进行核实和搜集相关证据。司法部官员有权约见申请人和相关人员、提出问题或要求提交相关材料。

（5）司法部就申请人是否具备难民身份作出决定。

申请避难者提交申请后，在等待司法部决定及上诉期间可以在韩国居住。《难民法》承诺获得认定的难民享有《关于难民地位的公约》规定的福利待遇，包括享有与韩国公民相同的住房、医疗和教育方面的福利待遇。而且，难民的配偶及其未成年子女有权进入韩国，实现家庭团聚。同时，申请避难者也可获得一定程度的福利待遇，包括最低程度的住房、医疗和教育方面的福利待遇，以及提出申请6个月之后就业的权利。另外根据《难民法》，韩国对一部分未认定难民身份者给予人道居留待遇，拥有在韩就业权利，但不得享有任何福利待遇。

韩国的难民政策特点与日本相似，拒绝向难民打开国门，同时对联合国难民署提供一定数额的财政捐助。2023年，韩国对该署的捐款额为2 413万美元。通过难民署接受韩国捐款最多的五个国家难民，分别来自叙利亚（受捐额320万美元）、阿富汗（258万美元）、缅甸（159万美元）、乌克兰（100万美元）和苏丹（50万美元）。[①]

（三）哈萨克斯坦难民政策及评析

在东亚地区以外，除了新加坡等国之外，大部分国家经济发展水平尚未进入发达国家的行列，所以并非移民的迁徙目的地，但受冲突影响的难民除外。中亚地区地域最大和发展水平较高的是哈萨克斯坦，是三项与难民有关的国际

[①] UNHCR, "Global Focus: Republic of Korea", 2024, https://reporting.unhcr.org/donors/republic-korea.

条约的加入国。2009 年,《哈萨克斯坦共和国难民法》(*Law of the Republic of Ka-zakhstan on Refugees*)获得通过,并于次年 1 月生效。此后,该法进行过修订,目前实施的是 2014 年修正版。

《哈萨克斯坦共和国难民法》援用联合国关于难民的定义,确立了相关原则:(1)确保申请避难者和难民的法律权利;(2)在认定难民身份时奉行非歧视精神,禁止基于种族、族裔、国籍、语言、宗教、政治观点和/或社会出身的歧视行为;(3)确保申请避难者和难民的隐私权;(4)协助申请避难者和难民的家庭团聚;(5)保护难民身份儿童的权利;(6)贯彻对申请避难者和难民的不驱回政策。①

该法规定申请避难者可在哈萨克斯坦境内、入境口岸和哈萨克斯坦驻外使领馆提交书面避难申请,可本人亲自提交或通过得到授权的代理人提交。非法入境者同样具有申请避难的权利。申请避难者和难民均享有在哈萨克斯坦居住、医疗、就业和开业等权利和福利待遇。

该法规定在避难申请提出 3 个月之内,有关政府部门须作出决定;对需要延期作出决定的个案,最长不得超过 1 年。获得认定的难民的配偶和 18 岁以下子女可来哈实现家庭团聚。难民身份的有效期为 1 年。提出上诉的时间必须在接到否决决定的 5 个工作日之内。

该法规定了否决避难申请的具体情形:不符合关于难民身份的定义,因而不具备申请避难资格者;拒绝提供相关证明材料者;申请者通过第三国入境,并可获得该国保护者;参加恐怖主义、极端主义或被查禁的宗教组织活动者;犯有反和平罪、战争罪、反人道罪者;犯有严重非政治罪行者等。②

2024 年 3 月 20 日,哈萨克斯坦劳动和社会保障部代理部长签署发布一项部长令,宣布哈萨克斯坦对难民身份申请的登记和审查规则进行了最新的修订,主要有三项内容:(1)在难民身份申请者履行申请登记手续之后的 5 天内,该部将开始审查程序;(2)在完成对申请人的全面审查之后,申请人将接受强制体检,确保其身体健康状况正常;(3)通过问卷形式对申请人进行面谈。劳动和

---

① The Law of the Republic of Kazakhstan on Refugees, November 4, 2014, p.2, http://www.refworld.org/pdfid/54f9c9014.pdf.

② The Law of the Republic of Kazakhstan on Refugees, November 4, 2014, pp.4—7.

社会保障部的数据显示,截至 2024 年 3 月 1 日,当年共有 322 名外国公民在哈萨克斯坦获得了难民身份。其分布情况如下:阿拉木图市(219 人)、奇姆肯特市(21 人)、阿特劳州(15 人)、阿拉木图州(13 人)、北哈州(12 人)和东哈州(9 人)。[①]在哈萨克斯坦获得难民身份的外国人中,阿富汗人位居首位。以 2022 年为例,当年获得难民身份的申请人中,711 人来自阿富汗、228 人来自乌克兰,其余 61 人来自其他国家。[②]

另外,哈萨克斯坦境内居住着一定数量的"无国籍者",2022 年的数据是7 558,其中 6 892 名无国籍者身份获得哈政府认定,666 名无国籍者的身份在联合国难民组织进行了登记。[③]中亚的"无国籍者"是苏联解体遗留的问题之一。当时,苏联解体使得原来的苏联公民失去原有的苏联国籍,其中少部分人在获取新独立的原苏联国家的国籍方面衔接不畅,成为"无国籍者"。[④]哈萨克斯坦虽然接纳的难民数目有限,但处于亚洲大陆的中央地带,地理位置重要,而且邻近阿富汗,应对难民问题与反恐行动密切相连。因此,该国在《难民法》中严禁恐怖分子、极端分子和非法宗教组织成员在哈申请避难。

哈萨克斯坦在难民政策方面的特点,其一是法规系统的建设相当完善,专门制定和实施了内容详尽的针对难民的法律;其二是难民政策实施得力,在中亚地区起到了有效应对难民问题的地区重要国家作用;其三是由于具体国情等原因,未能成为周边冲突国家和地区难民的较大规模接纳国,与阿富汗的其他邻国——巴基斯坦和伊朗的角色形成鲜明的对比。

(四)马来西亚难民政策及评析

东南亚地区局势相对稳定,但局部小规模冲突时而发生,难民问题长期存在,来自缅甸和孟加拉国的罗兴亚人的难民(非法移民)潮对马来西亚等国造成

---

① 哈萨克国际通讯社:《哈萨克斯坦修订难民身份申请登记和审查规则》,2024 年 4 月 2 日,https://cn.inform.kz/news/minhe-33870c/。

② UNHCR, *Factsheet*：*Kazakhstan*, August, June 2022, https://reporting.unhcr.org/kazakhstan-factsheet.

③ UNHCR, *Factsheet*：*Kazakhstan*, August, 2022.

④ UNHCR, "Statelessness in Central Asia", May 2011, p.3, http://www.unhcr.org/4dfb592e9.pdf.

了冲击。由于马来西亚在东盟国家中较为富裕,人均 GDP 2.8 万美元,仅次于新加坡和文莱,对东南亚地区的移民和难民均有较强的吸引力。同时,作为伊斯兰国家,马来西亚对来自其他国家的穆斯林移民和难民而言还是较容易适应的移居地。2024 年 5 月,马来西亚境内有 189 340 名难民或寻求庇护者,其中大多数来自缅甸,为 166 290 人,而罗兴亚人为 109 230 人、钦族人为 23 360 人,其余受到国内冲突影响的该国原先的民族为 30 710 人。另有 23 040 名难民和寻求庇护者来自 50 个国家,其中包括 6 210 名巴基斯坦人、3 310 名也门人、2 860 名索马里人、2 850 名叙利亚人、2 830 名阿富汗人、1 240 名斯里兰卡人、650 名伊拉克人和 620 名巴勒斯坦人,等等。以上难民或寻求庇护者均已在联合国难民署登记在册,男性占 65%,女性占 35%。18 岁以下未成年人 52 810 人,占比 27.9%。①

马来西亚未加入关于难民事务的三项国际条约,也未专门制定与难民相关的法律。同在东南亚的新加坡和缅甸也没有加入这三项国际条约,而东南亚多数国家都没有加入联合国《关于难民地位的公约》。不过,马来西亚的一些法律与难民事务相关,主要有:1959 年和 1963 年《移民法》(*Immigration Act 1959/63*, *Act 155*)、1966 年《护照法》(*Passports Act 1966, Act 150*)、1995 年《监狱法》(*Prisons Act 1995, Act 537*)、2000 年《监狱条例》(*Prisons Regulations 2000*)和 2003 年《移民(行政与管理)条例》[*Immigration (Administration and Management of Immigration Depots) Regulations*]和 2007 年《禁止贩卖人口法》(*Anti-Trafficking in Person Bill*)等。②

但是,马来西亚的《移民法》和相关法律未能对难民、申请避难者或被贩卖人员提供专门的法律保护。而且,马来西亚法律中并不存在"难民"这个词,至少在法条和文字表述上是如此。所以,马来西亚并没有接受和处理难民身份申请的制度和行政部门,难民的法律地位等同非法移民。同时在处理难民具体事务上,马来西亚政府与设在吉隆坡的联合国难民事务高级专员公署办事处进行

---

① UNHCR, "Figures at a Glance in Malaysia", May 2024, https://www.unhcr.org/my/what-we-do/figures-glance-malaysia.

② SUARAM, "Undocumented Migrants and Refugees in Malaysia", March 2008, pp.7—8, https://www.fidh.org/en/region/asia/malaysia/Undocumented-migrants-and-refugees.

合作。申请难民庇护者向该办事处提出申请,办事处用《关于难民地位的公约》设定的难民标准进行审核并作出决定。获得认定者分两种情况:对获认定难民身份者颁发难民卡,对认为需要提供临时保护者颁发临时保护卡。

马来西亚司法部长 2005 年曾发布书面指令,承诺马方不会对持有联合国难民事务高级专员公署办事处登记在册者提出非法居住起诉。但移民部和其他地方执法机构并不严格执行这个指令,甚至将申请避难者、难民与非法移民混为一谈,视为打击对象予以拘捕和关押①,申请避难者或难民在就业、医疗和教育等方面的合法权利难以得到保障。②另一方面,由于难以获得马来西亚居留权且谋生困难,部分难民转赴其他国家,如澳大利亚和土耳其等。③

那些未能在联合国难民署办事处登记的罗兴亚人和其他难民,如被发现就会被关押在马来西亚移民局设立的非法移民拘留中心内。这些拘留中心条件恶劣、十分拥挤且肮脏不堪,还发生过罗兴亚人逃出拘留中心的事件。2022 年 4 月 22 日,槟城拘留中心的抗议活动引发暴动,528 名罗兴亚人集体出逃,其中 6 人在横穿高速公路时因车祸丧生。2024 年 2 月 1 日,131 名缅甸难民(内有 115 名罗兴亚人)逃离霹雳州的拘留中心。即使是登记在册的 10 余万罗兴亚人,也大多生活在社会边缘,不少人从事建筑业和其他当地人不愿从事的高危低薪的重体力工作。④

马来西亚在历史上曾接纳来自周边国家和地区的大量移民和难民。近年来,其经济和文化对东南亚一带的移民和难民仍然有吸引力,这在罗兴亚难民危机中有充分的展示。马来西亚在有关难民的法制建设方面明显缺位。既没有加入联合国有关难民的公约和议定书,也没有制定专门针对难民的国内法,更没有专门设立处理难民事务的行政系统。在法律地位上,难民等同于非法移民。⑤

---

① SUARAM, "Undocumented Migrants and Refugees in Malaysia", p.9.

② LFL, "Malaysia: Invest in Solutions for Refugees", April 19, 2011, http://www.lawyersfor-liberty.org/refugees-international-field-report-malaysia/.

③ EBS, "'Uighur' Refugees arrested in Thailand, Malaysia: part of a Large Trend?", March 18, 2014, http://www.eastbysoutheast.com/uighur-thailand-malaysia-refugee/.

④ 《41 名罗兴亚难民逃离马来西亚拘留中心后被捕》,《联合早报》2024 年 2 月 4 日,https://www.zaobao.com.sg/realtime/world/story20240204-1466303.

⑤ Bhavya Vemulapalli, "In Legal No-Man's Land", *Aljazeera*, February 7, 2024, https://www.aljazeera.com/news/2024/2/7/in-legal-no-mans-land-refugees-in-malaysia-struggle-to-eat-pay-rent.

不过,马来西亚重视国际合作、尤其是与联合国难民署的合作,积极配合该机构进行难民登记和救助事务。

(五)巴基斯坦难民政策及评析

巴基斯坦是近年来世界上累积接纳难民最多的国家之一,其绝大部分难民来自邻国阿富汗。巴基斯坦虽然面临着阿富汗难民潮强大和持续的冲击,但并没有加入联合国《关于难民地位的公约》及其《议定书》,而且巴基斯坦也没有制定关于难民的法律。不过,巴基斯坦并没有将战乱之中受尽苦难的邻国难民拒之门外。2013 年 7 月,巴基斯坦政府决定制定新的"关于阿富汗难民的国家政策"(National Policy on Afghan Refugees),以协同和贯彻由阿富汗、伊朗、巴基斯坦和联合国难民事务高级专员公署四方提出的"解决阿富汗难民问题战略"(Solutions Strategy for Afghan Refugees, SSAR),其核心解决途径就是推行基于安全和尊严的自愿遣返行动,实现阿富汗难民以可持续的方式重新融入阿富汗社会,支援巴基斯坦国内那些接纳阿富汗难民的社区。[①]

其政策运作主要通过巴基斯坦、阿富汗和联合国难民事务高级专员公署的三方会议和达成的三方协定来进行。巴基斯坦政府的主管部门是边疆事务部及各省的阿富汗难民专员办事处。在多种因素的综合作用之下,自愿遣返行动在 2016 年取得了明显的效果,其主要原因是阿富汗人有回归故土的传统习惯。事实上,在 2002—2014 年之间,已经有超过 384 万名阿富汗难民自愿从巴基斯坦返回阿富汗。[②]绝大多数阿富汗难民只是为了逃离战乱才到巴基斯坦等邻国暂时避难,并不打算永久居留或转到地区以外的国家。这也是三方协定能够取得成效的现实基础。

为确保自愿遣返行动的实施,巴基斯坦关于阿富汗难民的国家政策将重点放在三个方面:第一,将自愿遣返与重新融入相结合,确保阿富汗难民回归故土的可持续性。政策提出,在阿富汗重点建设 48 个重新融入点(社区),以改变当地的治安环境和生活状况。为此,政策强调实现重新融入点建设方面的资讯共

---

① Muhammad Abbas Khan, "Pakistan's National Refugee Policy", May 2014, FMR 46, p.22, http://www.fmreview.org/sites/fmr/files/FMRdownloads/en/afghanistan/khan.pdf.

② Muhammad Abbas Khan, "Pakistan's National Refugee Policy", May 2014, FMR 46, p.22.

享,并将资讯提供给那些潜在的自愿遣返者。第二,支援接纳阿富汗难民的社区。在巴基斯坦境内的阿富汗难民中,超过 70% 居住在难民营之外的普通社区之中。为帮助这些社区提高接纳难民的能力,巴基斯坦政府决定增加对这些社区的资金支持,在国际社会根据解决阿富汗难民问题战略承诺提供的 6.1 亿美元之外,新设立"接纳难民地区"发展计划,拨款 4.9 亿美元。该计划设立了超过 1 000 个中小项目,包括改善教育、医疗、居住条件和环境、供水和卫生等方面。第三,重视难民青少年的教育和职业培训。根据难民中超过半数是不满 18 岁的青少年的实际情况,巴基斯坦政府决定完善国内基础教育系统的基础设施建设,加强小学教育系统,设立新的职业培训中心,建设新的校舍和教室、增添新的教学设施和培训教师,为难民和接纳难民社区的青少年提供更好的教育条件。[1]2023 年 10 月 3 日,巴基斯坦政府宣布调整针对阿富汗无证难民(非法难民)的宽容放任政策,改为在同年 11 月 1 日前必须离境,否则强行驱逐。[2]同时,巴基斯坦方面重申,持有登记证明卡和阿富汗国民卡的阿富汗难民不受强制驱逐的政策影响,可以继续在巴基斯坦境内合法居住和生活。[3]2024 年 7 月 10 日,巴基斯坦总理办公室宣布,将已经于 2024 年 6 月 30 日到期的登记证明卡延期 1 年,新的到期日是 2025 年 6 月 30 日。此项延期将影响到目前的 145 万名阿富汗难民持卡人。另据巴基斯坦政府的专设机构——阿富汗难民专员公署的公报,截止到 2024 年 7 月,已经有超过 60 万阿富汗难民返回国内,其中只有很小比例系强制遣返,其余均为自愿返回。[4]

巴基斯坦大量接纳难民,主要不是经济上的吸引力,而是跨境民族的纽带和互动迁徙传统。巴基斯坦应对阿富汗难民问题政策的立足点是将接纳难民

---

① Muhammad Abbas Khan, "Pakistan's National Refugee Policy", May 2014, FMR 46, pp.22—23.

② 朱永彪、李慧:《巴基斯坦和伊朗驱逐阿富汗难民的背景与前景》,《澎湃》2023 年 11 月 3 日,https://m.thepaper.cn/baijiahao_25178325。

③ UNHCR, "Help: Pakistan", 2024, https://help.unhcr.org/pakistan/?_gl=1%2A76fbm4%2A_ga%2AOTgxNDI1MTY2LjE3MjA5NzM2NjE.%2A_ga_VKDRJK044X%2AMTcyMTAxNTkyMy4xLjAuMTcyMTAxNTkyMy42MC4wLjA.%2A_rup_ga%2AOTgxNDI1MTY2LjE3MjA5NzM2NjE.%2A_rup_ga_EVDQTJ4LMY%2AMTcyMTAxNTkyMy4yLjAuMTcyMTAxNTkyMy42MC4wLjA.

④ Abid Hussain, "Pakistan Says Registered Afghan Refugees Can Stay for One More Year", *Aljazeera*, July 10, 2024, https://www.aljazeera.com/news/2024/7/10/pakistan-says-registered-afghan-refugees-can-stay-for-one-more-year.

作为一种临时性的应急救援措施,认为一旦阿富汗的战乱结束,国家恢复正常状态,这些难民将会返回阿富汗,所以,巴基斯坦需要提供的只是一种临时性的保护,借助国际组织和社会的帮助,应对和解决这场难民危机。随着美国等联军撤离阿富汗,阿富汗冲突问题的解决迎来了新的契机。军事冲突和安全局势的缓解,为巴基斯坦坚持的自愿遣返行动提供了现实基础。

(六) 土耳其难民政策及评析

土耳其是当下接纳叙利亚难民人数最多的国家,按照联合国难民事务高级专员公署于 2023 年 9 月发布的《情况简报》,土耳其境内外国难民总数为 360 万人,其中来自叙利亚的难民 333 万人、来自阿富汗的难民和寻求庇护者 12.8 万人、来自伊拉克的 12.7 万人和来自伊朗的 1.2 万人。[①]

土耳其加入了 1951 年联合国《关于难民地位的公约》和 1967 年的《关于难民地位的议定书》。土耳其 1934 年和 2006 年的《定居法》(*Settlement Act*) 只允许具有土耳其人血统和文化的外来移民有资格在土耳其定居和获得国籍。2013 年的《外国人与国际保护法》(*Law on Foreigners and International Protection*) 正式确认难民的法律定义:"任何人由于欧洲国家发生的事件,并有充分理由担心由于种族、宗教、国籍、属于某一社会团体或持有政治观点而受到迫害,而身处其国籍国之外,并且由于这种担心而无法或不愿接受该国的保护;或者任何人系无国籍,并由于上述事件而身处其原居住国之外,并且由于这种担心而不愿返回该国,则应在完成难民身份认定程序后获得难民身份。"[②]该法对申请避难的规定进行了修正,允许所有外国人在土耳其境内申请难民庇护,确认难民"不驱回"原则,但规定只提供"临时性保护",不得在土耳其定居,只能转往其他国家定居。为具体实施这项法律,土耳其政府于 2014 年 10 月 22 日颁布《暂时性保护条例》(*Temporary Protection Regulation*),出台实施细则,规定难民的权利和义

---

① UNHCR, *Factsheet: Turkey*, September, 2023, https://reliefweb.int/report/turkiye/unhcr-turkiye-factsheet-september-2023-entr? gad _ source = 1&gclid = EAIaIQobChMImKvvi4iqhwMVck7 _ AR1fdAlCEA AYAiAAEgJ2DPD_BwE. http://reliefweb.int/sites/reliefweb.int/files/resources/UNH-CRTurkeyFactSheet-January2017.pdf.

② *Law on Foreigners and International Protection*, April 11, 2013, Article 61.

务。与土耳其难民政策相关的还有 2016 年 3 月土耳其与欧盟确定的关于难民问题的合作协定,土耳其承诺阻止在土耳其境内的难民前往欧盟境内,土耳其接纳被欧盟驱回的难民,欧盟支付土耳其 60 亿欧元,用于安置和救济土耳其境内的难民,而且欧盟同意对土耳其公民实行入境免签证政策。①2023 年,基于同样的原因和条件,欧盟向土耳其再增加支付了 30 亿欧元。②

按规定,申请避难者本人须亲自向内政部移民管理局局长设在各省的办事处提交申请。办事处对有关申请登记在册,并安排面谈时间和地点;同时向申请人及其家庭成员发放国际保护证件(有效期 6 个月)。面谈之后,土耳其政府机构通常在 6 个月之内作出决定。根据土耳其政府与联合国难民事务高级专员公署达成的协议,某些国家的申请避难者可向后者申请认定难民身份,并作出相应决定,条件是这些难民不得在土耳其定居和融入,必须前往第三国重新安置,而此项事务由联合国难民事务高级专员公署负责办理。

申请避难者可获得土耳其的暂时性保护,但须在当局指定的接待和住宿中心或其他指定场所居住,并按规定间隔时间向当局报到。若获得土耳其政府机构的难民身份认定,在提交避难申请的 6 个月之后,难民及其家人就可以获得工作许可(但有某些限制条件)、获得接受初等和中等教育等社会福利待遇。

在具体举措方面,土耳其将叙利亚人列入可申请获得暂时性保护者身份,而来自其他国家的申请避难者则可以向联合国难民事务高级专员公署申请认定难民身份。那些获得难民身份认定者往往需要等待很长时间(数年不等)才能获得前往第三国重新安置的机会。③

总之,土耳其在难民潮到来时,慷慨地打开大门予以接纳。但土耳其只愿意对难民提供暂时性保护,将本国作为难民前往其他国家避难的临时中转地,原则上不考虑向难民提供长期定居、融入和成为本国国民的机会。同时在获得欧盟的外部资助的情况下,延长对在本国境内难民的"临时性"保护时间,提供

---

① Rescue.org/EU, "What Is the EU-Turkey Deal?", March 18, 2022, https://www.rescue.org/eu/article/what-eu-turkey-deal. https://www.lemonde.fr/en/international/article/2024/04/25/eu-turkey-migration-deal-four-million-refugees-9-billion-in-aid-and-a-mixed-record_6669474_4.html#.

② Nicolas Bourcier, "EU-Turkey Migration Deal", *Le Monde*, April 25, 2024.

③ Wendy Zeldin, "Refugee Law and Policy: Turkey", Library of Congress, March 12, 2016.

基本的工作、生活条件及福利待遇。

七、亚洲人口迁徙的经济与社会影响

国际移民对移民输出地(来源地)和输入地(目的地)都产生了一定的影响。近代以来的大迁徙,是世界殖民化和工业化的重要组成部分。相比较而言,移民对输入地(目的地)的影响更加重要和明显。

在当下各国和地区联系和交流密切的时代,移民作为四大跨境交流领域(即资本、货物、信息和人员)之一,对移居地的经济、社会等方面都产生了影响,同时对来源地也具有一定的影响。

在经济方面,首先人口迁徙的主要贡献是为移居地提供新的劳动力,缓解劳动力不足。在中东产油国,外国劳工成了劳动力市场的主力,构成当地人口的重要组成部分,在某些国家外籍居民的人数甚至超过当地居民。而在另外一些国家,移民与当地劳动力形成竞争和冲突关系,被指责夺走了当地人的就业机会。所以,移民对劳动力市场的作用需要进行具体分析。

评判对于劳动力市场作用的关键是考察移民的技能情况、当地劳动力的技能情况、移居地经济的构成特性这三个要素。移民对于劳动力市场的直接影响通过两个方面体现:就业状况和工资水平。因此,移民的技能构成对于移居地劳动力市场可能起到补充或取代作用,直接影响到劳动力市场的需求。[①]以此为评价依据,我们可以看到两种不同场景的出现。

场景一:移民的技能与当地劳动力的技能形成互补,未对劳动力市场形成冲击,当地就业和工资水平未受影响。移民对劳动力市场起到补缺的作用,填补那些当地人不愿从事的工作岗位,成为本国劳动力的主要(或重要)组成部分。在劳动力充足和经济良性运作的大环境中,整体工资水平倾向于逐步提高,并能创造新的就业机会。所以,在这种情况下,移民不仅提供劳动力供给,也增加劳动力需求。移民的另一个后果是增加对商品和服务的消费需求,进一

---

① G. Borjas, "The Economic Benefits from Immigration," *The Journal of Economic Perspectives*, No.2, Spring 1995, pp.3—22.

步扩大对投资的需求。

中东产油国与外国劳工移民的关系基本上处于良性互动的状态,前提是中东产油国的经济状况良好,对外国劳工保持持续的需求。海湾合作委员会成员国(巴林、科威特、阿曼、卡塔尔、沙特阿拉伯和阿联酋)(以下简称"海合会")是世界上接纳外国劳工规模最大的国家,其接纳外国劳工的人数和占劳动力市场的比重一直在持续上升之中。

表 1.17　2020 年海合会成员国人口构成情况

成员国	人口总数 (人)	本国公民人数 (人)	外国公民人数 (人)	本国公民 (%)	外国公民 (%)
巴　林	1 472 204	713 263	758 941	48.4	51.6
科威特	4 816 592	1 442 005	3 374 587	29.9	70.1
阿　曼	4 578 016	2 719 500	1 858 516	59.4	40.6
卡塔尔	2 833 679	338 000	2 495 679	11.8	88.2
沙特阿拉伯	35 013 414	21 430 128	13 583 286	61.2	38.8
阿联酋	9 282 410	1 215 996	8 066 414	13.1	86.9
合　计	57 996 315	27 858 892	30 137 423	48.0	52.0

资料来源:Francoise De Bel-Air, "Explaining the 'Demographic Imbalance' in the Gulf States", 2024, https://gulfmigration.grc.net/explaining-the-demographic-imbalance-in-the-gulf-states/。

海合会的外国公民人口超过了本国公民人口,而且在 6 个成员国中有 4 个存在这种情况,其中卡塔尔和阿联酋的外国公民人口更是超过了 80%。这种特别的人口构成源自 20 世纪 50 年代起的大量引进外国劳工、同时又基本拒绝外国人入籍和融入的政策。[1]这些外国公民中主要是外国劳工,还有少量家属。在海合会成员国的外国劳工中,男性占 2/3,女性占 1/3;来自亚洲和周边地区的男性劳工的就业范围集中在建筑业等低技术工种或服务业,女性则大多从事家政业和其他服务业;而来自欧美发达国家的移民以高技术人才为主。外国劳工的到来主要是满足私营公司和企业的用工需求,大部分来自南亚的印度、孟加拉

---

① Francoise De Bel-Air, "Explaining the 'Demographic Imbalance' in the Gulf States", 2024, https://gulfmigration.grc.net/explaining-the-demographic-imbalance-in-the-gulf-states/.

国、巴基斯坦、尼泊尔和斯里兰卡等,另外一小部分来自东南亚和非洲国家。在很大程度上,中东产油国的经济增长、富裕生活和社会稳定均依赖于外国劳工的支撑和贡献。①

场景二:移民的技能与当地劳动力的技能形成取代关系,对劳动力市场形成冲击,当地就业和工资水平均受到影响。移民取代了当地劳动力,占据了当地人的工作岗位,在劳动力竞争激烈和经济运作不变或下行的大环境中,整体工资水平倾向于逐步下降,因此,移民只是提供了劳动力供给,而未能增加劳动力需求,对增加商品和服务的消费需求和投资需求而言更是无从谈起。

这种取代性外国劳工的输入,在中东产油国以外的南—南移民中较为常见。泰国的案例较有代表性。泰国经济发展在东南亚属于中等水平,但高于周边的缅甸、柬埔寨和老挝,因此吸引这些国家合法和非法劳工移民的大量涌入。这些外国劳工的来临,占据了泰国本国劳工低技术工种的就业机会,还压低了工资水平。2023 年 4 月,泰国境内合法受雇的外国劳工为 2 494 180 人,其中缅甸籍 1 881 575 人、柬埔寨籍 410 095 人、老挝籍 200 296 人和越南籍 2 230 人。②此外,泰国劳工部估计在泰国非法工作的外国劳工多达 200 万人之多。③泰国民众认为低技术外国劳工抢走了泰国人的工作机会,压低了泰国劳工的工资水平,因为这些外国劳工愿意接受更低的工资收入待遇。④根据国际劳工组织 2021 年发布的一项调查成果,53% 的泰国人认为不需要输入外国低技能移民工人,40% 的泰国人认为外国劳工对本国经济造成负担,38% 的泰国人认为外国劳工

① Onn Winckler, "Numbers Increasing, Dependency Decreasing: the GCC changing labour immigration emphasis", *Gulf Labour Markets*, *Migration and Population Programme*, No.1, 2024, https://gulfmigration.grc.net/wp-content/uploads/2024/04/Onn-Winckler-Numbers-Increasing-Dependency-Decreasing-Final-Website-2024-04-03.pdf.

② Migration Working Group, "The Situation of Migrant Workers and Refugees in Thailand", April 2024, https://mwgthailand.org/sites/default/files/2023-07/The%20situation%20of%20migrant%20workers%20and%20refugees%20in%20Thailand-%20MWG%20as%20of%20June%208%202023%20_1.pdf.

③ "Two Million Foreign Workers Illegally Work in Thailand", *Thai* PBS, June 19, 2014, http://englishnews.thaipbs.or.th/two-million-foreign-workers-illegally-work-thailand/.

④ Dilaka Lathapapat, "The Effects of Low Skilled Immigration on the Thai Labour Market", *The National*, December 13, 2011, http://www.nationmultimedia.com/national/The-effects-of-low-skill-immigration-on-the-Thai-l-30171711.html.

在经济上产生了负面影响。另外高达 77% 的泰国人认为外国劳工导致了犯罪率的上升。[1]这增加了泰国方面劳动力市场和移民管理的难度,也影响到了与周边国家的关系。

另外,大量移民和难民的到来,对当地工资水平会产生一定的负面影响,但影响程度不宜高估和扩大。据布鲁金斯学会的一项研究,1980—2007 年间,移民只对移民接纳地的工资水平造成了 −2.3% 的影响。而据移民研究中心(Center for Immigration Studies)的相关研究,1980—2000 年间,移民带来的移民接纳地工资水平的下降率为 3.7%。[2]甚至还有学者的研究认为,移民对美国工资水平的影响是正面的。乔瓦尼·佩里和查德·施帕贝尔(Giovanni Peri and Chad Sparber)称:"1990—2007 年来到美国的移民造成每个工人的实际工资上升 6.6%—9.9%。"[3]

社会方面,大量移民和难民人口的移入,造成人口数量的增加,以及人口年龄结构和种族比例的变化,同时对接纳地的基础设施造成新的压力。更为重要的是,来自不同种族和文化背景的移民对国家身份和特性带来的冲击和挑战。移民接纳地的应对方法大致有两种:一种是同化法,即用移民接纳地的主流文化和价值观同化所接纳的移民,使他们成为与接纳地国民相一致的社会成员。这种方法最为传统和普遍,曾在历史上广为使用,特别是在英帝国的移民型殖民地大力推行,一度效果较为明显。另一种是多元文化路径,即承认移民特有的文化背景和特性,增加文化的多样性和包容性。这种方法在第二次世界大战以后,特别是 60 年代以后盛行一时,成为大多数发达国家移民政策的主要原则和内容之一。在 21 世纪国际反恐以及难民潮兴起的新形势之下,多元文化主义

---

① Swathi Jakkula, *Public Attitudes towards Migrant Workers in Thailand*, June 2021, International Labour Organization. https://www.ilo.org/resource/brief/public-attitudes-towards-migrant-workers-thailand.

② Boundless. "Impact of Immigration on the Host and Home Country Economies." *Boundless Economics* Boundless, https://www.boundless.com/economics/textbooks/boundless-economics-textbook/immigration-economics-38/introduction-to-immigration-economics-138/impact-of-immigration-on-the-host-and-home-country-economies-546-12643/.

③ Giovanni Peri, "The Effect of Immigrants on U.S. Employment and Productivity," *FRBSF Economic Letter* 2010-26, August 2010. in Timothy Kane, "The Economic Effect of Immigration", February 17, 2015, http://www.hoover.org/research/economic-effect-immigration.

及政策路径受到挑战和怀疑,但并未被完全抛弃。

通过人口迁徙和相互接触,人口的种族和宗教文化构成发生变化,在历史和当下已有先例。英帝国的奴隶贸易将大批黑人奴隶从非洲掳掠到北美洲和加勒比地区,从此黑人成为美国人口的重要组成部分。2022 年,美国人口中黑人人口约 4 790 万,占该国人口的 14.4.%[①],为美国仅次于白人的第二大种族。欧洲人口的宗教构成,则由于历史上奥斯曼帝国的扩张和第二次世界大战后一些国家引入土耳其等中东国家的客籍劳工政策和受非殖民化之后的移民及难民潮的影响,而发生了引人注目的变化。

对接纳地社会产生影响的另一个问题是外来人口中的刑事犯罪问题。虽然这个问题在接纳地本国人口中同样存在,但移民或难民的罪案往往更能引起媒体和舆论的关注。如在接纳难民最多的发达国家——德国,难民在 2015 年犯下的罪案高达 208 344 起,比上一年增加了 79%。其中危害性较大的攻击罪和抢劫罪为 36 010 起,占 18%;性侵犯罪 1 688 起,占比不到 1%,但影响恶劣,如 2016 年新年前夕节庆活动中的群体性性侵犯事件。[②]

亚洲难民对接纳地的影响与欧洲的情况不同,一是亚洲国家没有接纳大批难民并加以归化的法律和政策,即使是在接纳了大批难民的巴基斯坦、土耳其和其他国家,也均只有暂时性的人道救援和保护举措,其中巴基斯坦推行阿富汗难民自愿遣返,土耳其则引导难民前往第三国。所以,亚洲的难民要么希望在母国局势稳定后返回故里,要么希望前往地区外的发达国家避难。二是难民接纳地与难民来源地的文化和种族或民族相似。因此,难民产生的社会影响也不同,远不如在欧美那么强烈和明显。如主要三大难民来源地及难民接纳地基本上都是伊斯兰国家,信奉同一宗教,甚至大多属于同一教派。种族、民族及语言上,叙利亚与周边的黎巴嫩、约旦等国相同,但与土耳其相异。阿富汗与巴基斯坦的同质性更加突出,普什图人等民族是跨境民族,在两国相邻地区广泛分

① Mohamad Moslimani et al., "Facts about the U.S. Black Population", *Pew Research Center*, January 18, 2024, https://www.pewresearch.org/social-trends/fact-sheet/facts-about-the-us-black-population/.

② Allan Hall, "Germany's Migrant Crisis: Refugees Committed More Than 200 000 Crimes Last Year", *Express*, February 7, 2016, http://www.express.co.uk/news/world/644827/refugees-committed-crimes-Germany-migrant-crisis-last-year.

布,联系紧密,交往频繁。

不过,难民在刑事犯罪方面具有相似性。2021年,巴基斯坦的一项研究发现,"巴基斯坦的阿富汗难民引发了安全问题,并加剧了恐怖主义、犯罪率、谋杀赎金和其他社会问题,如童工、卖淫、毒品交易和酗酒等"①。巴基斯坦开伯尔—普赫图赫瓦省官方指责阿富汗难民需要对当地罪案急剧上升负责,警察总监纳吉布指出,阿富汗难民犯下了白沙瓦45%的罪案。②因此,该省政府对阿富汗无证难民实行限制措施,禁止他们在当地自由行动,并要求阿富汗方面加强边境安全措施,防止越境犯罪和罪犯作案后逃回国内。但实际上,阿巴边界基本上处于失控状态,政府只在八条主要的道路上设卡检查,其他次要道路或羊肠小道无人监管,每天约有5万人越境,规避边界检查。③另外,叙利亚难民"加剧了土耳其国内的教派冲突,安全形势更加严峻"。而且,叙利亚难民的大量涌入,对土耳其的社会生活秩序形成冲击,引发新的社会矛盾。④

此外,难民的社会影响还体现在其他一些方面。第一,家庭关系出现新的变化,多妻制和离婚率上升,对社会稳定产生一定的消极影响。在土耳其与叙利亚交界的边境地区,土耳其男性迎娶叙利亚难民家庭中年轻女性的情况日益多见,已婚女性往往成为受害者。同时,一些婚姻还涉及童婚等非法婚姻,"许多新娘都是未成年人,这些婚姻也许导致虐待少年儿童"⑤。还有一些婚姻只举行宗教仪式,而没有在政府机关进行登记,这样的婚姻无法得到有效的法律保护。第二,违建现象在难民聚居地区愈加严重,致使居住环境恶劣,安全性下降。由于大部分难民居住在难民营之外,廉价的出租屋出现短缺,因此当地居民兴建各种违规建筑,出租给难民居住。这些建筑并未按照法律规定的标准建造,存在安全隐患,而且过于密集的居住方式也导致出现紧急情况时难以及时

① Sohail Anwar, Muhammad Hassan and Allauddin Kakar, "Afghan Refugees: Implications on Pakistan", *Pakistan Journal of International Affairs*, Vol.4, Issue 3, 2021, p.121.

② Ashfag Yusufzai, "With Refugees Comes Crime", *IPS*, May 4, 2014, http://www.ipsnews.net/2014/05/refugees-comes-crime/.

③ Ashfag Yusufzai, "With Refugees Comes Crime", *IPS*, May 4, 2014.

④ 崔守军、刘燕君:《土耳其对叙利亚难民危机的应对及其影响》,载《西亚非洲》2016年第6期,第85—87页。

⑤ ORSAM Report, "Effect of the Syrian Refugees on Turkey", January 2015, https://www.files.ethz.ch/isn/187409/09012015103629.pdf.

逃生。第三,非法就业和童工现象泛滥。难民家庭的学龄青少年无法获得足够的教育机会,家长也出于经济困难的考虑而要求子女非法就业,包括在工厂中务工,到街上售卖物品和食物,此外还有一些儿童沦为乞丐。第四,人口的民族和教派构成出现变化。土耳其和叙利亚都是伊斯兰国家,但前者的国民主要是土耳其人,后者主要是阿拉伯人。所以在一些大量接纳难民的土耳其边境城市(例如基利斯),当地的土耳其人已经成为城市的少数居民;而在另外一些城市则出现了新的教派问题。在土耳其的哈塔伊,当地的阿拉伯居民为阿拉维派,属于什叶派的一个分支,而叙利亚难民大多为逊尼派,所以教派的构成及比例均发生变化,有可能引起新的问题。[①]

八、结　语

亚洲地区人口的迁徙活动愈加频繁,特别是难民潮的持续出现,对本地区的和平发展和社会稳定均产生了越来越显著的影响,其中存在着诸多与冲突相关的因素,需要深入探讨和积极应对。

第一,人口迁徙处在较大幅度增长的时期。随着全球化的推进和亚洲地区经济发展水平的提高,特别是地区内新兴经济体和新兴大国的快速发展和崛起,人口迁徙呈相当活跃的状态。原有的向其他发达地区(如北美洲和欧洲)的人口迁徙渠道继续发挥作用,主要表现为亚洲地区向欧美地区输出移民。与此同时,亚洲国家对其他地区人口的吸引力不断提升,特别是中国等新兴经济体,出现了新的人口迁徙渠道,表现为由其他欠发达地区向亚洲地区输出移民。另一个新动向是亚洲地区内的人口迁徙更加频繁,地区内经济发展程度较高或经济发展速度较快的国家是移民的移居目的地。这种趋势将在近期内继续保持,而最终决定人口迁徙走势和数量的仍然是世界各地区的经济发展状况。也就是说,如果新兴经济体与发达经济体之间的发展速度差继续在较长时期内得到保持,世界人口迁徙的走势也将出现相应的变化和调整,有关国家的移民政策

---

① 尹婧、黄民兴:《中东变局以来土耳其境内的难民问题探析》,载《阿拉伯世界》2018 年第1 期,第 35 页。

和法规也将随之进行相应的调整,尽管有些基本的原则和政策措施将在一定程度上得到延续。历史上延续至今的移民潮对接纳地的经济、社会等方面的影响十分深刻,而亚洲国家正在开始经历这样的过程,同时将经历历史上曾出现的或未出现的挑战乃至冲突。其中,对种族和文化的冲击特别需要形成具有预见性的认识并作出相应的准备。具体而言,欧美国家那种种族和文化的多元性有可能在亚洲国家出现,这对长期以来习惯于单一种族(或主体种族)和单一文化(或主体文化)的亚洲国家而言将是全新的严峻考验和巨大挑战。何况,西方列强在历史上应对和解决此类问题的一些做法,如对原住民的大规模杀戮和强行驱逐,对其他种族的强制奴役及种族压迫和歧视等,已被彻底否定、批判和唾弃。新兴国家在应对这些问题时需要以符合当代准则和价值观标准的做法,寻找和实施新的应对路径,在推动自身发展的同时,为全人类的福祉作出新的贡献。既然旧有的全面排斥或已有的全面同化之路不可取,多元文化路径遭遇越来越大的困难,那么新的应对路径在何处,在这方面存在着挑战以及创新余地。

第二,难民潮对亚洲地区和世界的稳定和发展的影响逐步呈现。难民问题自古有之,与战争、社会动荡和自然灾害等紧密相随。但在世界范围内从法律上定义"难民"则是十分晚近之事。其标志就是联合国 1951 年的《关于难民地位的公约》。由于 21 世纪三场主要战事——阿富汗战争、伊拉克战争和叙利亚战争均发生在亚洲,产生了大批难民,亚洲因此成了当代难民的主要来源地。从战争的肇因来看,前两场由美国发动,而叙利亚战争也与美国插手制造的中东动乱有关。难民潮产生的直接受害者首先是难民本身,他们失去了家园,失去了安定的生活环境,失去了财产和生活来源,甚至失去了亲人。所在国家则造成大量的人口流失、劳动力市场和消费市场的萎缩。周边的邻国沦为战争和冲突的间接受害者,大量难民的流入带来沉重的经济负担,产生严重的社会影响,威胁国家的安全,损害国内的原有秩序。而远在战争和冲突地区之外的一些欧美国家成为部分难民寻求避难的最终目的地,给当地造成的冲击还包括引发文化矛盾和冲突,波及这些国家的民族特性和文化传统。在更广的层面,整个世界都受到波及和影响。联合国和其他国际组织及成员国的救援负担和责任加重,相当一部分本可以用于发展和扶贫方面的资金被用于难民事务。以接纳难民最多的德国为例,2022 年德国需要为难民事务支出相当于 280.4 亿欧元的巨款。①在接纳难民最多的亚洲国家(也是世界上接纳难民最多的国家)之一的土耳其,至 2022 年的 10 年里,其用于难民事务(住房、医疗和教育)的开支已经高达 1 000 亿美元,而同期土耳其政府收到的欧盟救援难民款项总共仅为 90 亿欧元。②还有一个需要引起有关国家和国际社会关注的潜在危机是,目前亚洲难民聚集的国家经济不够发达,若无国际社会的支援,很难长期承担接纳大批难民的责任,而且这些国家本身不够稳定,内部冲突不断,各种恐袭频频发生,而难民的到来增加了反恐的难度。恐怖组织利用难民潮招募和输送成员,越过边界袭击预定目标。因此,一旦这些国家出现大的动荡和冲突,或者改变目前收容难民的政策,就有可能形成新的难民危机。数百万难民将被迫转投他国寻觅新的避难地,所产生的冲击和动荡将难以估量。

第三,非法移民危害社会秩序和稳定。非法移民问题常常与有组织犯罪和国际恐怖组织活动等纠结在一起,具有广泛性、持续性和多样性等特点。国家和地区之间发展不均衡,其中一些国家存在贫困人口,非法移民现象就有存在的土壤,难以杜绝。非法移民的危害,首先体现在其非法性质上,是一种违反法律的行为。非法移民本身不受法律保护,一些国家将之定性为刑事犯罪活动,非法移民本人及家庭成员容易受到侵害,成为犯罪活动的受害者或加害人。非法移民的偷渡活动往往成为一些有组织犯罪活动的先导,或成为其一部分,如人口贩运、毒品贩运、非法就业、强迫卖淫以及黑社会犯罪等,危害移居地的社会秩序和稳定。其次,挑战所在国的法律权威,带来治理难题。非法移民藐视和不遵守所在国法律,逃避法律的监管,以至于政府部门无法掌握所在地区居民的确切人口数目,无法正常行使相关权力和进行有效的管理。而且,这种情况对维护社会治安和秩序尤为有害,执法部门难以及时掌握罪案相关人员的身份情况,及时发现和捕获犯罪嫌疑人。此外,在非法移民数量庞大的国家,非法移民往往人多势众,不仅不守法,而且动用影响力去制定和实施对自己有利的法律和政策,推行所谓的"移民改革",破坏法律的公平正义,为其他非法行为提

---

① Statista, "Federal Expenditure for Refugees and Asylum in Germany from 2022 to 2027", 2024, https://www.statista.com/statistics/1108234/refugees-asylum-federal-expenditure-germany/.

② Merve Tahiroglu, "Immigration Politics: Refugees in Turkey and the 2023 Elections", August 17, 2022.

供恶劣的先例,让守法的移民和当地居民为其非法行为付出代价。再次,增加国际反恐的困难,为恐怖分子及其活动提供便利条件。国际恐怖组织利用非法移民的身份掩护,将恐怖分子混入其中,潜入他国进行恐袭;同时还在非法移民中发展成员,利用他们的不满和困难向他们灌输恐怖主义的说教。通过非法移民的渠道以及所从事的非法经营活动,恐怖组织从中获取经济来源。接次,部分非法移民滥用避难制度,对国际难民庇护体系造成冲击。非法移民获得合法身份的主要途径有两个:一是依靠政府的政策措施,如发布非法移民大赦令或进行相应的移民改革;二是滥用难民制度,利用造假方式,谎称所谓的受迫害经历及返回原居住国将面临的危险,通过正常程序申请避难。而这些申请避难者在等候决定下达的期间还能享受政府的相关福利待遇和就业权利,进一步给所在国带来额外的负担,甚至妨碍那些真正的难民获得待遇和权利。最后,非法移民问题在一些国家甚至成为政治问题,影响到国家的正常决策和运作。按照法律和相应规定,稽查和拘押非法移民,并将他们递解出境,应当是所在国的常规行政举措,但实际上却面临重重困难。移民问题正成为这些国家的重大政治问题,成为影响政府政策走向和选举结果的关键议题。

第四,亚洲地区的人口迁移及冲突因素问题的应对措施。首先,了解和掌握移民、非法移民和难民的走向和聚居地及可能的未来流向,规避冲突风险程度高的地区或做好应对风险的预案。非法移民的走向特点是由经济发展水平较低的国家向经济发展水平较高的国家流动,主要的推力和拉力都在经济方面,所以,在亚洲地区,东亚的日本和韩国,东南亚的新加坡、马来西亚和泰国,西亚的海湾产油国等都是吸引贩运人口等非法移民的主要目的地。①而亚太地区的经济发展,使得地区内国家可以同时成为合法移民和非法移民(含人口贩运)的来源地、中转地和目的地。再者,欧美等西方发达国家是亚洲之外吸引包括非法移民在内的各类移民的移居目的地。需要特别指出的是,随着中国经济发展水平的迅速提高,对周边国家和其他国家的各类移民(包括非法移民)的吸引力也在不断增强。中国正在移民事务上出现经济发达国家自第二次世界大战结

---

① "Migrant Smuggling in Asia: Current Trend and Related Challengers", UNODC, April 2015, pp.88—90. https://www.unodc.org/documents/southeastasiaandpacific/Publications/2015/som/Current_Trends_and_Related_Challenges_web.pdf.

束之后曾经出现的转变——由移民来源地向移民目的地转变,而且中国作为移民目的地的地位和作用将会不断强化。另外,亚洲地区的难民主要分布在近年来发生战乱的阿富汗、伊拉克和叙利亚的邻国,即阿富汗的邻国巴基斯坦和伊朗,伊拉克的邻国约旦、叙利亚(叙利亚战争爆发后大多数伊拉克难民逃离,或回国,或前往其他邻国)、黎巴嫩、埃及,叙利亚的邻国土耳其、黎巴嫩、约旦、沙特阿拉伯、阿联酋、伊拉克、科威特和埃及等。亚洲地区涉及难民的高风险地区主要在阿富汗—巴基斯坦边境地区和叙利亚—土耳其边境地区。在考虑有关经济合作时,有关难民等方面的风险因素应当考虑在内。

其次,大力消除产生非法移民和难民的根源。在当今世界,贫困落后和战乱冲突是导致难民潮的主要根源。亚洲的经济发展水平不够均衡,在全球经济网站(The Global Economy.com)统计范围的 45 个经济体中,人均国内生产总值(购买力平价)超过 4 万美元的有 13 个,不到 8 000 美元的有 11 个,差距很大。[①]这些较为贫困的经济体中就包括主要的难民来源国叙利亚和阿富汗,也包括移民(含非法移民)主要来源国孟加拉国、柬埔寨、也门等。战乱冲突更是直接导致难民潮的最重要因素。中国提出的"一带一路"倡议的主要目标之一就是"促进共同发展、实现共同繁荣"[②],消除和平赤字、发展赤字和治理赤字,通过双边合作和多边合作机制,推进基础设施建设、加强贸易关系、扩大金融合作和促进合法的人员流动,从而有效地消除或缓解沿线欠发达国家的贫困问题,消除产生非法移民和难民的根源。同时,对于存在的争议和纠纷,中国主张通过对话和谈判的和平方式予以化解,维护和平与稳定,促进共同发展。

再次,要加强国际合作。难民与非法移民现象具有国际性的特征,因此是国际范畴的问题,要解决这个问题必须依靠国际合作。在这种非常规的人口流动中,来源地、中转地和目的地组成了一道完整的走向体系,同时还包括从中转地和目的地返回来源地的回流走向。具体而言,第一,要在所涉及的三方层面上进行合作。在来源地方面,需要消除贫困和停止战乱冲突,改善本国人民的

---

① Global Economy: *GDP-per capita* (*PPP*), 2022, https://www.theglobaleconomy.com/rankings/gdp_per_capita_ppp/Asia/.

② 《推动共建丝绸之路经济带和 21 世纪海上丝绸之路的愿景与行动》,2015 年 3 月 28 日。http://zhs.mofcom.gov.cn/article/xxfb/201503/20150300926644.shtml。

生活条件,建立有效的治理体系,阻止难民和非法移民的输出;在中转地方面,在为难民提供基本的生活需求的同时,尽量避免难民大规模地转赴第三国,减缓难民潮的波及和影响。同时,阻止非法移民的过境活动,打击涉及非法移民的犯罪活动;在目的地方面,进行难民的接待、甄别和安置及融合工作,同时稽查、拘押和遣返非法移民,在此期间保护其合法权利。来源地则应为本国国民的遣返提供身份认证和文件提供等方面的协助。第二,在国际组织层面上进行合作。关于国际难民和移民事务,联合国有专门的组织负责协调相关事务,发挥着重要的作用。联合国难民署是受联合国委托,指导和协调世界范围内保护难民和解决难民问题的专门机构。国际移民组织为联合国联系组织,其使命是通过与各国合作解决移民问题,确保移民合法有序地移居目的地。目前在应对难民危机和打击非法移民活动方面,需要更高层面的国际合作,在联合国的框架下,由以上两个专门机构牵头,制定和实施全面、系统的国际合作解决方案,充分发挥两个专门机构的协调作用。同时,有关国家应当配合联合国难民署和国际移民组织的工作,提供相应的支持,使得有关工作能够及时有效地落实。在打击人口贩运等非法移民活动方面,联合国毒品和犯罪问题办公室以及国际刑警组织也在发挥重要的作用,各国也应提供相应的配合与支持。

最后,加强相关法规和政策建设。中国作为发展中大国,在推行难民和移民事务方面,可考虑推出具有自身特色和符合自身能力的中国移民和难民法规和政策。关于移民法规和政策,具体可加强五个方面:(1)边界管理,含陆地边界和海上边界管理;(2)打击非法移民;(3)打击人口贩卖和走私活动;(4)打击国际恐怖主义犯罪行为;(5)维持和促进人员合法有序流动。考虑到中国与其他国家的客观情况差异,人员流动状况应当与经济一体化的发展水平相配合,经济合作应当领先于移民合作。亚洲一些欠发达国家人口的过度迅速膨胀,也给移民治理带来了困难。中国在一些具体方面仍可加以推进:促进高水平人才流动,在申请长期居住和永久居住方面提供便利;为周边国家的学生设置专项奖学金,资助他们来中国深造;根据国内需求和其他欠发达国家失业问题的严重程度,有选择地适当开放这些国家劳动力短期在华劳务;与周边国家谈判并达成双边互免签证协议或单边免签、开放落地签等,为旅游和其他短期入境者提供旅行便利。关于难民政策,考虑到中国是发展中人口大国的客观情况,中国的政策立足点应当更多地放在与国际组织和其他国家合作和在力所能及的情况下提供资金援助等方面。在对待申请避难方面,对申请人要严格甄别和慎重审核。同时,周边一些国家是亚洲的主要难民来源地和目的地,在密切关注这些国家难民动向的同时,也需要制定相应的防备预案,尤其要警惕和阻止国际恐怖组织的渗透以及与境内外恐怖主义势力的勾结。

在当今全球化大环境下,人口的流动随着资本、货物和信息流动的增加而变得更加活跃。因此,在有关移民和难民问题上需要加以重视,早做准备,除了战略、政策和对策方面之外,在法律和机构建设方面也应有所作为,包括制定有关移民法律和设立相应的移民管理机构,辅之以难民政策,并充分了解和掌握相关的冲突风险因素,扩大国家影响力,共同促进亚太地区和整个世界的共同发展和进步。

中国与中亚共建丝绸之路经济带研究

王海燕

中亚国家作为中国首倡丝绸之路经济带的地方和核心区域,对丝绸之路经济带建设具有重要意义。由于国情和地区发展差异,中亚国家对参与丝绸之路经济带的诉求各有不同,但都选择了积极参与。与世界经济同步,中亚各国经济下行压力加大,这将强化其参与丝绸之路经济带建设的动力;同时,中亚人民生活水平波动也为丝绸之路经济带建设提供了内在需求。综合中亚地区发展特点和需求,中国与中亚国家可在贸易、投资、能源、交通运输和教育、文化、医学等人文交流领域优先开展务实合作。中国与中亚国家合作既面临政经合作基础良好、区域合作更加紧密等世纪性机遇,也面临区域安全问题加剧、中亚国家内部矛盾需要解决、大国博弈不断等多重挑战,亟须各方通过多层级的区域、次区域合作机制,加强安全、金融、人文等多方面合作,共同应对挑战。展望未来,中亚国家与中国的合作将更加紧密,通过与中国共建丝绸之路经济带,将会提升亚欧区域的整体合作水平。

一、丝绸之路经济带倡议的提出与范畴

(一) 丝绸之路经济带倡议的提出

丝绸之路经济带倡议提出并走向实施阶段。2013 年 9 月 7 日,习近平主席在哈萨克斯坦纳扎尔巴耶夫大学发表演讲时提出与中亚国家共建丝绸之路经济带,造福沿线各国人民的倡议;9 月 13 日,在上海合作组织(以下简称"上合组织")成员国元首理事会第十三次会议上,习近平主席再次谈到"丝绸之路经济

带",指出:上合组织6个成员国和5个观察员国都位于古丝绸之路沿线,我们有责任把丝绸之路精神传承下去,发扬光大。为了使欧亚各国经济联系更加紧密、相互合作更加深入、发展空间更加广阔,我们可以用创新的合作模式,共同建设"丝绸之路经济带"。同年11月,丝绸之路经济带建设作为构建中国开放型经济新体制的一部分,被写入党的十八届三中全会《关于全面深化改革若干重大问题的决定》。2016年3月发布的《中华人民共和国国民经济和社会发展第十三个五年规划纲要》提出,推进"一带一路"建设,应秉持亲诚惠容,坚持共商共建共享原则,开展与有关国家和地区多领域互利共赢的务实合作,打造陆海内外联动、东西双向开放的全面开放新格局;健全"一带一路"双边和多边合作机制;推动中蒙俄、中国—中亚—西亚、中国—中南半岛、新亚欧大陆桥、中巴、孟中印缅等六大国际经济合作走廊建设,推进与周边国家基础设施互联互通,共同构建连接亚洲各次区域以及亚欧非之间的基础设施网络;共创开放包容的人文交流新局面。①

"一带一路"建设中方的顶层领导架构组成。2015年2月,由张高丽主持的"一带一路"建设领导小组在北京召开,形成"一正四副"的格局与班底。②"一带一路"发展蓝图涉及的范围和层面广泛,包括基础设施建设和投资、对外援助、人文交流等,需要中国国内的协调,也需要和沿线国家沟通磋商,四名副组长的负责业务正好涉及这些不同的领域。领导小组成员阵容强大,主要是为了使"一带一路"建设工作扎实地向前推进。"一带一路"是中国推进全面深化改革对外发展的大举措,也是中国新一轮改革开放的施政重点,其建设由中共中央总书记习近平担任组长的中央全面深化改革小组(简称"深改组")领导,标志着中国建立了"一带一路"高层管理机制。截至2024年底,中国多个省、区、直辖市发改委都建立了专门的"一带一路"建设领导小组等机构,负责相关工作。

"一带一路"愿景提出。③2016年3月28日,国家发改委、外交部、商务部联

---

① 《十三五规划纲要》(全文),中国山西省人民政府网站,2016年3月22日,http://www.shanxigov.cn/n16/n8319541/n8319687/n8327449/19405404.html。

② "一带一路"建设领导小组涉及的层面很广,请参见《一带一路领导班子"一正四副"名单:张高丽任组长》,新华网,http://news.xinhuanet.com/city/2015-04/06/c_127660361.htm。

③ 《推动共建丝绸之路经济带和21世纪海上丝绸之路的愿景与行动》,商务部网站,http://www.mofcom.gov.cn/article/h/zongzhi/201504/20150400929559.shtml。

合发布《推动共建丝绸之路经济带和 21 世纪海上丝绸之路的愿景与行动》,集中阐述"一带一路"倡议提出的时代背景、中国与相关国家的共建原则、框架思路、合作重点、合作机制、中国各地方开放态势,以及中国通过高层引领推动、签署合作框架、推动项目建设、完善政策措施、发挥平台作用等的积极行动措施,并展望了中国与沿线国家共建"一带一路"的途径及愿景。2023 年 11 月 24 日,推进"一带一路"建设工作领导小组办公室发布《坚定不移推进共建"一带一路"高质量发展走深走实的愿景与行动——共建"一带一路"未来十年发展展望》,系统总结了十年来共建"一带一路"的成就与启示,提出了未来十年共建"一带一路"总体构想、发展的重点领域和方向,明确了未来十年发展的路径和举措。[1]

"一带一路"国际合作高峰论坛机制建立。这是"一带一路"框架下最高规格的国际活动平台,是 1949 年以来由中国首倡、中国主办的层级最高、规模最大的多边外交活动,也是各方共商、共建"一带一路",共享互利合作成果的重要国际性合作平台,已分别于 2017 年 5 月 14—15 日、2019 年 4 月 25—27 日、2023 年 10 月 17—18 日在北京举办三届[2],每届都有多国政要、国际组织代表、企业家和智库机构代表参加,成为巩固共建"一带一路"国际共识、丰富合作成果、拓展合作空间的重要平台。

全面推进实施"一带一路"重大倡议,已成为中国 1949 年以来最宏大的发展构想和今后长期的对外发展方向,将对中国未来在世界经济体系格局的地位以及各省份在对外开放体系中的布局产生重大而深远的影响。

(二) 丝绸之路经济带的范畴

丝绸之路经济带首先是指具有上千年发展历史,从中国经中亚、俄罗斯到欧洲国家劳动地域分工基础上形成的中亚、亚欧等地不同层次和各具特色的带状地域经济单元;是依托亚欧大陆桥、中亚天然气管道等交通运输干线、地理位

---

[1]　推进"一带一路"建设工作领导小组办公室 2023 年 11 月 24 日发布《坚定不移推进共建"一带一路"高质量发展走深走实的愿景与行动——共建"一带一路"未来十年发展展望》(全文),https://www.gov.cn/yaowen/liebiao/202311/content_6916832.htm。

[2]　"一带一路"国际合作高峰论坛,外交部网站,2024 年 4 月,https://www.mfa.gov.cn/wjb_673085/zzjg_673183/gjjjs_674249/gjzzyhygk_674253/ydylfh_692140/gk_692142/。

置、自然环境等并以其为发展轴,以轴上经济发达的北京、上海、西安、乌鲁木齐、阿拉木图、塔什干、圣彼得堡等若干个大城市为核心,发挥经济集聚和辐射功能,联结带动周围不同等级规模城市的经济发展,由此形成点状密集、面状辐射、线状延伸的生产、流通一体化的带状经济区域。[①]

丝绸之路经济带以中国太平洋沿岸的环渤海、长三角和珠三角经济圈为起点,途经哈萨克斯坦、俄罗斯等上合组织主要成员国,抵达波罗的海、大西洋和地中海沿岸。沿途大致可分六个区段——东亚段、中亚段、西亚段、南亚段、中东欧段、西欧段,从中国到中亚,有效辐射西亚、南亚和欧洲。包括陆路三个走向:一是经中亚、俄罗斯到达欧洲;二是经中亚、西亚至波斯湾、地中海;三是中国到东南亚、南亚、印度洋。可由沿线的中亚核心经济圈、环中亚重要经济圈和亚欧辐射拓展圈组成。[②]丝绸之路经济带贯穿亚欧大陆,一头是活跃的东亚经济圈,另一头是发达的欧洲经济圈,中间广大腹地国家经济发展潜力巨大;重点畅通中国经中亚、俄罗斯至欧洲(波罗的海);中国经中亚、西亚至波斯湾、地中海。[③]

(三)丝绸之路经济带核心区定位

2015 年 3 月 28 日,国务院授权国家发改委、外交部、商务部联合发布的《推动共建丝绸之路经济带和 21 世纪海上丝绸之路的愿景与行动》指出,发挥新疆独特的区位优势和向西开放的重要窗口作用,深化与中亚、南亚、西亚等国家交流合作,形成丝绸之路经济带上重要的交通枢纽、商贸物流和文化科教中心,打造丝绸之路经济带核心区。发挥陕西、甘肃综合经济文化和宁夏、青海民族人文优势,打造西安内陆型改革开放新高地,加快兰州、西宁开发开放,推进宁夏内陆开放型经济试验区建设,形成面向中亚、南亚、西亚国家的通道、商贸物流

---

① 王海燕:《"一带一路"视域下中亚国家经济社会发展形势探究》,载《新疆师范大学学报(哲学社会科学版,双月刊)》2015 年第 5 期,第 78—86 页。

② 胡鞍钢、马伟、鄢一龙:《"丝绸之路经济带":战略内涵、定位和实现路径》,载《新疆师范大学学报(汉文哲学社会科学版)》2014 年第 2 期,第 1—10 页。

③ 国务院授权国家发改委、外交部、商务部联合发布:《推动共建丝绸之路经济带和 21 世纪海上丝绸之路的愿景与行动》,2015 年 3 月 28 日,http://zhs.mofcom.gov.cn/article/xxfb/201503/20150300926644.shtml。

枢纽、重要产业和人文交流基地。①在中国境内,丝绸之路经济带的核心区被确定为新疆维吾尔自治区;在中国境外,与中国毗邻的中亚国家作为中国西出的第一站成为丝绸之路经济带的核心区域,其经济、社会发展必将与丝绸之路经济带的推进密切相关,对中国走出去开展与亚欧国家的合作意义重大。

(四) 丝绸之路经济带的内涵

丝绸之路经济带的提出是时代的需求,旨在将古丝绸之路沿线国家连接起来,将沿线国家的昨天、今天和明天连接起来,尤其将作为核心区的中亚地区的多种机制有机结合,包容发展,给中亚地区内陆国家经济发展带来巨大推动,加快中国与中亚国家互惠合作的步伐。而中亚国家近年来快速发展的经济与社会,将助力丝绸之路经济带的建设,促进中国与中亚的经济一体化。

中国与中亚国家共建丝绸之路经济带的主要内涵为:一是共同发展,本着周边是首要的原则,促进周边和谐稳定,睦邻、安邻、富邻,共建亚欧命运、责任和利益共同体;二是整合多重交叉的区域经济合作机制,"丝绸之路经济带"区域已有上海合作组织、欧亚经济共同体、欧盟伙伴与合作计划等多个经济组织,部分组织成员高度重合,但历史上都与丝绸之路有过千丝万缕的关系,以"丝绸之路经济带"这条项链串起沿途各国珍珠,将有效整合该区域的经济合作,焕发出新的夺目光彩②;三是推进亚欧基础设施互联互通和跨境合作,物畅其流,人畅其通;四是共建亚欧区域统一大市场,加强同亚太经合组织、上合组织等亚欧区域机制的合作,共同构建世贸规则基础上的升级版,最大程度保障亚欧区域发展和各国经济安全,促进亚欧地区贸易便利化,共同构建有利于各国的更加开放透明、便利各种生产要素流通的市场体系,形成拥有超过 15 亿人口的统一大市场③;五是重构区域产业分工体系,促进中亚等沿线国家产业升级换代,利

---

① 国务院授权国家发改委、外交部、商务部联合发布:《推动共建丝绸之路经济带和 21 世纪海上丝绸之路的愿景与行动》,2015 年 3 月 28 日,http://zhs.mofcom.gov.cn/article/xxfb/201503/20150300926644.shtml。

② 王海燕:《"丝绸之路"项链串起沿途"珍珠"》,《新民晚报》2013 年 9 月 13 日,http://xmwb.xinmin.cn/html/2013-09/13/content_36_1.htm。

③ 作者根据世界人口网数据计算得出,http://www.renkou.org.cn/。

用彼此资源、技术、设备等互补优势,在保障技术、设备等先进性和环保性前提下,互助建立更加健全合理的产业结构,发展新质生产力,在国际市场上获得竞争优势;六是重塑国际金融体系,促进区域投融资便利化。

二、中亚国家的诉求及发展战略对接

中亚位于亚欧大陆交界处,早在公元前就成为亚欧文明发祥的重要地区之一,在丝绸之路上具有独特的地缘优势和人文优势。中亚的历史与丝绸之路紧紧相连,因此各方参与丝绸之路经济带建设的热情内生于其历史文化。中亚国家独立后,纷纷提出复兴丝绸之路的设想。可以说,中国提出的倡议与中亚国家不谋而合。

(一) 中亚国家诉求各有不同

在世界经济仍然处在深度调整期,世界经济复苏动力不足,下行压力加大,改革创新任务依然艰巨,中亚国家主要出口商品能源等大宗商品价格大幅波动,各国经济增幅骤降,货币汇率不断提高的情况下,中亚各国对中国提出的"一带一路"倡议很快从起初的疑虑转变为积极支持,认为当代"丝绸之路"承载着中亚民族复兴的殷切期望,将为区域合作注入新鲜活力。[①]丝绸之路经济带的建设符合沿线国家发展经济、改善民生的根本利益。由于它不是机制化的国际组织,不谋求建立超国家机构,其合作方式灵活多样,受到中亚国家的普遍欢迎,各国参与合作的积极性越来越高。各国对"一带一路"的期许越来越大,诉求也越来越具体。中亚国家在经济发展水平、对外经济合作政策等方面均存在较大差异,在丝绸之路经济带建设过程中,中国充分考虑各国国情差异和不同需求,采取更有针对性的合作政策,充分调动各国合作积极性。

哈萨克斯坦一直以"丝绸之路经济带"首倡之地而自豪。哈方两代领导人都高度肯定"丝绸之路经济带"倡议并积极参加。他们认为,这一倡议总体上与纳扎尔巴耶夫总统以前所提出的旨在推动哈萨克斯坦成为中亚的贸易、物流和

---

① A. 阿姆列巴耶夫:《上海合作组织与丝绸之路经济带建设前景》,载《俄罗斯研究》2015年第6期,第3—30页。

商业枢纽以及巩固国际合作的亚洲方向的"哈萨克斯坦—新丝绸之路"倡议不谋而合。哈方在多种场合表示支持习近平主席2013年9月对哈萨克斯坦进行国事访问期间提出来的这一构想,并以最积极的方式参与研究落实这一涵盖经济、贸易、投资和文化合作,旨在将区域合作推进到一个全新水平的宏伟项目的途径。哈萨克斯坦总统托卡耶夫多次表示,哈萨克斯坦是世界上最大的内陆国家,"在维护哈萨克斯坦居于欧亚大陆中央的重要地缘战略地位方面,'一带一路'倡议具有特殊意义"。[1]2024年7月,托卡耶夫在接受新华社采访时提出中哈合作的五大方向:排在第一位的是深化两国在投资领域的合作,贸易结构多元化紧随其后,"一带一路"倡议依然是双边合作的中流砥柱,然后就是扩大交通运输合作,同时加强人文交流。[2]哈萨克斯坦因为处于第二亚欧大陆桥的中段,贯通亚欧东西向交通大通道优势明显,因此希望通过"一带一路"建设重点发展连接亚欧的交通运输走廊,培养本国具有国际水准的物流运输企业,激活国家过境运输潜力,实现陆海联运以及跨境光纤光缆和卫星通信等信息合作;大力发展农业及其加工工业,拓展中国和东南亚粮食和农副产品市场;保持本国与中国油气能源和矿产资源合作的优势,拓展太阳能、风能等新能源领域的合作;通过与中国的产能合作建立更加完备的工业体系降低能源和原料出口依赖,实现经济多元化;加强与中国的高科技合作;通过亚洲基础设施投资银行、丝路基金等金融合作吸引更多投资,获得更多项目支持等。哈萨克斯坦决定对所有交通工具启动现代化,已率先实现了中哈连云港物流场站项目、日照跨境物流港的建设运营,实现了陆海联运;哈中边界铁路及物流中心的建造,实现了超过4 000万吨货物运输,已成为中亚五国过境运输、仓储物流、往来贸易重要平台;中哈两国已增加西安、杭州等到哈萨克斯坦主要城市的航班,开启乌鲁木齐到阿拉木图、阿斯塔纳的货运客车项目,拟开通第三个跨境铁路口岸巴克图口岸,已开始修建全长272公里的中国塔城巴克图—哈萨克斯坦阿亚古兹铁路哈萨克斯坦境内工程。[3]哈萨克斯坦作为最早作出响应的中亚国家已取得早期

---

① 《哈萨克斯坦新总统高度赞扬"一带一路"倡议》,《光明日报》2019年4月8日。
② 《高端访谈|开启哈中永久全面战略伙伴关系新篇章——访哈萨克斯坦总统托卡耶夫》,中国一带一路网,2024年7月1日,https://www.yidaiyilu.gov.cn/p/046RKM21.html。
③ 《中哈第三条跨境铁路"阿亚古兹—塔城"来了》,中国新疆塔城人民政府网,2024年3月21日,https://www.xjtcsh.gov.cn/xwdt/tcyw/content_47963。

收获,2014年中国与哈萨克斯坦就产能合作达成协议,迄今已有几十个重大项目落地,不仅注重项目设备和技术的先进性,还注重绿色环保[1],为哈萨克斯坦因经济受国际能源价格大幅波动的巨大影响而亟须尽快建立起经济多元化产业体系赢得了宝贵的先机,成为中国与其他国家产能合作的典范。

乌兹别克斯坦地处中亚的中心地带,欧亚大陆东西方和南北方交通要冲,自古就是东西方交通的要道,是世上仅有的两个双内陆国之一。乌兹别克斯坦社会各界一致赞成和支持丝绸之路经济带倡议,盛赞其是复兴古丝绸之路的重大历史性举措,其已故总统卡里莫夫明确表示:"乌方愿积极参与建设丝绸之路经济带,促进经贸往来和互联互通,把乌兹别克斯坦的发展同中国的繁荣更紧密联系在一起。"乌方反复强调,作为中方的战略伙伴,乌兹别克斯坦愿积极参与丝绸之路经济带建设,同时欢迎中方提出更多具体设想。乌兹别克斯坦希望在丝绸之路经济带建设中担负起交通枢纽、能源大通道、农产品生产和加工、旅游以及飞机、汽车、药品等重要工业品生产供应等重要而独特的作用。未来中乌将拓展两国在贸易、投资、金融、交通、通信等领域的互利合作,重点推动大宗商品贸易、基础设施建设、工业项目改造和工业园等领域项目实施。近年来,为充分发挥乌兹别克斯坦过境运输的优势,乌兹别克斯坦政府加大对基础设施的投入,相关合作已经陆续启动并取得早期收获。2016年6月22日,中国帮助乌方建设的中亚第一铁路隧道"安格连—帕普"铁路隧道通车,实现乌兹别克斯坦人民多年夙愿。[2]中国和乌兹别克斯坦合作建设的鹏盛工业园也成为该国的一张靓丽名片。乌兹别克斯坦政治观察家图拉加诺夫表示,乌兹别克斯坦位于中亚地区中心,拥有多元化的经济,是中亚与中国合作、"一带一路"倡议以及上海合作组织框架内相关倡议的关键参与者,中国企业助力乌兹别克斯坦能源转型对乌意义重大。[3]

土库曼斯坦自古是东西方重要的交通枢纽,连接中亚与南亚到欧洲的南北

---

① 刘旭:《中哈跑出丝路合作"加速度"》,《国际商报》2024年3月18日。

② 《习近平同乌兹别克斯坦总统卡里莫夫共同出席"安格连—帕普"铁路隧道通车视频连线活动》,外交部网站,2016年6月23日,http://www.fmprc.gov.cn/web/wjdt_674879/gjldrhd_674881/t1374567.shtml。

③ 《综述丨中企项目助力乌兹别克斯坦能源转型》,新华网,2024年7月12日,http://www.news.cn/silkroad/20240717/26967a62129e4ba78deb9e8bca06888b/c.html。

向交通运输通道优势突出,土库曼斯坦政府非常重视铁路、公路的建设。土库曼斯坦国内铁路布局已基本形成横贯东西、连接南北的铁路网络。2014 年以来,土库曼斯坦两代总统都表达了支持丝绸之路经济带倡议并积极参与的愿望。土库曼斯坦经济结构较为单一,主要支柱产业为农业、油气能源、纺织工业等,是中国—中亚天然气管道的起始国和天然气的重要供应国,土库曼斯坦希望以共建丝绸之路经济带为契机,重点深化与中国的能源合作,加强油气管道和能源安全合作;促进贸易和投资等重点领域合作,优化贸易结构,吸引更多投资;加强农业合作,加强钾肥生产,引进中方先进农业技术,提高农作物产量;逐步扩大电力、制造业、纺织、食品、化工、建筑、通信、信息技术、金融、交通等非资源领域合作①,推进相关项目实施;加强青年、教育、文化、卫生、体育等人文交流,不断充实中土战略伙伴关系内涵,造福两国人民。②中土早期收获的标志性项目是中土合作建设的世界第二大单体天然气田"复兴"天然气田一期工程竣工投产,该气田探明储量 4 万亿至 6 万亿立方米,是土库曼斯坦天然气对外出口重要基地,也是中土天然气合作重要气源地,中国因土库曼斯坦天然气出口受益已达约 4 亿人。③中国已经成为土库曼斯坦最大的天然气进口国家,由中石油建设的中国—中亚天然气管道已成为土库曼斯坦天然气最安全、最稳定的出口通道。截至 2023 年 9 月,土库曼斯坦已向中国提供了总价值达 760 亿美元的 3 800 亿立方米天然气。④

吉尔吉斯斯坦国内多山,资源不够丰富,产业空白点较多,交通对经济发展的制约明显⑤,发展对外合作的条件有限,其最大优势是加入了欧亚经济联盟、世界贸易组织等多个国际组织。吉尔吉斯斯坦希望通过提供优惠政策参与"一

① 《习近平同土库曼斯坦总统举行会谈》,《人民日报》2015 年 11 月 13 日,第 1 版。
② 《习近平分别会见哈萨克斯坦总统、土库曼斯坦总统、吉尔吉斯斯坦总统和巴基斯坦总理国家安全和外事顾问》,《人民日报》2014 年 9 月 13 日。
③ 中土共同见证"复兴"气田一期工程竣工投产,2013 年 9 月 5 日,http://www.china.com.cn/news/world/2013-09/05/content_29930328.htm。
④ 《中国石油天然气集团:土库曼斯坦向中国输送的天然气总量已达到 3 800 亿立方米》,俄罗斯卫星通讯社网站,2023 年 10 月 26 日,https://sputniknews.cn/20231026/1054397018.html。
⑤ 吉尔吉斯斯坦公路交通发挥着主要作用,但道路老化,损毁严重,因资金短缺,公路建设停滞不前。吉尔吉斯斯坦铁路运输不发达,铁路总长 426 公里。目前北部有一条连接哈萨克斯坦的跨国铁路,南部有长约 100 公里的铁路,吉国内几乎没有铁路客运。

带一路"建设,吸引更多中方投资,带动吉尔吉斯斯坦不同行业的发展,积极鼓励中国投资者在吉尔吉斯斯坦优先发展制造业、农副产品加工、能源开发、旅游等,将中国活跃的资金和先进的技术经验引入,并重点发展交通物流、贸易、电力、通信等领域合作,重视绿色科技、智能环保、可靠高效的高技术、高附加值产品和服务。吉尔吉斯斯坦希望中国继续支持其国内建设,积极参与铁路、公路基础设施建设和电力项目。[1]中国在吉尔吉斯斯坦的早期项目收获较多,如中国路桥承建和修复的北南公路、中吉乌公路等多条公路让吉尔吉斯斯坦国内逐渐形成四通八达的公路网,并连通中吉两国与其他丝绸之路沿线国家的交通;中国新疆特变电工公司承建的连通吉尔吉斯斯坦全国南北的电力大动脉达特卡—克明 500 千伏输变电项目顺利竣工[2],该工程对吉尔吉斯斯坦建设独立电网、缓解北部地区缺电状况、实现南北电力均衡和电力外送等具有重大意义,实现了吉尔吉斯斯坦电网独立和满足各地电力供应的梦想。2024 年 6 月 10 日,中国—吉尔吉斯斯坦—乌兹别克斯坦铁路项目三国政府间协定签字,将为地区互联互通开辟新通途。[3]

塔吉克斯坦是中亚面积最小的国家,位于中亚东南部,由于历经多年战乱,其经济基础薄弱、资金短缺、百废待兴,能源匮乏和交通设施落后,就业率较低,贫困人口占比较大,发展交通运输和经济的愿望十分强烈。塔吉克斯坦总统拉赫蒙高度评价共建"一带一路"倡议,塔吉克斯坦是最早支持共建"一带一路"倡议并同中方签署共建合作文件的国家之一,目前正积极推进"2030 年前国家发展战略"同共建"一带一路"倡议深入对接。塔吉克斯坦希望发挥过境运输潜力,成为连接中国与亚欧国家的桥梁。[4]塔吉克斯坦政府确定了"实现能源自主、确保粮食安全、告别交通闭塞"的战略目标[5],在这一战略目标中,对塔吉克斯坦

---

① 《习近平分别会见哈萨克斯坦总统、土库曼斯坦总统、吉尔吉斯斯坦总统和巴基斯坦总理国家安全和外事顾问》,《人民日报》2014 年 9 月 13 日。

② 《特变电工承建的吉尔吉斯斯坦南北电力大动脉工程顺利竣工》,特变电工网,2015 年 8 月 29 日,http://www.tbea.com/home/cn/news/company/2015/20150916/166453.shtml。

③ 《中吉乌铁路将为地区互联互通开辟新通途》,中国政府网,2024 年 6 月 11 日,https://www.gov.cn/yaowen/liebiao/202406/content_6956619.htm。

④ 曲颂:《在国家发展振兴的道路上携手前行》,《人民日报》2024 年 7 月 21 日。

⑤ 《塔吉克斯坦外长阿斯洛夫:丝绸之路经济带与塔发展战略完全契合》,新华网国际频道,2015 年 7 月 27 日,http://news.xinhuanet.com/world/2015-07/27/c_128063134.htm。

具有战略意义的合作领域是交通、能源、农业项目的建设。塔中双方可继续在贸易、投资、加工工业、矿产开采、电力、旅游等领域扩大合作,同时期望提高在轻工业、建材、家电生产、纺织业、高新技术等领域开展合作。塔吉克斯坦尤其欢迎中方企业去投资设厂,利用塔吉克斯坦丰富的建筑原材料和劳动力资源建立水泥厂、瓷砖厂、大理石加工厂、制砖厂等。为摆脱交通困境,塔吉克斯坦近年来努力改善交通状况,通过贷款修建了首都杜尚别至第二大城市胡占德的高速公路。由中国企业在塔吉克斯坦投资建设的水泥公司已成为两国合作的"样板",中方援建的塔吉克斯坦议会大楼和政府大楼将成为杜尚别的新地标和中塔合作的新标志。[①]

在金融领域,中亚各国纷纷作为创始成员国加入亚洲基础设施投资银行,并希望通过丝绸之路基金、中国—欧亚经济合作基金、上合组织银联体等金融平台加强同中方在产能等各领域的务实合作。

可以说,"丝绸之路经济带"是对古丝绸之路的全新发展,建设"丝绸之路经济带"的倡议极具创造性和可行性。正如哈萨克斯坦学者所阐述的,该倡议为亚欧区域经济发展提出了新思路、新模式和新的发展前景。[②]

(二)中亚国家与中国的发展战略对接

同处于核心区的中国与中亚共建丝绸之路经济带有众多契合点,双方正在为促进丝绸之路经济带的长久繁荣对接发展战略。

中国的发展战略是着眼丝绸之路经济带特别是欧盟、中亚的总体利益格局,巩固发展中欧贸易,积极加强与中亚国家特别是门户国家哈萨克斯坦在能源资源、交通、文化等领域的合作,按照国家构建丝绸之路经济带的总体要求,坚持陆桥经济带两端腹地开发引领战略、沿桥经济带次区域中心城市群联动发展战略、重要战略支点口岸优先开发战略,以提高贸易的便利性为核心,以扩大

---

① 《习近平同塔吉克斯坦总统拉赫蒙共同出席中方援塔议会大楼和政府大楼落成仪式》,中国政府网,2024年7月7日,https://www.gov.cn/yaowen/liebiao/202407/content_6961607.htm。

② Константин Сыроежкин. Концепция формирования «экономического пояса на Шёлкового пути»:проблемы и перспективы. КАЗАХСТАН В ГЛОБАЛЬНЫХ ПРОЦЕССАХ. 2014(1).

货物贸易量为目标,从国家层面谋划陆桥经济带发展规划,建立完善的国际、国内(国家部委间、省级及地方政府间、部门间)横向、纵向通关协调机制,突出重点,优先发展陆桥两端经济腹地货物贸易,确立基础设施优先投资领域,明晰次区域功能定位,从战略高度统筹做好丝绸之路经济带核心区的规划布局和顶层设计,对中国现代产业体系、新型城镇、交通运输、互联互通信息网络、民生发展进行体系化建设。①中国在丝绸之路经济带上的布局将以新亚欧大陆桥经济走廊和中国—中亚—西亚经济走廊为纽带,围绕丝绸之路经济带核心区战略目标,开展国家大型油气生产加工和储备基地、大型煤炭煤电煤化工基地、大型风电基地三基地,能源、交通、通信三大通道,区域性交通枢纽中心、区域性商贸物流中心、区域性金融中心、区域性文化科教中心、区域性医疗服务中心五大中心,十大进出口产业集聚区等方面的建设,并按照近期、中期和远期分阶段实施。②2024年升级为积极打造亚欧黄金通道和向西开放的桥头堡、构建新发展格局的战略支点、全国能源资源战略保障基地、全国优质农牧产品重要供给基地、维护国家地缘安全的战略屏障。③

中亚国家发展战略与丝绸之路经济带对接。处于丝绸之路经济带核心区的中亚国家,主动将中国的丝绸之路经济带建设与哈萨克斯坦的"光明之路"新经济政策④、乌兹别克斯坦的2015年发展规划、土库曼斯坦的2030年经济发展战略规划、吉尔吉斯斯坦的2013—2017年发展规划、塔吉克斯坦的2000—2020年发展规划对接。共建丝绸之路经济带已纳入中国与中亚五国签署的联合宣言等政治文件,中国与哈萨克斯坦、塔吉克斯坦、吉尔吉斯斯坦、乌兹别克斯坦⑤等先后签署共建丝绸之路经济带双边合作协议,不仅将极大地促进沿线国家的经济贸易联系,有利于交通、通信、油气管道等基础设施的互联互通建设,同时也为

① 王玉刚:《丝绸之路经济带发展战略的几点思考》,2014年9月9日,http://a681830348.xinjiang1.mynet.cn/_d276813557.htm。

② 《新疆推进丝绸之路经济带核心区建设》,《中国资本证券报》2015年5月13日。

③ 《向总书记报告·推进中国式现代化新疆实践丨锚定"五大战略定位"奋楫前行》,天山网,2024年3月3日,http://www.ts.cn/xwzx/szxw/202403/t20240303_19512575.shtml。

④ 《习近平会见哈萨克斯坦总理马西莫夫》,《光明日报》2015年3月28日。

⑤ 2016年6月15日,中乌共同签署《关于在落实建设"丝绸之路经济带"倡议框架下扩大互利经贸合作的议定书》,中国与乌兹别克斯坦签署共建"丝绸之路经济带"合作文件,新华网,2015年6月17日,http://news.xinhuanet.com/world/2015-06/17/c_1115646851.htm。

巩固地区国家友好关系、进一步促进本地区和平稳定提供了新的历史契机。

丝绸之路经济带与欧亚经济联盟(以下简称"一带一盟")在中亚对接。2016 年 5 月 8 日,中俄双方共同签署《关于丝绸之路经济带建设与欧亚经济联盟建设对接合作的联合声明》,声明指出,丝绸之路经济带将成为欧亚经济联盟与亚太经济圈相连接的桥梁,为亚欧经济一体化进程注入新活力,这对有关各方都具有划时代的重要意义。首先,中国与俄罗斯同处于丝绸之路经济带的重要区域,起着不可替代的主导作用;而中亚既处于丝绸之路经济带的核心区,又多为欧亚经济联盟的重要成员,将会对丝绸之路经济带与欧亚经济联盟的对接起到重要的作用。其次,世界经济区域化、一体化的新形势下,俄罗斯向东看和中国向西开放的第一站都是中亚,中亚国家作为中国和俄罗斯的共同邻国对双方的安全和经济空间拓展意义重大;同时,中国与俄罗斯同为中亚国家排名前列的贸易和投资伙伴,对中亚目前和未来的发展起着举足轻重的作用。最后,中国与俄罗斯在中亚地区的经济合作符合中、俄、中亚各方的共同利益和内在诉求,中国与俄罗斯、中亚国家在产业结构、资源禀赋、通道与基础设施建设、金融与保险等融资机制等多方面存在互补性而非竞争性,具有广阔的合作空间和持续长久合作的潜力与动力。因此,尽管丝绸之路经济带与欧亚经济联盟有诸多的不同和相近之处,在未来的发展中也面临很多共同挑战需要共同应对,但双方在中亚对接将可能达到双赢甚至多赢的效果,前景看好。

展望未来,"一带一路"倡议之后的亚欧区域经济一体化将可能在更大范围拓展,并可能从建立区域自贸区入手实施。如早在 2004 年,上合组织首任秘书长张德广就提出建立上合组织自贸区的可能性,认为上合组织提出经过 20 年努力,实现高度的区域经济一体化,即实现区域内商品、资本、服务和技术自由流通,实际上就是自由贸易区,未来在上合组织框架下建立自由贸易区的长远前景,是可能的。①哈萨克斯坦提到了对接丝绸之路经济带和欧亚经济联盟的可行性方案,即在欧亚经济联盟、上合组织和丝绸之路经济带三个框架下建立一个自贸区的倡议。②2016 年 4 月,俄罗斯杜马主席谢尔盖·纳雷什金在比什凯克举

---

① 《上海合作组织秘书长:在框架下建立自贸区可行》,中国新闻网,2004 年 1 月 22 日,http://news.china.com/zh_cn/finance/11009723/20040122/11610031.html。

② 《哈萨克斯坦驻华大使:中国"一带一路"对接哈"光明之路"》,中国经济网,2016 年 6 月 3 日,http://intl.ce.cn/specials/zxxx/201606/03/t20160603_12503157.shtml。

行的"欧亚经济前景"国际论坛上表示,俄罗斯支持哈萨克斯坦总统纳扎尔巴耶夫关于将2016年设为欧亚经济联盟和第三国及国际政府间组织合作年的提议,现在最重要的是保障欧亚经济联盟发展与丝绸之路经济带建设对接,以及在未来同中国和其他亚洲国家建立自贸区。①继2010年普京提出欧洲经济新体系构想,倡议建立一个从葡萄牙里斯本到俄罗斯符拉迪沃斯托克的经济共同体因欧洲制裁受挫之后②,2016年6月,普京宣布有关欧亚经济联盟成员国与中国等建立大欧亚伙伴关系的计划,参与者可以包括欧亚经济联盟成员国,以及中国、印度、巴基斯坦、伊朗等与俄罗斯关系密切的国家和组织,并支持哈萨克斯坦提出的有关欧亚经济联盟应致力于同上合组织、东盟等进一步深化合作的建议,可以从简化和统一行业合作、投资、卫生、海关、知识产权保护等领域的规范标准入手实施。③2023年5月18日至19日,中国—中亚峰会将中国与中亚关系提升至元首级,在中国中亚关系史上树立起一座新的里程碑,为构建中国—中亚命运共同体指明路径。④近年来,中亚地区一体化趋势明显,中亚各国在欧亚经济联盟、上合组织、定期首脑会晤机制等多边框架下不断深化合作。⑤在上述众多倡议和方案中可以看出,亚欧区域经济一体化的趋势正在加强,中国与中亚共建丝绸之路经济带的内在需求与外部环境正在趋于一致,中国与中亚区域经济合作的密切度和相互依赖度在提高。展望未来,中国向西开放的战略将和中亚地区有效对接,进而令丝绸之路经济带发展成为亚欧地区又一极具潜力的区域。

三、中国与中亚共建丝绸之路经济带的主要领域

中亚处于东亚、西亚和南亚交汇之地,地缘优势地位不可替代。在中亚国

---

① 《俄杜马主席:有必要建立欧亚经济联盟—中国自贸区》,商务部驻哈萨克经商参处,2016年4月11日,http://kz.mofcom.gov.cn/article/zxhz/zhxm/201604/20160401293735.shtml。

② 《国际时评:打造"大欧亚" 俄罗斯欲破西方孤立》,新华网,2016年6月18日,http://news.xinhuanet.com/world/2016-06/18/c_1119068172.htm。

③ 王海燕:《"上合"成共建"一带一路"重要平台》,《文汇报》2016年6月23日。

④ 《推动中国—中亚合作步入新时代》,2024年5月18日,http://www.china.com.cn/opinion2020/2023-05/18/content_85375975.shtml。

⑤ 赖毅:《中亚国家推进多元化经贸合作》,《经济日报》2024年5月24日。

家纷纷加入世界贸易组织,上海合作组织蓬勃发展,中亚区域经济合作快速发展,中国与中亚原油管道、中亚天然气管道开通,以及丝绸之路经济带倡议提出的新形势下,中亚作为中国东南亚、东北亚、中西南亚三边中的重要一边,与中国的经贸合作越来越受到广泛的关注,对中国经济发挥着越来越重要的作用。20 余年来,随着各国人民生活水平的提高,中国与中亚的经济发展早已走出短缺经济时代,不仅注重数量的增长,更加注重质量的提升。同时,中国与中亚的经济合作领域不断拓展,相互贸易和投资①不断扩大,相互依存度持续提高,双方已互为重要的经济合作伙伴,双方合作已拓展到经济、社会层面的各个领域。

正如习近平主席 2014 年所说的:"我们要建设的互联互通,不仅是修路架桥,不光是平面化和单线条的联通,而更应该是基础设施、制度规章、人员交流三位一体,应该是政策沟通、设施联通、贸易畅通、资金融通、民心相通五大领域齐头并进。这是全方位、立体化、网络状的大联通,是生机勃勃、群策群力的开放系统。""互联互通"既涉及道路等基础设施的"硬联通",也包括规章制度方面的"软联通",还将推动人员流动的"人联通"。②2024 年 12 月 2 日,习近平主席在北京出席第四次"一带一路"建设工作座谈会时强调,要重点推进高质量共建"一带一路"机制建设,完善共建"一带一路"合作规划统筹管理机制,完善"硬联通""软联通""心联通"协调推进机制,推进高质量共建"一带一路"行稳致远。③中国与中亚共建丝绸之路经济带,亟须在贸易、投资、能源、交通运输、人文等领域展开合作。

(一) 贸易合作是最重要的领域

与中国新疆接壤的八个邻国中,位于中亚的哈萨克斯坦、吉尔吉斯斯坦、塔

---

① 国际经济合作与国际贸易是国际经济交往的两种重要形式,国际经济合作和国际贸易都与生产要素和商品生产有关;国际经济合作与国际贸易常常结合在一起构成综合性的国际经济活动。国际经济合作是有关国家间各种生产要素重新组合与配置运动规律及其协调机制,主要是生产领域的直接合作;国际贸易则是指不同国家(和/或地区)之间的商品和劳务的交换活动,属于流通领域的范畴。

② 《习近平在"加强互联互通伙伴关系"东道主伙伴对话会上的讲话(全文)》,2014 年 11 月 8 日,http://news.xinhuanet.com/world/2014-11/08/c_127192119.htm。

③ 习近平在第四次"一带一路"建设工作座谈会上强调:坚定战略自信 勇于担当作为 全面推动共建"一带一路"高质量发展,新华社,2014 年 12 月 3 日。

吉克斯坦二十余年来是其在中亚地区最主要的贸易和投资伙伴国,一直占中国对中亚贸易和投资的 70%左右,其中边境贸易又占其对外贸易总额的 70%左右。中亚五国作为中国向西开放"核心区"和"枢纽站",除了地缘、人文、资源优势外,与中国间的沿边贸易、资源贸易特征突出,逐渐成为中国通往中亚、西亚、南亚乃至欧洲市场双向的能源资源和各类商品大通道。

1. 开放口岸最多奠定合作基础

自从中国改革开放和中亚国家独立以来,中国相继开放、开通和新建了多个口岸,其中与中亚国家开放的口岸最多,促进了中国与周边国家的地缘经济合作。

截至 2024 年底,中国新疆有经国务院批准对外开放的一类口岸 19 个①,2024 年以来,新疆各口岸通关量占全国的 40%,霍尔果斯、阿拉山口分别位居全国第一、第二。②就口岸经济发展模式而言,中国对中亚的口岸大多数为贸易型、旅游购物型口岸,而阿拉山口为资源开发和加工转化型口岸,霍尔果斯口岸为综合开发和合作中心型口岸。阿拉山口和霍尔果斯口岸已成为集铁路、公路、管道运输为一体的现代化交通枢纽,在中国对中亚贸易中发挥巨大的作用。

中国与中亚国家口岸优势突出。中亚是与中国东北亚、东南亚和西北三边陆路边境接壤地区口岸最多的区域,中亚与中国开通的一类陆路口岸就有 8 个。其中阿拉山口和霍尔果斯两大口岸是全国仅有的两个铁路、公路及管道运输并举的口岸,也是中国—中亚天然气管道、中哈石油管道等能源战略资源进入中国的重要口岸,对中国的资源能源供应起着举足轻重的作用。同时,由于口岸众多,边民互市贸易和旅游购物贸易蓬勃发展,仅中国与中亚国家的边境贸易多年来就占中国整个边境贸易额的六成以上,对中国与中亚国家边疆地区居民的生活影响较大,也直接影响我国西北边疆的稳定与发展,影响丝绸之路经济带沿线的稳定与发展。因此,中国与中亚的口岸经济优势突出,不容忽视。

---

① 按照传统定义,口岸可分为一类口岸和二类口岸。一类口岸由国务院批准开放,二类口岸由省级人民政府审批开放并管理。目前,"二类口岸"已成为历史名词,正式名称为"腹地转送运输货物查验监管点",即海关的监管现场。原来此类业务由新疆维吾尔自治区政府审批,现由乌鲁木齐海关审批。

② 《2024 年新疆各口岸人员往来和跨境运输量创新高》,天山网,2025 年 1 月 5 日,https://www.ts.cn/xwzx/jjxw/202501/t20250105_25954668.shtml。

2. 不断扩大的贸易规模增进相互依存关系

30多年来,中国与中亚国家经济合作随着双方合作机制建设不断拓展合作范围,大体以中亚五国建国(1992—2000年)、上合组织建立(2001—2012年)和"一带一路"倡议提出(2013年至今)为标志,分为三个上升期。随着中亚五国的独立和中国实施沿边开放战略,中国加快了对外开放步伐,与中亚国家的合作范围不断拓展。经济合作在中亚国家取得丰硕成果,合作质量不断提升,中国持续成为中亚各国排名前列的最重要的经济合作伙伴。多年来与世界经济起伏波动的大环境逐步趋同,双方贸易经历了增长与降低起伏交替但总体向上的曲折发展过程。2008年世界金融危机、2014年由于乌克兰危机等国际和区域事件影响,油气、资源类产品等双方最大宗贸易产品的国际价格涨跌,双方的贸易额也随之波动,中国与中亚五国的贸易额时起时伏,但总体来说是递增的。尤其"一带一路"倡议提出以来,中国与中亚国家携手同行、共谋发展,中国对中亚地区的贸易进入了快速发展的新阶段,整个中亚地区成为中国最现实、最广阔的贸易伙伴,中国逐渐成为中亚国家排名前列的最重要贸易伙伴之一。近年来,尽管有新冠疫情和俄乌冲突影响全球经济产业链、价值链和供应链,中国与中亚五国的贸易却普遍比上年有所回升,增幅较明显。

纵观30多年来中国与中亚国家的贸易合作,尽管随世界经济动荡有波折起伏的时刻,总体上还是呈现不断上升的势头。

从贸易额看,30多年来中国与中亚国家贸易额从1992年的4.6亿美元增长到2023年最高时的890多亿美元,增长了近200倍,经历了快速发展的时期,超过中国与很多国家的贸易额增长率。尽管中国与中亚国家的进出口总额在中国外贸总额中占比较小,但中亚国家是近年来中国与"一带一路"沿线国家贸易增长最快的区域。

从贸易结构看,中国对中亚国家出口商品曾经以鞋靴等民用品为主,2013年以来,中国对中亚地区出口额前十的商品中,机电产品出口大幅增长,对中亚国家加工工业发展产业升级起到了重要作用。中国从中进口的商品从资源能源产品等为主扩大到了农业、加工工业品等越来越多的非能源领域,正在成为中亚国家实现出口替代型战略的重要稳定市场。

表 2.1 1992—2023 年中国与中亚五国货物贸易进出口总额

（单位：亿美元）

年份 国家	1992 年	2000 年	2005 年	2010 年	2013 年	2015 年	2016 年	2017 年	2018 年	2019 年	2020 年	2021 年	2022 年	2023 年
哈萨克斯坦	3.68	15.56	68.06	204.48	285.96	142.91	130.37	180.01	198.95	219.9	214.3	252.5	311.74	410.21
乌兹别克斯坦	0.53	0.51	6.80	24.83	45.52	34.96	36.40	42.24	62.67	76.2	66.3	74.4	97.81	137.2
土库曼斯坦	0.04	0.16	1.09	15.69	100.31	86.43	59.02	69.43	84.36	91.16	65.16	73.59	111.82	106
吉尔吉斯斯坦	0.36	1.77	9.72	41.99	51.38	43.41	57.11	54.48	56.01	63.46	29.1	15.64	155.03	198.04
塔吉克斯坦	0.03	0.17	1.57	14.32	19.58	18.47	17.41	13.71	15.03	16.74	10.63	18.61	25.99	39.26
共 计	4.64	18.17	87.24	301.31	502.75	326.18	300.31	359.87	417.02	466.46	385.49	434.74	702.39	890.71

资料来源：1. 1992 年数据来自王海燕主编：《经济合作与发展——中亚五国与中国新疆》，乌鲁木齐：新疆人民出版社 2003 年版，第
285 页。
2. 国家统计局，历年《中国统计年鉴》，http://www.stats.gov.cn/。
3. 2018 年数据来自哈中央银行，乌中央银行，吉国家统计委员会。
4. 2020 年数据来自中国商务部《2020 年 1—12 月我对欧亚国家（地区）贸易统计》，http://oys.mofcom.gov.cn/article/jmhz/tjsj/202109/
20210903195842.shtml。
5. 2021—2023 年数据来自中国海关统计公报，http://www.customs.gov.cn/。

从贸易方式看,中国对中亚地区国家的出口从以边境小额贸易为主,进口以一般贸易为主,转变为以一般贸易为主,加工贸易、租赁贸易、展会贸易、提供成套设备,贸易与投资、贸易与科技相结合等多种贸易方式并存且不断升级的局面。

从贸易商品的运输方式看,中国对中亚国家的出口以公路运输为主,铁路运输在进口中的占比逐年上升,进口以其他运输和铁路运输方式为主。随着中欧班列的开通运行,其他运输方式进口占比呈逐年下降趋势,同时铁路运输占比呈逐年上升趋势。

从贸易主体看,中国与中亚国家贸易从民营中小企业为主扩展到双方的国有大中型企业、民营企业都积极参与,并逐渐形成出口以民营企业为主,进口以国有企业为主的格局。在出口主体中,民营企业始终是中国对中亚地区出口主要的贸易主体,自2013年起,民营企业出口占所有贸易主体出口额的比重总体呈上升趋势,而国有企业自2013年起占比呈下降趋势;在进口主体中,国有企业占据相当大的比重,且占比有进一步扩大的趋势。[1]

从贸易效应来看,由于贸易先行、产业联动效应,近年来内地一些企业纷纷落户中国新疆等西部地区,在各类出口加工区、经济开发区以及主要边境口岸从事面向中亚地区的出口产品组装、加工,积极拓展周边国家市场。这不仅增加了当地财税收入,而且拉动了就业,带动了餐饮、物流、旅游、信息等相关产业,服务贸易方兴未艾,加快了当地新型工业化、农业产业化和城镇化进程,有力地促进了边境地区经济快速发展。外贸还间接拉动中国的第一、第二产业平稳增长,同时带动交通运输、物流仓储、金融通信、餐饮住宿等第三产业蓬勃发展,促进了中国新疆国际商贸中心的建设,在加快促进中国和中亚经济结构调整、推动优势资源转换、带动新型工业化建设和新农村建设、增加财政收入和就业岗位方面发挥了积极的拉动作用。

总体看,中亚国家已成为中国在"一带一路"沿线最重要的贸易地区、贸易走廊和贸易中转站之一,中亚国家对中国的外贸依存度远远超过中国对中亚国家的。中国作为稳定的贸易伙伴和能源、资源、农产品购买方,是中亚国家最理

---

[1]　中国海关统计资讯网,http://www.chinacustomsstat.com/。

想的贸易伙伴之一。中亚各国积极参与到"一带一路"建设当中,与中国的贸易合作规模不断扩大,合作方式越来越丰富,对中国的贸易和市场的依赖程度不断上升。

30多年来,中国与中亚的贸易合作也存在以下问题亟待解决:中国的人文优势未充分发挥;中国与中亚贸易依存度亟须提高,贸易商品结构需要进一步优化;相关的口岸、货运等基础设施建设赶不上发展速度,亟须跟进;中国与中亚对外贸易的软环境建设需要加强;中国与主要贸易伙伴国间政府高中低层的对话机制、对话平台还不够完善;各国政策和措施经常变化对双方经贸合作有直接和持续的影响;双边经贸合作服务体系和保障机制以及纠纷协调、解决机制尚不健全;法律合作机制尚未有效建立;大通关协作机制运行效率有待提高;双方定期信息交流渠道和机制尚未真正建立;中国与中亚外经贸发展促进体系不够完善;开放型经济服务平台建设相对滞后;中亚市场经营环境需改善,企业的诚信体系亟须建设;口岸、经济技术开发区和喀什、伊犁等经济特区的特殊政策利用不够充分,对上合组织及其他区域性组织平台利用不够,等等。[①]

(二) 投资合作是最具潜力的领域

中国与中亚之间的投资合作晚于贸易合作,起点较低,但发展较快。总体上,中国与中亚国家建交30多年来,双方投资合作与贸易合作一致,大体以中亚五国建国、上合组织建立和"一带一路"倡议提出为标志,分为三个阶段。30多年来,中国与中亚国家相互投资从无到有增长上百倍,尤其是21世纪上合组织成立、"一带一路"倡议提出以来,中国与中亚国家合作中国—中亚天然气管道、中哈原油管道、中吉乌公路、中塔公路等大项目成功建成,途经中亚的中欧货运班列快速发展,中国对中亚的经贸合作水平不断提高,相互投资能力也在提高,投资领域不断拓宽,投资规模持续增长,投资主体更加多元,逐渐呈现出投资来源多样化、投资领域专业化、投资区域集中化等特点。中国渐渐成为对中亚国家直接投资国家前十名之一,中国同中亚国家共商共建共享,共建"一带一路"在中亚地区开花结果。

---

① 王海燕:《新地缘经济:中国与中亚》,世界知识出版社2012年版,第260—262页。

表 2.2　中国对中亚国家历年直接投资流量

（单位：万美元）

年份 国家	2003 年	2005 年	2007 年	2009 年	2010 年	2013 年	2014 年	2015 年	2016 年	2017 年	2018 年	2019 年	2020 年	2021 年	2022 年
哈萨克斯坦	294	9 493	27 992	6 681	3 606	81 149	-4 007	-251 027	48 770	207 047	11 835	78 649	-11 529	82 224	35 598
乌兹别克斯坦	72	9	1 315	493	-463	4 417	18 059	12 789	17 887	-7 575	9 901	-44 583	-3 677	36 903	36 974
土库曼斯坦	0	0	126	11 968	45 051	-3 243	19 515	-31 457	-2 376	4 672	-3 830	-9 315	21 104	-1 760	953
吉尔吉斯斯坦	244	1 374	1 499	13 691	8 247	20 339	10 783	15 155	15 874	12 370	10 016	21 566	25 246	7 643	1 006
塔吉克斯坦	0	77	6 793	1 667	1 542	7 233	10 720	21 931	27 241	9 501	38 824	6 961	-26 402	23 743	41 875

资料来源：系统的统计资料始于 2003 年，作者根据 2003—2022 年《中国对外直接投资统计公报》自制，http://www.fdi.gov.cn。

表 2.3　中国对中亚国家历年直接投资存量

（单位：万美元）

年份 国家	2003 年	2005 年	2007 年	2009 年	2010 年	2013 年	2014 年	2015 年	2016 年	2017 年	2018 年	2019 年	2020 年	2021 年	2022 年
哈萨克斯坦	1 971	24 524	60 993	151 621	159 054	695 669	754 107	509 546	543 227	756 145	734 108	725 413	586 937	748 743	697 869
乌兹别克斯坦	317	1 198	3 082	8 522	8 300	19 782	39 209	88 204	105 771	94 607	368 988	324 621	326 464	280 772	450 813
土库曼斯坦	20	20	142	20 797	65 848	25 323	44 760	13 304	24 908	34 272	31 193	22 656	33 647	29 417	22 524
吉尔吉斯斯坦	1 579	4 506	13 975	28 372	39 432	88 582	98 419	107 059	123 782	129 938	139 308	155 003	176 733	153 142	153 701
塔吉克斯坦	512	2 279	9 899	16 279	19 163	59 941	72 896	90 909	116 703	161 609	194 483	194 608	156 801	162 722	189 289
共　计	4 399	32 527	88 091	225 591	291 797	889 297	1 009 391	809 022	914 391	1 176 841	1 468 080	1 422 301	1 280 582	1 374 796	1 514 196

资料来源：系统的统计资料始于 2003 年，作者根据 2003—2022 年《中国对外直接投资统计公报》自制，http://www.fdi.gov.cn。

30多年来,中国对中亚国家以单向投资为主,中国对中亚国家的投资极大地提高了中亚国家的经济发展能力和水平,增加了中亚各国的就业,改善了中亚国家人民的生活水平,也有助于中国经济的发展,形成了中国与中亚国家经济互嵌、共同发展和成长的共同体格局。

从投资的法制基础看,中亚各国不断完善各项与投资相关的法律法规,投资的软环境持续改善。中亚国家独立以后,哈萨克斯坦等国相继颁布了《国有企业法》《股份公司法》《有限和补充责任合伙公司法》《信贷公司法》《投资法》《劳动力管理法》《出入境管理法》《工商登记法》《外汇调控法》等法规为企业经营活动提供法律保障。在《投资法》中对外资实施国民待遇,鼓励内外资在农、林、渔业,食品加工和轻工纺织业,化工业,冶金工业,机械行业和汽车制造业,基础设施建设,交通运输,宾馆、餐饮服务业等领域投资,通过减免税、免除关税、提供国家实物赠予等方式对投资提供优惠。中国还与中亚国家政府签署了《双边投资保护协定》和《避免双重征税协定》等双边协议,这些协定为中国与中亚投资合作关系的发展奠定了较为坚实的法律基础。

从投资策略看,中国与中亚国家都采取了吸引重点地区向本国重点领域投资的不同策略。从20世纪90年代中期至今,中国与中亚双方鼓励相互投资,并采取措施保护投资企业人员的合法权益和财产安全。按照周边是首要的原则,中亚国家成为中国实施"走出去"战略的重点国家之一,依托地缘优势和各项优惠政策,中国的电信、固体矿产、建筑建材等领域的企业在对中亚经贸合作中取得了不俗业绩。许多中资企业在中亚国家的发展已初具规模,在一些领域享有很高的知名度和影响力。中国与中亚双方在继续合作实施大型能源项目的同时,加大力度实施非原材料领域的重要项目,并致力于改善投资环境;同时积极支持在本国境内投资的对方企业,特别是投资能源机械设备制造、食品、纺织工业,以及交通与物流服务、冶金、建筑材料和旅游等领域的企业。

从投资的产业分布看,由于中亚各国资源禀赋和产业结构差异,中国企业对中亚各国投资的侧重点不同。30多年来,中国对中亚各国投资的产业分布不断拓展,主要涉及种植业、养殖业、化工、食品加工、机械制造、农产品加工业、采矿业、制造业、建筑业、金融业、商贸业、交通运输业、建材业、通信业、物流业、旅游业、医疗业、文化产业等三项产业的几乎各个领域。由中方企业承建的多个大型基础设施项目,包括石化、电力、矿山开采和水泥厂等陆续竣工交付,化工、公路、汽车组装和市政基础设施等多个项目取得实质进展,对中亚国家国民经济体系的重构起到了重要的塑造和推动作用。

从投资领域看,中国对中亚的投资领域集中度很高,主要集中在第二产业和第三产业,对第一产业农业的投资比重明显偏低。其中,对地质勘探和勘测业以及以油气开采为主的采掘业投资占比较大,投资相对逐年增加的行业有建筑业、食品加工业、民用品加工业、冶金和金属加工工业、宾馆餐饮业、汽车和家用制品修理业等,对中亚投资呈现波动的行业有有色冶金工业、建筑业、运输和通信业以及农、猎、林、渔业。最近几年中国的投资者对中亚石油和天然气开采业的投资有所下降,但对建筑业、加工工业、金融业、通信业的投资出现增长势头,对食品业和医药行业的投资出现高速增长。截至 2023 年底,中国在中亚注册的各类中资企业主要涉及石油勘探开发、加油站网络、农副产品加工、电信、皮革加工、建筑等基础设施建设、餐饮服务、贸易等领域;中亚国家在华投资项目主要涉及皮革加工、建材、食品、汽车维修等领域,并从中国的新疆地区逐步向内地扩展。中国在中亚国家的合资、独资企业大多属于中小型,尤其是小型企业居多。目前双方正在实施和探讨在油气、水电、电信、矿产、建筑、有色金属加工、高科技等领域的一批大项目,并积极推动采矿工业、机器制造、化工、电子、消费品等富有潜力领域的投资。

从产能合作的路径看,"一带一路"倡议提出后,中国与中亚国家政府本着"国家推动、企业参与、合作广泛、合作目标多元""能力建设导向"和"包容性"的原则,以注重带动提升中亚国家经济的造血能力和发展能力为出发点,以长期利益为着眼点,基于中亚国家资源及产业基础,从填补中亚国家产业空白或产业升级这一目的出发,帮助中亚国家减轻进口依赖,并从非资源领域经济转型同时又有盈利保障的产业入手,在产能合作领域及项目上进行磋商。这些合作涵盖从立项投资,到建厂生产,再到销售和配套服务在内的全流程合作模式,涉及项目实施、资金保障、市场营销、后期服务等众多环节。按照"企业主体、市场导向、商业原则、国际惯例"的产能合作原则,中国与中亚国家共同推动了一大批大项目的实施。

从投资主体看,中国对中亚投资的主体越来越多元化,民营企业占比越来越大。除了能源与矿产勘探、开采和加工领域、金融业等领域以国营企业为主,其他各领域都活跃着中国的民营企业,以独资企业为主。中国新疆、江苏、浙江、陕西、广东等越来越多省区的民营企业成为投资主力。投资形式多样,主要包括兴办工厂、工程承包、合作开发、合建工业园区和自由经济区等。①

从投资模式看,中国对中亚国家的投资模式不断创新,形成了建立政策沟通和对接机制、产能合作、丰富投融资机制等多种有效模式。一是对接。"一带一路"倡议提出后,中国与中亚国家开始非常重视"对接",包括战略、规划、机制、政策、项目、信息、平台等各层次和各领域的合作联系机制对接。中国对中亚国家30多年来逐渐形成"总理年度会晤+双边合作委员会+分委会""政府+协会+企业"的工作机制以及"中国+中亚五国"为主导的官方合作机制,分委会分别有经贸、交通、铁路、口岸和海关、科技、金融、能源、地质矿产、人文、安全等,以便推动政策磋商常态化、项目建设规范化,有效降低制度性交易成本、稳定各方预期。同时,在融资贷款、投资基金、税收减免、签证办理等方面形成了专项支持性安排。

从投融资机制看,中国与中亚国家的投融资模式不断升级,从初期的企业利用自有资金为主,转为从金融机构融资或与第三方合作为主,并增加了本币互换协议、亚洲基础设施投资银行、丝路基金、中国与中亚国家产能合作专项基金等多种投融资渠道,支持重点项目的投融资。这些均有效推动了中亚国家的经济转型,增加了中亚各国的就业与税收,加快了中亚各国加工业和农业发展,填补了若干产业空白,优化了中亚国家的产业结构,降低了中亚国家的进口依赖,中国与中亚国家的经济合作跃上了一个新台阶。

总体而言,"一带一路"倡议提出以来,中国在中亚投资主要是技术含量高、效益好的项目逐渐增加;双方合作的小型企业多,大中型企业不断增加;短平快项目多,长期合作项目增加;不知名企业多,名牌企业不断进入,合作的广度和深度持续扩大。但中国在中亚的投资呈现出地区不平衡,波动性较大,规模不断扩大等问题,常常面临以下一些问题:中国工业和农业产业化、规模化、标准

---

① 王海燕:《中国与中亚区域经济合作路径研究》,世界知识出版社2021年版,第73页。

化程度低,企业农产品出口基地建设速度还不能满足扩大出口中亚市场的需求;中亚有些国家投资执法不严,中亚整体交通、电力基础设施亟待提高;政府部门办事效率不高,企业经营活动中时间和金钱的损耗成本增加,项目启动期限较长;中亚部分国家获取融资的难度和成本较大。金融危机凸显了中亚产业结构不健全、不平衡,原料型经济、资源出口导向型经济的弊端,各国在调整国家未来发展战略时都将调整本国产业结构放在重要位置,并确定了适合本国的产业优先发展方向,这意味着该地区面临重构区域产业分工体系的挑战,对中国则是重要机遇,需要与中亚共同构建互利共赢、可持续发展的区域产业分工体系,重构互惠合理的中亚区域产业分工格局。

(三)能源合作是最关键的领域

中国与中亚的能源合作主要集中在油气合作领域,近年来,在可再生能源的风能、水电等领域开始探索合作。中亚五国分为两类:一是油气盈余国,即哈萨克斯坦、土库曼斯坦和乌兹别克斯坦,这三个国家油气资源丰富,石油和天然气探明储量分别占世界的1.9%和13.3%,占整个中亚的98%以上;截至2024年6月,中亚五国石油和天然气的远景储量巨大,哈萨克斯坦已探明的石油储量约100亿吨,天然气储量约2万亿立方米;土库曼斯坦石油总储量为121亿吨,天然气储量约50万亿立方米;乌兹别克斯坦有5.84亿吨的石油储量和超过5.5万亿立方米天然气储量。中国年消耗天然气总量至少有15%源自中亚,中亚五国丰富的油气资源与中国庞大的能源需求形成互补,通过油气贸易,中亚五国获得资金与技术促进经济发展,中国则保证了国内能源供应。[①]另一类是油气短缺国,即吉尔吉斯斯坦和塔吉克斯坦,两国油气资源极为贫乏,尤其是塔吉克斯坦的石油和天然气没有经济意义,严重依赖进口,特别是来自乌兹别克斯坦和土库曼斯坦的进口。

由于中亚地区人口有限,中亚国家近年来能源生产的大部分都用来供应世界能源市场,已成为世界能源市场的重要供应地区之一。中亚国家的能源政策

---

① 《中亚五国:中国发展的关键伙伴》,2024年9月24日,https://baijiahao.baidu.com/s?id=1811083466243656417&wfr=spider&for=pc。

近年来越来越完善,越来越独立自主。由于国情不同,中亚国家能源政策有一些变化,侧重点和具体内容有一些差异,但近几年大多强调以下方面:能源投资主体多元化,实现本国利益最大化;能源出口多元化,管道出口多向化;融资渠道多元化,合作方式多样化;提高能源加工业水平,减少对外国的技术依赖;国家控制单一化,采取能源治国、能源外交等战略;能源工业当地化,规定了本国员工在外资企业中占就业人数的比例。此外,能源开采和加工会引起温室效应,对环境的影响较大。近年来,中亚国家在引进外资和技术设备的同时,开始注重环境保护。[①]

中国主要是与哈萨克斯坦、土库曼斯坦和乌兹别克斯坦三国开展能源合作,主要在油气勘探开发、油气管道建设等领域开展合作。

首先,油气勘探开发领域的合作越来越密切。中国与中亚油气勘探领域的合作主要是中国石油总公司和中国石油化工总公司的新疆分公司以及新疆的一些大中型企业参与完成的。中哈能源合作较为密切,大项目较多,进展较为顺利,主要包括阿克纠宾、PK、曼格斯套、北扎布奇、卡沙甘等多个上游油气勘探开发项目和巴浦洛达尔炼油厂项目等。随着勘探、开发技术的不断突破,尤其产量不断攀升,阿克纠宾的原油产量从 1999 年的 230 万吨上升至 2024 年的 1 000 万吨。中乌能源合作起步较晚,2000 年乌兹别克斯坦政府改变其自力更生开发油气的策略,决定吸引外资开发本国的油气资源,并于 2001 年颁布新的《石油天然气投资法》并开放部分油田勘探区块,中国参与乌兹别克斯坦境内的三个油田勘探开发项目,包括陆上独资项目、咸海水域联合勘探开发项目和明格布拉克勘探开发项目,尚未有油气产量。中土油气合作起步晚,发展快。2007 年以来,中土就开展天然气全面合作达成广泛共识并开始合作。目前,土库曼斯坦是中国最大的进口天然气来源国,也是经我国新疆西气东输项目的主要供气国,中土合作项目主要包括阿姆河右岸产品分成项目、复兴(即南尤洛坦)气田每年 100 亿立方米产能建设项目等,涉及钻井、设计、采购、施工(EPC)交钥匙工程等方面。

---

① 王海燕:《上海合作组织成员国能源合作:趋势与问题》,载《俄罗斯研究》2010 年第 3 期。

　　中国石油在中亚地区能源投资业务范围涵盖油气勘探、开发、管道、炼油和销售等领域,横贯中国与中亚三国的重要油气合作区,管廊带初步形成。30多年来,中国与中亚各国在石油工程技术服务、提供能源勘探和开采的技术设备、合作勘探和开采能源田、合作经营能源股份公司以及合建能源管道等领域进行了广泛的合作。中国企业在中亚地区形成集勘探开发、管道运输、炼油化工和产品销售为一体的完整的石油产业链,为国家构筑了一条新的能源战略通道。双方能源合作的产业链较为齐全,涉及上中下游一体化的各个方面,中国的企业参与了油气勘探开采,机械设备生产与供应,管道生产、供应、安装与维护以及油气加工等几乎所有领域的合作,发挥了重要作用。而中国与中亚油气合作区从当初的一个项目,逐步成长为一个以能源合作为纽带的经济合作体,成为跨国间区域合作的成功典范。

　　其次,油气管道建设领域的合作极具战略意义。中国与中亚能源合作的最重大成果之一就是开辟了中国首个陆上能源通道,其中主要是中哈石油管道和中国—中亚天然气管道。中哈原油管道全长超过 2 800 公里,西起里海的阿特劳,途经肯基亚克、库姆科尔和阿塔苏,从中哈边界阿拉山口进入中国,最终到达中国的独山子炼油厂,将哈萨克斯坦西部的原油输送至中国境内。中哈管道开辟了中国第一条原油进口的陆上通道,是中亚丝绸之路经济带的重要组成部分,使中国的供油线路更加安全,对中国的能源安全意义重大。2014 年 6 月 11 日,哈萨克斯坦批准关于俄罗斯通过哈萨克斯坦境内向中国出口石油的合作协议,俄罗斯出口到中国的石油将通过中哈原油管道实现[①],中哈原油管道的战略重要性大大提升。

　　中国—中亚天然气管道是中国修建的第一条跨多国的长输天然气管道,是我国四大能源通道之一,也是目前世界上距离最长、等级最高的天然气输送管道。中国—中亚天然气管道起于阿姆河右岸土库曼斯坦和乌兹别克斯坦边境的格达伊姆,经乌兹别克斯坦和哈萨克斯坦,通过中国的霍尔果斯进入中国内地省份。从 2006 年 4 月签署协议,2008 年开工建设至今,已经通气投产的包括

---

　　① 《风云变幻凸显中哈原油管道战略意义》,2014 年 6 月 17 日,http://news.cnpc.com.cn/system/2014/06/17/001492187.shtml。

A、B、C三线,全长1 833公里,D线已于2014年9月开工建设,以土库曼斯坦复兴气田为气源,途经乌、塔、吉三国,止于中国新疆乌恰的末站,全长1 000公里。这张中国—中亚天然气管道网,把中亚五国都与中国紧密联系在一起。中国—中亚天然气管道自投产以来,累计输送来自中亚地区的天然气早已突破上千亿立方米。该管道已包括中亚五国和中国,开辟了"丝绸之路经济带"沿线国家多国合作的新模式,成为多边合作的成功典范。中亚在与中国的能源合作中不仅是重要的参与者与合作者,还起到了不可替代的能源大通道的重要作用。

但是在中国与中亚能源合作中还存在着制约因素。第一,中亚区域安全形势不容乐观,中国西部和中亚面临着严峻的恐怖主义、极端主义和分裂主义威胁,影响能源生产和运输安全;第二,上合组织等中亚地区机制缺乏保障能源安全的能力,目前还不具备保护能源管道等关键基础设施的应急机制,缺乏相应的实体和机制;第三,中亚国家能源开发面临资金、技术等瓶颈制约;第四,能源市场供需稳定问题。

2009年以来,国际能源价格大幅下跌,国际金融危机和页岩气革命导致上合组织主要能源输出国与能源进口国的地位发生较大变化。尤其2022年俄乌冲突以来,原先的卖方市场开始向买方市场转变,哈、乌、土等国也意识到可靠的购买方很重要,于是把目光从向西看更多地转向上合组织成员国和观察员国内部,尤其是中国等重要需求国,能源出口占重要比重的哈萨克斯坦、土库曼斯坦和乌兹别克斯坦等国积极加强与中国的能源合作。

(四) 交通运输合作推进互联互通

在地理上,中亚各国地处欧亚中心内陆,没有一处能够直接入海,地理的因素使中亚各国之间互相依存。因为在这个区域内只有开放的内陆运输体系才能保证各国能够顺利地跨越国界与国际市场连接。随着中亚区域经济一体化的发展以及中国丝绸之路经济带倡议的提出,中国与中亚国家之间的贸易合作取得了很大发展,同时也对作为运输大通道的中国与中亚的交通运输合作的广度和深度提出了更高的要求。

中国与中亚交通运输合作的主要路径包括交通大通道建设、物流基础设施建设、信息合作和标准一致化建设等在内的软硬件立体交叉互补网络,前两者是硬件建设,后两者是软件建设,同等重要。其目的就是通过互联互通达到物畅其流、人畅其通,"共同发展、共同繁荣"。

第一,交通大通道建设是发展的基础。包括铁路运输、公路运输、航空运输、管道运输和水运在内的立体交叉和联运网络构成中国与中亚的交通运输大通道。铁路运输是中国与中亚合作的最重要领域,占双方货运的70%以上。30多年来,随着多条铁路运输线路的开通,中国与中亚地区铁路网已基本形成,由中国沿陇海铁路、兰新铁路深入中亚地区的铁路干线已成为新亚欧大陆桥的重要组成部分,主要包括从中国东南沿海城市经中国新疆和哈萨克斯坦通往欧洲的第一、第二亚欧大陆桥,近年来陆续开通的郑欧班列、渝新欧、蓉欧快线和汉新欧等横跨亚欧的多条铁路干线和支线。未来很有前景的将是中吉乌铁路,扩建、改造后的通往中亚、南亚的西伯利亚大铁路的北线、中线和南线,中亚高铁、欧亚高铁和泛亚高铁等被纳入丝绸之路经济带项目当中,中国内地发达省区的商品将经过中国西部出境到中亚,再辐射到欧洲市场;实施陆海联运,扩展了中亚国家商品向东南亚运输的通道和中国商品对欧转运的通道。

公路运输是交通大通道的重要组成部分。中国与中亚地区公路相互衔接,中国与中亚国家连接的主要干线公路均加入了亚洲公路网,由中国连云港经西安至霍尔果斯的国家高速公路与穿越中亚的欧洲E40号公路相连。中国已开通"比什凯克—土尔尕特"公路、中吉乌公路和E40公路等多条通往哈萨克斯坦、吉尔吉斯斯坦、塔吉克斯坦口岸的公路线路,尤其与吉尔吉斯斯坦、塔吉克斯坦的货物运输主要通过公路完成,在双方的经贸合作中发挥了重要作用。"中国西部—欧洲西部""双西"公路交通走廊全长8 445公里,从连云港经中国中西部,从中国霍尔果斯出境通往哈萨克斯坦直达俄罗斯的圣彼得堡,开辟了中国公路从海港经陆路再到波罗的海的跨境运输大通道,沿途的哈萨克斯坦和俄罗斯都很重视该线路的建设,这将是丝绸之路经济带的一条重要线路。

航空运输主要用于人员往来。中国乌鲁木齐、北京、广州已经开通直达哈萨克斯坦阿拉木图、乌兹别克斯坦塔什干、吉尔吉斯斯坦比什凯克、塔吉克斯坦杜尚别、土库曼斯坦阿什哈巴德等中亚主要城市的航线。乌鲁木齐逐渐成为中亚与中国航运的重要中转站,在中国与中亚的合作中占据重要地位。今后还可开辟中国上海、西安、喀什、伊宁、库尔勒等地直飞中亚主要城市的多条线路,促进双方人员互通。

水运是中国与中亚双方亟须合作的领域。如中国协助中亚国家商品入境中国,陆路经中国中部到达上海、连云港、日照、广州等沿海城市,与水路联运,延伸到东南亚的海上丝绸之路通道;中亚国家协助中国商品从中国出境,经里海到波罗的海并延伸到欧洲等地。开辟水陆联运通道,将丝绸之路经济带与海上丝绸之路连接,将极大地拓展中国与中亚国家商品的市场,为各国带来巨大的市场前景。

此外,连接中亚等国的亚欧光缆已经建成,中国与哈萨克斯坦、吉尔吉斯斯坦和塔吉克斯坦目前对中亚国家共开放了 17 个国家一类口岸。可以说,以铁路为主体,包括公路、航空、管道、通信和口岸设施在内连接中国—中亚的交通走廊硬件设施已经初步建成。

第二,物流基础设施建设非常重要。物流是供应链活动的一部分,是习近平主席在 2014 年亚太经合组织领导人非正式会议上提出的实施全球价值链、供应链的领域合作倡议的一部分①,也是中国丝绸之路经济带建设的重要组成部分。多年来,中国与中亚的物流基础设施建设滞后于双方的经贸发展水平和发展速度,随着交通线路延伸,物流服务的优质化和全球化要求越来越高,双方物流基础设施建设继续跟进。在乌鲁木齐、霍尔果斯、阿拉山口、阿拉木图、比什凯克、塔什干等中国与中亚的多个主要城市,已建立包括保税物流区、特色商品口岸、多式联运集疏中心、国际陆港联检中心、物流信息中心、国际商品展示交易中心、国际陆港商务中心等物流基地。随着交通运输线路的延伸,中国的物流基础设施建设也在学习欧美一些大型物流企业的经验,中国的企业跨越国境与中亚合作建立物流基地或建立中国企业与中亚企业战略联盟等。今后需要推进物流技术装备现代化,鼓励中国的物流企业与内地先进的物流企业合作,在中亚采用先进适用技术和装备,提升物流装备的专业化水平;同时需要加强物流标准化建设,推进中国与中亚区域物流协调发展,打造物流通道,改善区域物流条件,积极发展具有特色优势的农产品、矿产品等大宗商品物流产业;大力

---

① 习近平:《APEC 会议决定实施全球价值链、供应链合作倡议》,http://politics.people.com.cn/n/2014/1111/c1024-26007099.html。

发展绿色物流,优化运输结构,合理配置各类运输方式,促进节能减排,减少返空、迂回运输。

第三,信息建设逐步跟进。中国与中亚的信息合作,尤其是海关、进出境检验检疫、交通运输、金融等功能领域的信息互通与其他合作早已开展,尤其是海关的电子口岸合作在逐步推进。21 世纪以来,中国乌鲁木齐海关与哈萨克斯坦等中亚国家的海关开展了进出口商品和人员监管和手续办理、统计数据信息交换、互认海关单证和标识、中哈原油管道监管等双边合作①,都已成为中国海关积极参与和推动中亚地区合作的重要成果。电子商务方面,中国首个面向上合组织的第三方全流程电子商务交易和服务平台"亚欧国际物资交易中心"和国内首家云计算交易平台"新疆中亚商品交易中心"在中国新疆的奎屯市和克拉玛依市先后成立,以中亚国家原材料交易所中国交易中心为切入点,逐步发展成为从事集国际原材料跨境现货拍卖交易服务、疆内特色商品批发零售服务、口岸公共物流管理信息服务、大型企业物流及供应链管理服务和融资服务于一体的国际物资交易中心。这些都为国内外企业提供国际和国内贸易全流程电子交易服务搭建了直接交易平台。

今后中国与中亚还需要在进出境检验检疫、交通运输、边境口岸等功能领域进行密切的信息合作;加快企业物流信息系统建设,发挥核心物流企业整合能力,打通物流信息链,实现物流信息全程可追踪;加快物流公共信息平台建设,积极推进全社会物流信息资源的开发利用;进一步推进交通运输物流公共信息平台发展,推进铁路、公路、水路、民航、邮政、海关、检验检疫等信息资源互通,促进物流信息与公共服务信息有效对接,鼓励区域间和行业内的物流平台信息共享,实现互联互通。

第四,标准一致化建设亟须加强。标准一致化建设是中国与中亚合作的薄弱环节,也是亟须强化的合作领域。中国履行加入 WTO 的承诺,对国内技术法规、技术标准、检验模式和管理模式等内容作出一系列修改与改革,在检验检疫立法与执法上取得丰硕成绩。中亚各国在检验检疫方面进行的改革包括:首

---

① 王海燕等:《贸易投资便利化:中国与哈萨克斯坦》,华东师范大学出版社 2012 年版,第54—55 页。

先,进一步修改国内技术法规,促进贸易自由化。2005 年吉尔吉斯斯坦通过决议,修改其技术规则,将需强制合格认证的进口商品数量由 7 000 多种减至 2 000 种,并减少管理机构。其次,逐步使国内技术标准与国际标准相一致。哈萨克斯坦、土库曼斯坦等国相继颁布实施《标准化法》或《标准化与认证法》。为促进与中亚国家检验检疫合作,2001 年以来,中国与中亚国家签订双边条约和协定。如 2004 年 5 月中国与哈萨克斯坦签订了《中哈两国政府关于动物检疫及动物卫生的合作协定》《中哈两国政府关于植物保护和检疫合作协定》。[①]在运输便利化的软件方面,中国与中亚国家已经签署 19 项运输协定,包括中国与哈萨克斯坦、吉尔吉斯斯坦、塔吉克斯坦和乌兹别克斯坦签署的双边汽车运输协定、实施细则和国际汽车运输许可证制度协定。2014 年 9 月,上合组织成员国共同签署《上海合作组织成员国政府间国际道路运输便利化协定》,六个成员国将逐步形成国际道路运输统一网络。这些协定的签署,为丝绸之路经济带交通走廊的畅通奠定了法律基础。标准一致化建设将减少成员国间的贸易、运输、检验检疫、海关等各方面壁垒,降低企业的成本,极大地促进中国与中亚的区域经济合作。

综上所述,中国与中亚在交通运输便利化合作中已取得成果,初步建立起贯通东西的中国—中亚丝绸之路运输走廊,为丝绸之路经济发展带建设创造了基础条件,开辟了新起点。

中国与中亚在交通运输领域的合作还存在以下问题需要解决:交通运输标准不一致、手续繁琐等使过境、通关、时间、效率等成本较高;物流基础设施建设相对滞后,缺少具有丰富跨国经验的大型物流企业;通关、过境运输壁垒并未完全消除;国家间、部门间沟通不畅,沿线国家的交通运输便利化机制和协议有待健全和完善;缺乏既懂交通又懂物流的复合型人才,人员签证耗时较长等。

(五) 人文交流领域促进人心相通

中国新疆民族众多,其中哈萨克族、柯尔克孜族(吉尔吉斯族)、塔吉克族等

---

① 王海燕等:《贸易投资便利化:中国与哈萨克斯坦》,华东师范大学出版社 2012 年版,第 69—70 页。

民族在中国和中亚地区人口多、分布广,这成为中国与中亚开展人文合作的优势,将会产生深远影响。中国与中亚在人文领域的合作主要体现在机制建设、教育合作、科技合作和医疗卫生合作等方面。

第一,机制建设不断完善。中国与中亚在机制建设方面的合作主要体现为国家层面之间一系列多边和双边协定的签署和相关活动的定期举办。其中,在上合组织框架下,中国与中亚国家形成了举行成员国文化部长会议、成员国教育部长会议,签订有关教育和文化等合作协定等多边人文合作交流机制。中国与中亚国家的双边人文合作交流机制包括:中国与中亚各国合作委员会文化与人文合作分委会定期机制及分别互办文化日活动等。自1991年以来,中国与中亚五国还签署了大量有关教育、文化、体育等多项双边合作文件,为中国与中亚的人文合作确定了基本内容和合作方向,奠定了一定的制度基础。有了国家层面的机制往来和协定保障,中国与中亚国家地方层面的人文合作交流越来越丰富多彩,频繁的互动交流促进了当地人民增进感情、人心相通。

第二,教育合作不断深化。中国与中亚在教育领域的合作主要包括留学生教育、汉语推广基地的建立、互派教师和教育代表团互访等内容。首先,留学生教育是中国与中亚教育合作的主要途径和重要组成部分。近20年来,中国和中亚五国通过高校间互派留学生,并辅以中小学校之间的交往,与中亚国家开展多层次、多渠道、多领域的交流合作。据统计,中亚国家留学生从早期的以到中国乌鲁木齐、西安等地留学为主,逐步扩展到武汉、北京、上海、广州等越来越多的地区,中国到中亚国家的留学人数也不断增长,从初期的来自中国新疆的留学生为主,扩展到中国甘肃、陕西、湖南、湖北、河南等多个省区。2007年倡议、2009年建立的上海合作组织大学从建立时的53所,扩展到现在的70多所,其中哈、吉、塔三国就有30多所高校,发挥了横向交流的巨大作用。[①]其次,随着中亚学习汉语热,中国通过汉语国际推广基地及孔子学院的建立开展汉语推广工作,先后在中亚国家建立了10余项汉语国际推广基地项目和汉语国际推广中学实习基地,中国多地高校与中亚国家高校合办10余所孔子学院。[②]在中亚国家学习

---

①　上海合作组织大学网站,http://www.usco.edu.cn/。

②　新疆维吾尔自治区教育厅外事处:《新疆教育国际交流与合作事业改革开放30年成就回顾》,http://www.xjedu.gov.cn/。

汉语的人数累计超过万人。近年来,中国通过在中亚等周边国家开展汉语国际推广工作,逐渐加大了双方互派专家、学者、教师的力度。①教育代表团互访签署有关合作协议等相关文件,也对推动中国与中亚的教育合作起到了实质性作用。

第三,科技合作越来越密切。由于共同的阿尔泰山、天山成矿山脉相连,伊犁河、额尔齐斯河跨界而流,气候相近,中国与中亚的科技合作独具地方特色,不可替代,越来越密切。多年来,主要通过项目合作、科研人员互访与培训、信息交流、学术研讨等形式开展全方位的交流与合作。双方主要在以下领域展开合作:一是以促进农业优质、高产、高效、食品和生态安全为目标,在种植业、养殖业、林业科技等领域进行农业技术合作;二是以技术和装备的现代化为方向,以新产品开发为重点,以节能降耗和提高效益为目标,在机电工业、轻工业、材料工业、化学工业以及能源工业科技领域开展工业技术合作;三是共同研究矿产资源高效勘查开发和可持续利用的技术问题,重点突破共同的阿尔泰山、天山等地矿产勘探开发中的重大关键技术,在科研、勘探、开发一体化等领域进行资源技术合作;四是在涉及双方动植物资源、文物、世界自然保护区等方面的保护与研究进行合作;五是在地震区划、分析、预报和资料统计等方面进行合作。②

中国与中亚国家还可在与双方有关的软件开发(如语言翻译系统)、信息技术、生物技术、新能源技术等高新技术领域和矿产资源的成藏、成矿机理研究,环境系统与调控研究,特殊环境中生物资源的研究,地区性、特高发疾病的分子生物学和药物作用机理的研究等方面开展合作。双方在该领域的合作具有独特的地缘优势和后发优势,这是提升双方国民经济水平的重要领域,双方在该领域的合作将大有可为。

第四,医疗卫生合作独具地方特色。在医学领域,中国西部和中亚地区都是结核病、呼吸道疾病、白血病、恶性肿瘤、包虫病、肝炎等的高发病区和高传染区,需要共同防治和根治。中亚的大部分药品、医疗器械、药用生物免疫制剂、预防和治疗药品等依赖进口。而中国能够生产中亚急需的许多常用药品,价格低廉,很适合中亚国家的消费水平。近年来,中亚国家的很多病患来到中国的

---

① 毛菊、孟凡丽:《中国新疆与中亚五国教育交流合作现状与构想》,载《新疆社会科学》2009 年第 6 期。

② 王海燕:《新地缘经济:中国与中亚》,世界知识出版社 2012 年版,第 201—204 页。

乌鲁木齐、西安、北京、上海等具有地域特色或医疗条件较好的城市治病。中国新疆医科大学治疗白血病的"骨髓移植"技术、吐鲁番的沙埋疗法、中医学的针灸推拿、中草药治疗肝病等疾病治疗方法也使中亚国家的专家很感兴趣,他们已邀请过新疆医学院的专家前去讲学和治疗。而中亚国家的肺结核病激光直接击打病灶疗法、泥浴疗法、花香气味疗法等颇具地域与民族特色,也可以在中国推广。[①]在发展民族医药业、民族医学等领域,中国西部与中亚正越来越多地在疾病防治、地方流行病、民族医药的研制、药用植物资源和特色药材规范化生产等方面加强合作。今后,作为丝绸之路经济带核心区,中国将依托地缘和人文优势开发医疗旅游资源,培育多种医疗旅游产品,将本地建成未来中亚地区的医疗旅游和健康服务业中心。[②]

此外,中国与中亚还在文学、艺术、体育、媒体等多方面进行了广泛交流与合作。2014年上合组织杜尚别峰会通过的宣言提出,成员国将加强文化和艺术领域经验交流,包括介绍各国戏剧、音乐等实用性艺术成就。习近平也特别提出,要坚持以促进民心相通为宗旨,全方位开展友好交往和人文交流,加强上合组织国际传播能力建设和媒体合作,支持公共政策、政府管理、司法等领域人员培训交流。中方已为上合组织成员国提供几千名官员、管理、技术人才培训名额,每年邀请上百名上合组织成员国青年领导人来华研修。上合组织在人文领域的合作更注重加强成员国内部文化艺术的交流和跨文明对话,中国将因为独特的人文优势获得更多与中亚人文合作的机会。

多年来,中国与中亚的文化交流多以上合组织为平台,或以展览会、文化节、文艺演出为主要方式,且以政府主导占优势,民间个人和企业文化主体功能和优势没有得到充分发挥。双方的人文交流还存在以下问题亟须解决:文化交流的内容和形式较为单一,资金投入不够,文化与经济、政治的结合不够,文化产业的规模偏小,文化产品的供应不足,双向或多向交流不够,现有的交流项目有待进一步引导和整合,等等。

---

① 王海燕:《经济合作与发展:中亚五国与中国新疆》,新疆人民出版社2003年版,第335页。

② 《新疆:以乌鲁木齐为核心打造中亚"医疗旅游"中心》,2014年9月30日,http://www.xj.xinhuanet.com/2014-09/30/c_1112694993.htm。

四、中国与中亚共建丝绸之路经济带面临的机遇与挑战

世界经济正从冷战时期的两极化向全球金融危机以来的区域化、多极化、一体化混合成长、互相影响的地缘经济时代发展,这一区域大整合进程正在进行,远未结束。中亚国家纷纷意识到区域经济合作的重要性,通过参与各种国际和区域合作机制加速区域经济一体化的步伐。

(一) 中国与中亚共建丝绸之路经济带面临世纪性机遇

第一,中国与中亚已建立政治互信关系。多年来,中国同中亚地区各国建立发展起来的友好合作关系,使丝绸之路经济带的构建具有了扎实的政治经济基础。30多年来,中亚国家政治和对外关系相对稳定,中亚国家独立以来,对内实施民族平等、宗教和谐政策,除塔吉克斯坦刚独立时1992—1997年发生了5年内战,吉尔吉斯斯坦2005年发生过"颜色革命",动荡过几年之外,哈、乌、吉、土已完成领导人更替,近年来各国基本保持了国内政治稳定,以及对华的稳定友好关系。中国对外政策的宗旨是维护世界和平,促进共同发展。中国积极发展睦邻友好的周边环境,努力维护周边环境和国际环境的稳定。长期以来,中国坚持独立自主的和平外交政策,在和平共处五项原则的基础上发展同世界上一切国家的友好合作关系,中国国内政治稳定,并奉行睦邻、安邻、富邻的周边政策,得到中亚等周边国家的积极回应。中国是最早承认中亚国家独立并与之建交的国家,同中亚国家建立了全面的合作伙伴关系。迄今,中国与中亚国家之间不存在任何悬而未决的政治问题,双边高层互访频繁,发展长期睦邻友好、互利共赢的合作成为彼此的共识。中亚国家早已是联合国成员,对外奉行务实、多元的外交平衡政策,普遍优先发展同俄罗斯、中国、美国和欧盟的友好合作,与世界各国和平相处,成为国际社会日益活跃的成员。中国与中亚国家实现了"三个全覆盖"——全面战略伙伴关系全覆盖、双边层面践行人类命运共同体全覆盖、签署共建"一带一路"合作文件全覆盖,成为中国与"一带一路"国家重要的合作区域,为共建丝绸之路经济带的区域安全提供了坚实保障。

第二,边界问题解决为中国与中亚构建互信关系奠定基础。中国和中亚的

塔吉克斯坦、吉尔吉斯斯坦、哈萨克斯坦三国有长达 3 300 公里的边界线①,都是通过新疆维吾尔自治区与之接壤。边界问题是历史遗留问题,较为复杂和敏感,解决边界问题意义重大。1991 年 12 月苏联解体,哈萨克斯坦、吉尔吉斯斯坦和塔吉克斯坦独立,成为中国的新邻国,中国和中亚三国各方一致认为,直接通过平等的和平谈判与协商,最终达成解决边界问题的协议是最佳途径,并将其作为发展双边关系的首要目标。1992 年 10 月,中国政府代表团与哈、吉、塔和俄罗斯政府联合代表团在北京就边界问题启动了苏联解体以来的第一轮边界谈判。此后,中国同四国组成的联合代表团边界协定小组、联合勘界委员会、联合边界测图小组,经过了多次讨论和谈判。②1996 年 4 月,"上海五国"机制在上海举行第一次首脑会晤,成立了"上海五国"机制,中国与哈、吉、俄、塔四国作为创始成员国,共同签署《关于在边境地区加强军事领域信任的协定》,规定双方部署在边境地区的军事力量互不进攻,双方不进行针对对方的军事演习,相互邀请观察实兵演习,"上海五国"也从此载入史册。1997 年 4 月,中国与哈、吉、俄、塔四国在莫斯科举行第二次首脑会晤,签署《关于在边境地区相互裁减军事力量的协定》,规定双方将边境地区的武装力量裁减到与睦邻友好相适应的最低水平,使其只具有防御性;互不使用武力或以武力相威胁,不谋求单方面军事优势;交换边境地区军事力量的有关资料。③这两个协定为中国与四邻国之间边境地区的相互信任和安全确立了牢固的法律基础。通过这两个协定的签署,中国同四国之间形成一条长 7 000 多公里、宽 200 公里的广阔的和平地带。这样的相互取信和承诺是史无前例的,正是在共同安全的条件下,中亚各国与中国始终坚持"主权为上、客观为先、友好为重"的原则,采取原则性与灵活性有机结合,双边谈判与"上海五国"机制下的多边谈判并进的方式,相继签署一系列确定边界的双边和多边协定④,全部划定中国与哈、吉、塔三国之间全长约 3 300 公里的边界,全面、彻底地解决了中国同中亚国家历史遗留的边界问题,为

---

① 赵常庆主编:《中亚五国概论》,经济日报出版社 1999 年版,第 15 页。
② 徐海燕:《中国和中亚国家三次边界划分:历程与启示》,载《新疆社会科学》2010 年第 1 期。
③ 陈明山:《"上海五国"机制的重大影响及发展趋向》,中国网 2001 年 6 月 15 日,http://www.china.com.cn/authority/txt/2001-06/15/content_5039596.htm。
④ 具体多个协定请参见徐海燕:《中国和中亚国家三次边界划分:历程与启示》,载《新疆社会科学》2010 年第 1 期。

进一步加强双边关系奠定了坚实的政治基础。①中国与中亚三国圆满解决了边界问题,实现了睦邻友好,创立了国家间通过当事国之间友好协商解决边界问题的有效模式和良好范例,树立了新时期中国与周边国家和平解决边界问题的典范,实现了区域和平,为区域发展奠定了政治互信的安全保障。

第三,中亚对发展与中国的经济合作需求越来越迫切。丝绸之路经济带东连亚太经济圈,西系欧洲经济圈,中亚居于中间的枢纽地段,也是经济最不发达的凹陷地带。中亚均为内陆地区,没有出海口,长期以来对外经济往来受到极大限制。中亚国家处于经济结构转型和经济发展的关键时期,拓展国际经济合作的客观诉求较为迫切。近年来,乌兹别克斯坦、吉尔吉斯斯坦和塔吉克斯坦等国都把吸引投资发展基础设施建设作为经济发展战略的优先任务之一。丝绸之路经济带正好符合中亚拓展对外经济联系的客观诉求和现实需求。与中国的合作可以使中亚国家摆脱"内陆国"和"双重内陆国"的困扰,为其经济发展提供更广阔的地缘空间。凭借丝绸之路经济带上的中国—中亚跨境运输走廊,中亚不仅可以早日实现国际运输通道多元化的梦想,还可以尽享两端的发展机遇。丝绸之路经济带建设无疑将给中亚商品进入太平洋、同亚太地区国家扩展国际经济合作带来新的历史契机。

第四,中国与中亚经济深度融合。经过多年的合作,中国不仅成为中亚商品的运输大通道,近年来还逐渐成为中亚国家重要的贸易伙伴和投资方。在中亚地区,中国是土库曼斯坦的第一大贸易伙伴,是哈萨克斯坦、乌兹别克斯坦、吉尔吉斯斯坦的第二大贸易伙伴。中国与中亚在贸易、产业结构等各个领域的互补性更强,双方的贸易额已达到甚至超越俄罗斯与中亚国家的水平,中国向中亚出口大量工农业制成品,从中亚进口大量原材料资源。尤其近几年,在国际大宗能源资源产品价格低迷、国际买方市场逆转,中亚各国经济普遍面临越来越大的下行压力的形势下,中国作为中亚国家主要能源资源支柱产业的需求

---

① 对于国界的勘定和协商,中国与中亚有关国家分别签订了《关于两国边界问题获得全面解决的联合公报》《中华人民共和国政府和吉尔吉斯共和国政府关于中吉国界线的勘界议定书》及其所附《中华人民共和国和吉尔吉斯共和国国界地图》《中华人民共和国政府和塔吉克斯坦共和国政府联合公报》等双边协定,中国与哈、吉和塔等中亚国家的边界划分问题得以圆满解决。通过与中亚国家边界问题的解决,中国取得解决边界问题的宝贵经验,那就是无论大小国家,平等协商、照顾历史、考虑现实、互谅互让、逐步进行。

方对中亚经济发展和稳定意义更加重大。中亚国家经济对中国的依赖程度不断加深,中国对中亚的贸易依存度也在不断提高,中国与中亚在贸易上的互补性相当大,中国通过新亚欧大陆桥、中欧班列等多条经济走廊向中亚出口工业品,从中亚进口原材料资源,并经中国—中亚跨境运输走廊运往内地省区。此外,中国的银行和大型国企为中亚国家在矿产、交通、能源等领域的基础设施项目提供大量融资并积极参与建设,为中亚国家经济的可持续发展注入重要的新动力,近年来,中国已成为中亚国家前三位的投资方。可以说,中国与中亚国家经济依存度的提高将为丝绸之路经济带跨境运输走廊建设奠定越来越坚实的物质基础,丝绸之路经济带的提出明确了中国与中亚合作的内涵,为双方合作提供了更大的发展机遇。

第五,中亚越来越多国家加入世界贸易组织(以下简称"世贸组织")为区域合作建立了更加有序的环境与规则平台。吉尔吉斯斯坦于1998年10月14日加入世贸组织,是该组织的第134个成员,也是独联体国家中最先加入该组织的国家。塔吉克斯坦2001年开始加入世贸组织谈判,至2012年12月10日正式加入该组织。

表2.4　上海合作组织成员国"入世"时间(截至2024年10月10日)

国　家	申请时间	批准时间	"入世"花费时间(年)	"入世"在世界/独联体/中亚五国的位次
吉尔吉斯斯坦	1996.4	1998.12	2	134/1/1
中　国	1986.7	2001.11	15	143/-/-
俄罗斯	1993.6	2011.12	18	156/8/-
塔吉克斯坦	2001.5	2012.12	11	158/9/2
哈萨克斯坦	1996.2	2015.11	19	162/10/3
乌兹别克斯坦	1993.12	—		
土库曼斯坦	—	—		
其他已"入世"独联体国家/"入世"时间	拉脱维亚:1999.2.10;爱沙尼亚:1999.11.13;格鲁吉亚:2000.6.14;摩尔多瓦:2001.7.17;亚美尼亚:2003.2.5;乌克兰:2008.5.16			

资料来源:作者根据公开资料整理制作。

　　吉尔吉斯斯坦和塔吉克斯坦都已是世贸组织成员。哈萨克斯坦于1996年1月提出入世申请,终于在2015年11月30日成为世贸组织第162个成员,其19年的"入世"历程宣告结束,是迄今为止持续时间最长的"入世"谈判。哈萨克斯坦前总统纳扎尔巴耶夫称,"加入世贸组织是哈萨克斯坦独立历史上的一座里程碑",将为进入哈萨克斯坦"经济重要领域的外国投资者提供新的机遇"。[1]可以预见的是,金融和服务业将是哈萨克斯坦未来加大开放的两个主要领域,哈萨克斯坦正在全力打造阿斯塔纳国际金融中心,该中心将成为中亚地区金融业务的交汇地;哈萨克斯坦将进一步加大服务业的开放力度。哈萨克斯坦54%的国内生产总值是服务业创造的,借助"入世"和进一步开放,哈萨克斯坦作为传统能源大国的经济结构将逐步改变和优化。乌兹别克斯坦1994年提出加入"关贸总协定"的申请,多年来谈谈停停。2012年10月,乌兹别克斯坦举办了"入世"培训研讨会[2],乌方仍然认为,"入世"问题是一把双刃剑,必须选择一条稳妥的"入世"之路,目前已准备好向加入世贸组织迈出一大步。欧盟早在2011年提议土库曼斯坦加入世贸组织,双方有前景的合作方向主要为燃料能源领域、工业高科技行业、交通、通信、银行和金融领域。为争取加入国际组织,同时以更好的方式利用自身竞争优势提高土库曼斯坦在国际舞台上的经济地位,吸引融资和投资流入,土库曼斯坦政府2013年2月决定启动加入世贸组织谈判。[3]土库曼斯坦总统要求有关部门认真研究加入世贸组织的有关问题,并与世贸组织负责人取得联系,开始启动谈判,决定成立"入世"工作国家委员会。同时,决定在经济和发展部下属的战略规划和经济发展研究所成立工作小组,负责研究"入世"的一系列问题,对"入世"后可能带来的经济影响进行分析。土库曼斯坦还分阶段完善法律制度,包括调控对外贸易关系的规范法律条例;积极参加国际金融和经济组织举办的磋商和会见,实行国际商品市场监督;分析和学习货物贸易多边协定、包括关税和贸易总协定、纺织和服装协定、与贸易相关的投资协定、进口许可证程序协定、保护措施协定、服务贸易总协定、知识产权

　　① 黄璐、文龙杰:《哈萨克斯坦正式成为第162个世贸成员国》,中国新闻网,2015年12月1日,http://www.chinanews.com/gj/2015/12-01/7650786.shtml。
　　② 《乌兹别克斯坦举办入世培训研讨会》,2014年10月22日,http://news.hexun.com/2012-10-22/147064241.html?from＝rss。
　　③ 《土库曼斯坦决定启动加入世界贸易组织谈判》,2013年2月7日,http://www.foods1.com/content/1996573/。

贸易领域协定、解决争端规则和程序的相关规定,等等。①无论世界经济发展进程如何,在可预见的未来,中亚国家会抓紧"入世"和开放的机遇,融入全球经济,中亚区域经济将更加规范、透明、可预见。

第六,亚欧地区的区域和次区域合作机制可为中国与中亚双方经济一体化发展助力。尽管出现了逆全球化潮流,但世界经济全球化、区域经济一体化潮流依然是主流,各种多边经济合作机制不断涌现,跨境跨区域合作成为新时代的重要特征。首先,多年来,中国与中亚国家在不断强化多边合作机制的作用,如发挥上海合作组织、亚信会议(CICA)、亚行中亚行动计划(CAREC)、亚洲合作对话(ACD)等现有多边区域合作机制作用,为中国和中亚的经济一体化提供机制保障。中哈霍尔果斯国际边境合作中心、中俄哈蒙斯国六方机制、由乌洽会升级而来的中国—亚欧博览会、欧亚经济论坛等次区域合作机制对中国密切与中亚的经济一体化合作提供了重要的支撑作用。其次,2015年1月1日生效的欧亚经济联盟成为中亚一体化的重要平台②,哈萨克斯坦和吉尔吉斯斯坦已成为正式成员,塔吉克斯坦正在研究加入欧亚经济联盟的问题;中国支持欧亚经济联盟的推进,并在建设包容性的丝绸之路经济带框架下寻求与其开展合作的路径,于2015年5月10日与俄罗斯签署《关于丝绸之路经济带建设与欧亚经济联盟建设对接合作的联合声明》,推动中国—中亚跨境运输走廊贯通亚欧③,助力中国与中亚由点到面早日实现区域经济一体化。最后,中亚国家还以不同形式参与到中亚区域一体化中。2011年10月18日,俄罗斯、乌克兰、白俄罗斯、哈萨克斯坦、吉尔吉斯斯坦、塔吉克斯坦、摩尔多瓦、亚美尼亚等8个独联体成员国的政府总理或代总理签署独联体自由贸易区条约。④乌兹别克斯坦总统卡里莫夫2014年5月签署批准乌兹别克斯坦加入自由贸易区条约的法律,乌兹别克斯坦正式成为《独联体自由贸易区条约》第9个缔约国⑤,这将使中国与中

---

① 《土库曼斯坦正在为加入世贸组织而努力》,中国驻土库曼斯坦大使馆经济商务参赞处,2016年5月15日,http://tm.mofcom.gov.cn/article/jmxw/201605/20160501318418.shtml。

② 《俄罗斯、白俄罗斯、哈萨克斯坦签署欧亚经济联盟条约》,2014年5月29日,http://www.guancha.cn/Neighbors/2014_05_29_233687.shtml。

③ 《丝绸之路经济带对接欧亚经济联盟》,《金融时报》2015年5月11日。

④ 刘恺、鲁金博:《独联体国家签署自由贸易区条约》,新华网,2011年10月19日,http://finance.qq.com/a/20111019/000562.htm。

⑤ 国际文传电讯社,塔什干,2013年12月28日。

亚国家建立多边自贸区成为可能。

第七,融资多元化为中国与中亚的合作提供资金保障。2004 年以来中国作为负责任的大国践行互惠共赢的理念,在上合组织框架内向中亚国家提供了上百亿美元优惠贷款;中国与中亚国家签署了货币互换协议;上合组织正着手建立开发银行等金融合作机制,为合作项目提供融资平台;由中方牵头的国家开发银行开展的授信和融资额度规模持续扩大;中国与俄、吉、哈三国先后签署边境贸易本币结算协议;人民币在中亚区域化不断扩大;中国的银行和大型国有企业为中亚国家在矿产、交通、能源等领域的基础设施项目提供了大量融资并积极参与建设等。中亚国家得到了实惠,对中国的依赖不断加深,对中国的好感和认同也有不同程度提升。2013 年丝绸之路经济带倡议提出以来,2014 年10 月 24 日,21 个国家共同成立 1 000 亿美元法定资本的亚洲基础设施投资银行。2014 年 11 月 8 日,中国宣布将出资 400 亿美元成立丝路基金,为“一带一路”沿线国家基础设施、资源开发、产业合作等与互联互通有关项目提供投融资支持。如中国铁路总公司批复了库尔勒至格尔木铁路先期开工段站前工程初步设计,库尔勒至格尔木铁路正好联通西亚、地中海、黑海地区的陆路运输大通道和能源陆路通道,成为“丝路”上的重点项目。①可以预见,多元化的融资支持将使中亚迎来基础设施大发展的时期。

第八,上合组织的平台作用不断加强。因上合组织成员国、观察员国、对话伙伴国和参会客人及国际组织相关国家所在的区域与“一带一路”区域高度重合,从最初的安全领域合作,快速发展为亚欧地区少有的同时由政治、安全、经济、人文四轮驱动全方位合作的区域合作组织,该组织正在成为与沿线各国共建“一带一路”的全方位区域合作平台。一是政治领域,上合组织深度参与亚欧区域治理,致力于维护亚欧地区稳定。上合组织逐步把零和游戏的地缘政治思维引导到人人共赢的命运共同体思维,严格遵守《联合国宪章》宗旨与原则,从成为当代国际关系体系的融入者、追随者和学习者,逐步转变为富有国际影响力的参与者和建设者之一,在处理和协调国际和区域事务中承担越来越不可或

---

① 《“一带一路”概念板块调研:400 亿丝路基金输血基建,交运建筑建材最火》,2014 年 11 月 16 日,http://news.hexun.com/2014-11-16/170442493.html。

缺的重要责任和义务,成为多极世界中的重要一极。上合组织与时俱进,用发展眼光和创新思维解决"一带一路"区域内各国遇到的问题;维护国际公平正义,倡导多边主义和开放主义,推动国际关系民主化,相互尊重彼此利益;突出落实,以和平方式解决分歧争端,形成协商一致的政治立场,以高效协作积极做好政治共识向实际成果的转化,成为区域合作的典范。二是安全领域,上合组织尤其重视并努力保障亚欧地区安全。上合组织宪章与陆续签订的《上合组织反极端主义公约》《上合组织成员国打击恐怖主义、分裂主义、极端主义2016至2018年合作纲要》及其他文件规定,构成上合组织安全领域合作的法律基础。在塔什干建立的反恐中心和即将在比什凯克建立的上合组织反恐中心为地区安全建立了机制保障。上合组织不断制定和落实相关措施,举行各种形式的反恐演习和军演,将共同打击三股势力,打击非法生产和贩运毒品、跨境有组织犯罪、现代信息技术犯罪、非法移民、贩卖人口、非法贩卖武器弹药和爆炸物、防止扩散大规模杀伤性武器及其运载工具,列为优先合作的任务。上合组织对于维护世界战略平衡、"一带一路"地区安全发挥着不可替代的作用。三是经济领域,上合组织致力于通过区域经济合作解决民生问题。上合组织从成立之初就制定了"推进贸易投资便利化,改善合作环境;加强经济技术合作,使各方受益;长期内实现区域内货物、资本、技术和服务的自由流动"的"三步走"战略,区域合作范围逐步扩展到贸易、投资、海关、金融、税收、交通、能源、农业、科技、电信、环保等多个领域,与"一带一路"优先促进贸易投资便利化、产能合作、基础设施建设、金融等重点合作的领域较为一致。随着"一带一路"建设全面展开,上合组织区域经济合作迎来世纪性新机遇,各国很快从起初的疑虑到积极支持,部分最早作出响应的国家和地区已取得早期收获。上合组织还将就建立上合组织自贸区、成立上合开发银行等议题进行务实探讨,促进"一带一路"区域经济整合。四是人文领域,上合组织始终致力于推动民心相通,巩固世代睦邻友好。上合组织秉持"互信、互利、平等、协商、尊重多样文明、谋求共同发展"的"上海精神",与千年悠久历史的"和平合作、开放包容、互学互鉴、互利共赢"的丝路精神相契合,与"一带一路"沿线国家和地区东西方文化交汇、多宗教汇聚、多元文化并存与交融的特点契合,通过上合组织平台加强人文合作,将促进"一带一路"区域的相互理解、友好合作与包容性发展。近年来,上合组织致力于深化文化、科技、医疗卫生、旅游、体育等人文领域的多层次、多领域、多元化合作。同时上合组织在紧急救灾、传染病防治、便利人员往来等领域深化合作。上合组织元首峰会宣言一再重申支持中华人民共和国关于建设丝绸之路经济带的倡议,将继续就落实这一倡议开展工作,将其作为创造有利条件推动区域经济合作的手段之一。上合组织各成员国签署的一系列经贸合作协定为中国与中亚各国推进丝绸之路经济带建设建立了良好的组织条件。

第九,中国与中亚国家政策保障逐步完善。中亚国家独立以来,中国与中亚国家根据合作需要,相继分别签署了有关睦邻友好合作条约、合作纲要以及打击恐怖主义、分裂主义、极端主义合作协定等多项重要的双边或多边文件。中国还与中亚国家签订了经济贸易合作协定,保护投资协定,成立经贸混委会协定,商检协定,银行合作协定,汽车运输协定,过境运输协定,利用连云港协定,石油领域合作协定,石油、天然气管线协定等多项政府间双边和多边协定。这些文件为中国与中亚国家发展经贸和投资合作提供了法律保障和政策支持的基础。中亚五国全部成为中国的战略伙伴后,各方在协调行动、凝聚国际和地区重大问题共识上取得突破,中亚成为中国的对外关系序列中重要的伙伴,这意味着在全球范围内,中国在中亚建立起了最密集的战略伙伴关系网,各方将真正成为利益共同体,最终造福整个丝路区域。

(二) 中国与中亚共建丝绸之路经济带面临多重挑战

丝绸之路经济带"两边高、中间低"的特征突出,建设的核心地区和重点地区都在中国和中亚,希望通过互联互通促进该区域经济发展,并促进地区稳定和繁荣。但由于国家利益的差异和地缘政治的影响,这一进程还面临很多挑战。

第一,中国与中亚的安全形势不容乐观。中国与中亚三股势力活动出现反弹,特别是宗教极端主义和恐怖主义跨境活动猖獗,中亚地区的民族宗教矛盾仍然存在。乌兹别克的伊斯兰运动也有可能再度对乌兹别克斯坦、塔吉克斯坦、吉尔吉斯斯坦和中国的边界构成威胁,中国与中亚非传统安全的威胁加大;美国撤军后相邻的阿富汗未来安全走势和毒品问题将长期影响中国与中亚地区;西亚北非地区持续的政治动荡也无时不在冲击着欧亚大陆,随着中亚国家领导人交替时间的临近,中亚能否保持内政稳定也令人担忧。

第二,中亚国家内部碎片化趋势明显。中亚是多种思想、文化、宗教相互作用的交汇点,也是世界上各种文化、思想、宗教相互冲撞最激烈的地区之一。这里民族成分复杂,生活着一百多个大大小小的民族和部族。中亚国家间的关系也威胁着地区稳定,既有历史遗留的领土争端,还不时发生水资源纠纷。①这些内部矛盾都影响中亚地区经济一体化的整合。在应对地区安全问题上,上合组织的基本功能是反恐和维护边界安全,"不介入他国事务原则"使其作用有限。因此,在与中亚国家进行经济合作、共建大项目时,必须考虑中亚国家的内部关系。

第三,大国和小国博弈影响中亚的走向。中亚地区是丝绸之路经济带的核心,也是美俄欧中等世界大国和地区利益的交汇地,近年来,日本、印度、土耳其、韩国等区域大中国家纷纷进入中亚,中亚形成大国博弈和小国博弈并存的格局。受到大国利益争夺的影响,在中亚存在着多种区域经济合作方案,包括美国倡导的"新丝绸之路计划"②、俄罗斯主导的欧亚经济联盟、欧盟提出的"新中亚战略"等,对中亚地区未来的一体化走向产生影响。

第四,区域内多种国际合作组织竞争与合作的关系。政治安全领域,如美欧推动的欧安组织和俄罗斯主导的独联体集体安全条约组织(简称"集安组织")与上合组织竞争与合作的关系如何处理。经济合作领域,在欧亚经济共同体框架下,俄罗斯通过其主导的俄白哈海关联盟、欧亚开发银行、反危机基金推动实现统一经济空间,使实现独联体区域经济一体化成为可能。目前,亟须更明确地划分和确定独联体、欧亚经济联盟、集安组织和上合组织的职能,协调其行动,使这些组织有差异,更好地发挥作用。要活跃发展上合组织国家的经济

---

① 2014 年 1 月 11 日,吉尔吉斯斯坦和塔吉克斯坦边境地区发生武装冲突。吉尔吉斯斯坦境内有塔吉克斯坦的飞地沃鲁赫,两国边界有 911 公里,划定的有 567 公里,争议地区超过 70 个;塔吉克斯坦与乌兹别克斯坦也有 20% 的边界没有划定;吉尔吉斯斯坦与乌兹别克斯坦在费尔干纳的边界也未明确划定,吉尔吉斯斯坦在乌兹别克斯坦有飞地巴拉克村,乌兹别克斯坦在吉尔吉斯斯坦有飞地索赫和沙希马尔丹,这些飞地与当地居民常常起冲突。在共享水资源的问题上,乌兹别克斯坦、塔吉克斯坦和吉尔吉斯斯坦三国纠纷不断,互不妥协。

② 2015 年刚成立的"C5+1"(中亚五国+美国)机制,克里首次与中亚五国外长共同举行对话,共商区域和全球的机遇和问题,以巩固美国在中亚地区的政治影响力。

合作,就必须协调缔约方的能源政策,并深化上合组织能源俱乐部建设。独联体国家协调行动有利于加快解决里海的法律地位。在上合组织范围内还可以与中国协调在中亚的立场。为此可以加快建立发展基金会,落实上合组织多边经济计划。2015 年 5 月,中俄发表《中华人民共和国与俄罗斯联邦关于丝绸之路经济带建设和欧亚经济联盟建设对接合作的联合声明》,普京明确指出其主旨是在未来使伙伴关系进入新阶段,在整个欧亚大陆形成统一的经济空间。①2016 年 11 月,俄罗斯经济发展部副部长斯坦尼斯拉夫·沃斯克列先斯基在"俄罗斯 24"电视台采访中提到,普京提出了建立大欧亚伙伴关系的想法,俄罗斯和中国可能成为其核心,欧亚经济联盟、上合组织、东盟国家未来可能加入这个伙伴关系。②面对中俄等多种方案,中亚将如何参与和平衡各方关系依然是个难以回避的严峻考验。

第五,上合组织等中亚地区机制缺乏保障能源安全的相应机制。上合组织能源俱乐部倡议多年始终未建成,上合组织目前还不具备保护能源管道等关键基础设施的机制安排,缺乏相应的实体和应急机制等,这些都影响上合区域的能源供求安全。

第六,区域经济合作进程推动缓慢,需要提高合作的质量和效率。金融领域,中国相继提出成立由成员国提供财政资源的上合组织发展基金和上合组织开发银行,虽有进展,还需提高效率。随着卢布汇率的大幅波动,中亚区域对人民币的需求迅速增加,使得人民币金融业务亟须深入和创新。贸易便利化领域,贸易增长额有限,海关、进出境检验检疫、交通运输等功能领域便利化合作进程滞后于贸易发展速度;2020 年由局部到整体建成上合组织自由贸易协定的可能性较小,中国与中亚国家建立自由贸易协定将受欧亚经济联盟条约制约;中国如何促进与中亚国家的贸易投资便利化需要机制创新。投资领域,中方对成员国单向投资明显,成员国纲要确定的合作项目进展缓慢,亟待推动。为促进中国与中亚的区域经济合作,应促进上合组织框架内的双边与多边合作并

---

① 《中俄两国发表联合声明 丝绸之路经济带建设和欧亚经济联盟建设对接合作》,观察者网,2015 年 5 月 9 日,http://www.guancha.cn/politics/2015_05_09_318846.shtml。

② 《俄经发部:俄中专家正在研究建立大欧亚伙伴关系想法》,俄罗斯卫星网,2016 年 11 月 9 日,http://sputniknews.cn/economics/201611091021130850/。

行,推动区域合作模式创新,主动寻求促进上合组织区域经济一体化与促进中亚国家发展的利益交汇点,把各国发展战略与上合组织未来发展目标结合起来,把中国外交战略和中亚外交战略结合起来。

第七,中亚区域内部也存在影响经贸的其他因素。如塔吉克斯坦、哈萨克斯坦、吉尔吉斯斯坦边界手续繁杂,影响贸易;丝绸之路沿线国家对跨境贸易征收的高额关税;各国边界管理机关低效率、不作为甚至贪污腐败的行为;中亚国家的经济发展水平总体相对较低,国民消费能力和市场容量有限,等等。中亚政治领域很多潜在的问题没有解决,地区势力、部族势力对中央权威的挑战,吉尔吉斯斯坦南北矛盾突出,吉尔吉斯族与乌兹别克族关系不睦;家族势力垄断政权的情况在哈萨克斯坦、乌兹别克斯坦都很突出。中亚国家间的边界问题、水资源问题、民族问题等都将对丝绸之路经济带的建设构成严峻挑战。

第八,中国在上合组织中的作用与影响需要重新审视。跃升至第二大经济体的中国已经进入了新的发展阶段,与其他成员国的力量对比正在发生显著变化,引起各国对中国的复杂情绪和警惕。如何消除成员国对中国发展带来的疑虑,作为负责任的世界大国在中亚发挥正面和积极的作用与影响,增加亲和力与聚合力,是个亟待解决的问题,需要引起充分的重视。

五、对策建议与前景展望

(一)建立中国与中亚共建丝绸之路的机制保障

1. 上合组织是统领中国与中亚全方位合作的核心平台

上合组织源自1996年4月成立的"上海五国"会晤机制,2001年6月15日成立以来,世界见证了这个和平、合作、开放、不结盟的新兴的多边合作组织,从作为区域组织诞生、发展并取得丰硕成果,成为世界重要机制之一的辉煌历程。该组织合作领域不断拓宽,从加强边境地区信任逐步扩大到探讨在政治、安全、外交、经贸、人文等各个领域开展全面互利合作,在国家间互信程度不断提高,交往越来越密切,处理地区和国际事务越来越及时同步的进程中,该组织的合作越来越务实。该组织合作范围不断扩大,从最初的6个成员国,发展到目前拥有10个成员国、2个观察员国和14个伙伴对话国,地域范围扩展到中西南亚和欧洲的广大地区,并与国际组织建立了广泛的联系和密切的沟通与合作机制,彰显其在亚欧地区越来越强大的凝聚力和吸引力。经过 20 多年发展,上合组织机制化建设迈出重要步伐,机制合作不断创新,已成为亚欧国家携手维护安全稳定、促进区域经济合作的重要平台。

2013 年 9 月以来,中国提出的"一带一路"倡议给沿途的亚欧国家带来巨大的发展机遇和潜力,获得包括上合组织区域在内的国家的一致响应和支持。上合组织正在成为推动"一带一路"务实合作的一个重要平台,成为推动丝绸之路经济带的重要机制。继中国与各成员国签署各国参与"一带一路"、对接各国发展战略文件以来,成员国首脑关于区域经济合作的声明,重申各方积极支持实施丝绸之路经济带等区域合作倡议,推进丝绸之路经济带建设与各国发展战略以及欧亚经济联盟等本地区一体化机制对接,以贸易便利化、产能合作、基础设施建设、金融等领域合作为优先重点,推进亚欧区域合作迈向更深层次,并积极吸引沿线的观察员国、对话伙伴国参与合作。各国将把上合组织未来发展与丝绸之路经济带发展结合起来,结合国际地区形势,共同应对深化上合组织各领域合作的机遇与挑战,就深化上合组织各领域合作的新思路新举措采取一致行动,就当前形势下推进区域合作的最优先领域和紧迫任务作出部署和规划,蓄力未来,为本组织各国的发展与稳定提供新动力。

上合组织是第一个以中国城市命名的政府间国际组织。中国对上合组织的成立,对其宗旨和原则的形成,特别是"互信、互利、平等、协商、尊重多样文明、谋求共同发展"的"上海精神"的形成,起到了非常重要的创新作用。这一原则正推广至"一带一路"建设当中,并对国际秩序的重构产生深远影响。无论是建立新型大国关系,还是推广"一带一路",抑或发展周边外交,上合组织都是中国三种外交思路的集会点。

随着"一带一路"建设的推进,借助上合组织的平台作用,中国更加积极地参与和推进多边进程,发挥独特的建设性作用。一是秉持开放的地区主义原则,推动上合组织国家参与"一带一路"建设,搭乘中国经济发展的列车,共享发展的红利和成果。二是通过主导建立丝路基金和亚洲基础设施投资银行等金融机构,加快推动成立上合组织项目融资保障机制,为上合组织国家提供发展的资金支持和保障,以交通、通信、财经等领域合作为重点,促进实施一批惠及各方的多边合作项目。三是通过推进早日签署成员国国际道路运输便利化协定、《上合组织至2025年发展战略》《2016—2021年上海合作组织成员国海关合作计划》等文件,促进上合组织完善区域经济一体化的制度建设和机制保障。

受国际和地区形势影响,本地区各国均面临经济下行压力加大、恐怖主义安全威胁上升等多重挑战,上合组织为成员国提供安全保障、助力经济发展的任务更加紧迫。中国不但以进取和大国担当的姿态为上合组织建设献策献力,更以宽广的胸襟广邀亚欧伙伴,推动"一带一路"建设,共同协商推动上合组织各领域合作迈向更高水平,为包括上合伙伴在内的亚欧地区和世界的和平与发展注入更多正能量。

2. 亚信会议是保障中国与中亚安全与互信合作的重要机制

在全球化和区域化时代,没有地区安全和稳定就难以保障区域经济发展。"一带一路"建设涉及亚欧非广大的国家和地区,安全保障体系的构建尤为重要,亚信会议正在成为保障"一带一路"区域安全的一个重要机制。

首先,亚信会议为"一带一路"构建安全平台。亚信会议是为在部分亚洲国家之间讨论加强合作、保障区域安全问题而诞生的一个多边论坛。从1992年提出至今,已成为拥有27个成员国、13个观察员国和包括联合国等国际组织在内,以亚洲为主,横跨亚洲、欧洲、非洲各次区域,具有广泛代表性的国际合作机制。亚信会议与时俱进,合作宗旨从对亚洲地区形势达成一致认识,消弭相互误解、对立与冲突,保障地区稳定与安宁,进而协商解决共同面临的问题,到共同推动在亚洲地区建立安全保障机制,促进区域性经济发展与社会繁荣;合作领域从促进亚洲和平、安全与稳定拓展到军事政治、新威胁新挑战、经济、生态、人文等五大领域,近年来在打击恐怖主义、跨国犯罪、制毒贩毒等领域推动务实合作;合作范围从亚洲拓展到与亚信合作的国际组织涵盖的欧洲、阿拉伯国家和地区等。由于与"一带一路"区域高度重合,亚信会议正在成为保障"一带一路"沿线地区安全的重要机制平台。

其次,亚信会议首倡的新安全观为"一带一路"建设奠定安全基石。亚信峰会和外长会议均为每四年举行一次,两会交错举行,间隔两年,自从2014年中国接棒主席国以来,亚信会议发展得到国际社会的高度关注和参与成员的积极响应。2014年5月,在亚信上海峰会上,习近平主席首倡提出共同安全、综合安全、合作安全、可持续安全的亚洲安全观。实现真正的安全,必须靠互补而不是互斥,靠包容而不是排他,靠双赢而不是零和的创新安全理念。这一安全观涵盖发展和安全的双重维度,含义深广,与上合组织"互信、互利、平等、协商、尊重多样文明、谋求共同发展"的"上海精神"相互呼应,各有侧重,为"一带一路"安全体系建设提供了充分的理念支撑。除新安全观外,习近平主席的讲话还涉及对亚信的四个极具建设性和可操作性的建议,即考虑"适当增加亚信外长会乃至峰会频率","支持完善亚信秘书处职能,在亚信框架内建立成员国防务磋商机制及各领域信任措施落实监督行动工作组","举办亚信非政府论坛","增强亚信的包容性和开放性",正是"和平合作、开放包容、互学互鉴、互利共赢"的丝路精神的具体实践,将促进亚信平台的政治引领、机制建设与务实合作,为"一带一路"区域安全奠定坚实的合作架构。

最后,亚信会议为"一带一路"建设提供安全治理的新模式。全球化背景下,安全的跨国性、综合性和联动性日益突出,任何一个国家在安全问题面前都难以独善其身。只有通过对话与合作,亚洲各国才能共同应对挑战、共维稳定、共享安全。亚信会议提出的亚洲新安全观致力于走出一条共商、共建、共享、共赢的亚洲安全之路,共谋和平、共护和平、共享和平,为"一带一路"区域提供安全合作的新模式。"共商"是指"一带一路"沿线国家地区形成对发展目标的共识,并共同探讨实现这一目标的过程和路径;"共建"是"一带一路"沿线国家地区要全方位推进务实合作,打造政治互信、经济融合、文化包容的命运共同体、责任共同体、利益共同体;"共享"是指"一带一路"建设的成果应该由沿线国家的全体人民共同分享。"一带一路"是中国提出的倡议,是开放的、穿越非洲环连亚欧的广阔区域;"一带一路"是多元的,呼应了沿线各国实行对外开放、实现繁荣发展的现实需求和共同愿望,顺应了当今时代求和平、谋发展、促合作的历史潮流;"一带一路"同时涵盖各个合作领域,合作形式也可以多种多样,它的未来属于沿线的每一个国家和地区,需要得到沿线各国的认同、支持与合作,彼此守望相助,弘义融利,风雨同舟,命运共担。中国正在致力于积极推动国际关系民主化,尊重"一带一路"沿线国家自主选择合作伙伴与合作方式的内在合作愿望,与所有愿意参与"一带一路"建设的国家在安全领域努力开展国际合作,共同提升提供国际公共产品的能力,通过亚信会议等多种机制和平台加强相互间的政治沟通和战略互信,尊重各国的不同文明、不同社会制度、不同发展模式选择,顺应世界多极化趋势、各国多元化合作伙伴和多样化国家发展道路选择潮流,营造超越传统国际关系模式、文明属性、制度差异、发展差距的新型国家关系,通过推动更大范围、更高水平、更深层次的大开放、大交流、大融合,成为共同发展、共同安全的"好邻居、好伙伴、好朋友"。

3. 中国与中亚次区域合作机制构建区域经济一体化

近年来,国际政治经济势力的集团化、一体化,成为全球治理的主导力量;区域和次区域合作组织犬牙交错,机制构建和制度安排不断创新,大国和大集团对区域和次区域层面的争夺日趋激烈。中亚区域经济一体化将对丝路沿线形成更加紧密、开放、包容的合作关系起到积极的示范和带动效应。本着由点及面、由易到难的原则,除了上合组织区域合作机制外,亚行中亚区域经济合作机制、中哈霍尔果斯国际边境合作中心、中俄哈蒙四国六方机制和中蒙俄机制等区域和次区域合作机制可以是构建中国与中亚区域经济一体化的主要框架。

第一,"中哈霍尔果斯国际边境合作中心"开辟合作新模式。中哈霍尔果斯国际边境合作中心建立在中国与哈萨克斯坦交界的霍尔果斯边境口岸,中哈主体区占地面积5.28平方公里,其中,中方区域面积3.43平方公里,主要功能是贸易洽谈、商品展销、仓储运输、宾馆饭店、举办各类区域性洽谈会等;而其配套区位于合作中心以南,作为支撑中心发展的产业基地,规划面积达9.73平方公里。合作中心于2003年由纳扎尔巴耶夫总统提出,作为中国首个跨国建立的经济、贸易、投资合作中心,在全国乃至世界都是史无前例的。中哈霍尔果斯国际边境合作中心是中国与其他国家建立的首个跨境合作中心,遵守(但并不限于)世贸组织所规定的边境贸易、自由贸易区、便利自由贸易等优惠政策,通过两国政府签订合作中心协议的方式,建立由中央政府订立并监督、次一级中央政府加以具体实施的制度,有严格地域界限,实行边境自由贸易的特殊的次区域贸易。它也是中国与中亚在丝绸之路经济带上正式建立的首个边境自由贸易区,是由双边辐射到多边的区域经贸合作的重要平台,是个具有创新意义的跨境经贸合作区。它在功能、政策、模式、区域定位、发展目标、管理方式和金融等多方面都有较大的创新,开创了中国与次区域地区合作的新模式和新结构。①它的建立标志着中国与丝绸之路经济带沿线国家开展区域经济合作取得了重大而实质性的突破。对于推动建立丝绸之路经济带上的自由贸易区具有积极的示范意义,将为推动丝绸之路经济带建设提供新模式和新范例。

第二,中俄哈蒙阿尔泰区域四国六方合作机制开创自下而上科技推动的新平台。四国六方合作机制是指共同位于阿尔泰山系区域的中国、俄罗斯、哈萨克斯坦和蒙古四国,包括中国阿勒泰地区、俄罗斯阿尔泰边疆区和阿尔泰共和国、哈萨克斯坦东哈萨克斯坦州与蒙古的巴彦乌列盖省及科布多省六方的区域合作机制。该机制始于1998年3月,由中国科技厅代表团到俄、哈、蒙三国考察时牵头倡议进行跨界开发与合作,得到各方的积极响应,相继成立四国六方阿尔泰区域合作国际协调委员会,开展重大科研课题的合作与跨界考察,定期轮流举办各方参与的国际研讨会,并签署科技合作议定书等多项合作协议。2000年以来,四国六方合作机制已在科技、教育、生态环境监测、旅游、地震、农业、交通等领域展开广泛交流与合作,建立了阿尔泰区域高校校长委员会等机制,逐渐引起四国的高度重视,参与级别逐步提高。近年来,四国六方科技合作平台,以阿尔泰区域为核心,以哈萨克斯坦东部、蒙古西部、俄罗斯的西西伯利亚地区和中国为经济圈的合作成效显著,在经贸往来、旅游发展、矿产资源开发等多个领域取得了实质性进展,合作领域正在向经贸领域延伸和拓展,极大促进了环阿尔泰山区域经贸合作与人文交流。各国科研机构正在设立共同的科研计划,并筹划建立阿尔泰区域国际联合研究基金,支持该区域内的科技研究与合作。此外,各方已初步达成协议,计划建立阿尔泰区域科技园区,以高新技术产业带动区域经济发展。②中国正在将阿勒泰建成"丝绸之路经济带"上特殊经济开发区和互联互通国际性综合交通枢纽、面向中亚文化交流的窗口和沿边民族地区和谐进步模范区、向西开放的进出口加工基地和能源资源陆上大通道,积极承

---

① 详情请参见王海燕:《中国与周边国家区域经济合作的机制创新探析——以中哈霍尔果斯国际边境合作中心为例》,载《新疆师范大学学报(哲学社会科学版)》2012年第3期,第16—21页。

② 《中俄哈蒙四国专家呼吁建立阿尔泰区域绿色经济带》,2013年1月7日,http://www.foods1.com/content/1950411/。

接产业转移,加快建设向西出口制造基地,进一步增强阿勒泰地区在环阿尔泰区域合作的影响力和竞争力。[①]中俄哈蒙阿尔泰区域四国六方合作机制对于中国开展与周边国家的科技、经贸、人文等领域的合作具有非常重要的意义,也开创了以科技促经贸、以地方促中央自下而上区域经济一体化的新范式,值得在丝绸之路经济带沿线区域鼓励和推广。

第三,亚洲开发银行于 1996 年倡议在中国、哈萨克斯坦、吉尔吉斯斯坦、塔吉克斯坦、乌兹别克斯坦五国间开展区域经济合作(后增加了阿塞拜疆、蒙古、阿富汗,共 8 个成员)。亚洲开发银行 1997 年提出《中亚区域经济合作总和行动计划》(CAREC),将交通、贸易和能源作为重点关注领域,并制定详细实施方案。2002 年 3 月,亚洲开发银行第一次部长级会议通过中亚区域经济合作部长级声明,确定部长级会议、高官会、行业部门协调委员会三级合作机制,提出以贸易便利化、交通、能源与人力资源开发为合作重点,成立中亚海关合作协调委员会,并建立交通和能源部门协调委员会,初步确定了对中亚地区的 8 个投资项目和 17 个技术援助项目。近年中亚区域经济合作机制凭借其资金优势支持公路建设、电力供应、环保等项目,对促进中亚国家交通运输等重点领域合作发挥了实质性的促进作用。该组织重点支持中亚贸易投资便利化一体化以及物流建设等项目,同时鼓励私营部门积极参与到这些计划的制定中来。该机制是中国与中亚多边经济合作较有实质性内容和进展的重要机制,在软件建设和硬件建设上都在推动多边务实合作,对促进中国与中亚的经济一体化和基础设施建设起到重要的示范和支撑作用。

第四,中蒙俄机制成为重要补充。2009 年,蒙古积极开展了各项活动,并借助其上合组织观察员国的身份积极推动中蒙俄机制,开始引起有关国家和地区的关注和参与。在 2009 年 8 月以来举办的学术交流、国家庆典和企业家交流大型活动中,中蒙俄三方积极推动国家、地方间由政府、学者和企业参与的多层次、多领域交流与合作,积极探讨国际金融危机与中蒙俄经济合作、地区外交安全与中蒙俄关系等议题。中蒙俄三方提出,应提高该地区基础设施建设水平,

---

① 俞光新:《以"四国六方"区域合作机制为平台加快推进阿勒泰地区口岸规划建设与发展》,2014 年 9 月 30 日,http://www.altxw.com/wyyl/content/2014-09/30/content_9367595.htm。

修建连接中蒙俄三国,辐射东北亚、中西南亚的公路和铁路,增加航线。中蒙俄三方从制度建设、功能建设、设施建设等各方面改善投资环境;将金融危机转化为机遇,将三方贸易投资合作由规模增长转化为结构调整提升;以"中哈霍尔果斯国际合作中心"为榜样,以三方共识为基础,从长远谋划在中国与蒙、俄交界处建立中蒙自由贸易区、开辟中俄喀纳斯口岸的可能与时机,积极促进双边或多边贸易投资便利化进程。该机制开始逐步推向定期化、长效化、高层化。近年来蒙古国经济有较快的发展,在东北亚区域经济中的地位日渐重要,采取积极措施,推进中蒙比邻地区经贸合作提档升级,实现互利互惠刻不容缓。2011年9月,第七届中蒙俄商会联合论坛提出,中蒙俄之间的经贸合作越来越频繁,三国要努力为三国之间的贸易便利化和企业合作搭建良好的平台。[①]2014年9月12日,习近平主席在出席中俄蒙三国元首会晤时说,中方提出共建丝绸之路经济带倡议,获得俄方和蒙方积极响应。我们可以把丝绸之路经济带同俄罗斯跨欧亚大铁路、蒙古国草原之路倡议进行对接,打造中蒙俄经济走廊。[②]中蒙俄机制将成为丝绸之路经济带的重要机制之一,也可成为中国与中亚拓展合作和辐射区的合作机制。

上述次区域合作机制加上上海合作组织等区域机制将构成中国与中亚合作的重要框架,将通过自上而下与自下而上的有机结合促进丝绸之路经济带建设。

(二)中国与中亚共建丝绸之路经济带的总体战略

中国与中亚可坚持"内部优先,政经结合,互利共赢,形式多样、注重实效"的原则,以上合组织为主要合作机制之一,从各方面构建区域内长期稳定的经济合作关系,妥善处理合作中出现的各种问题,科学分析各方相关利益,努力寻求利益共同点,从以下方面推进区域经济合作。

1. 构建区域安全架构

作为丝绸之路经济带核心区的中国与中亚的安全需要借助各方力量合作

---

① 《第七届中蒙俄商会联合论坛力推三国经贸合作》,2011年9月8日,http://www.foods1.com/content/1248634/。

② 习近平:《打造中蒙俄经济走廊》,2014年9月12日,http://news.xinhuanet.com/world/2014-09/12/c_1112448804.htm。

分级构建,上合组织是最核心的机制。首先,上合组织应与域内的集安组织、亚信会议密切合作,就从保障中亚区域稳定、政权稳定交接,到打击三股势力、打击毒品走私等传统和非传统领域的所有问题进行密切合作。其次,上合组织应与联合国、欧安组织等域外国际组织开展务实高效的合作,管控中亚区域可能出现的危机,防止阿富汗问题外溢威胁邻国安全。最后,加强中国与中亚地方间的合作,及时沟通信息,分享反恐经验,及时提供跨境安全支持。

2. 加快上合组织区域经济一体化进程

上合组织成员国之间尽管在某些问题上存在分歧,但存在地缘、人文、传统等方面的优势,存在着实行经济一体化的客观条件,也存在着现实需要,因此,实现经济一体化是合乎逻辑的发展方向和选择。[1]从开放的地区主义角度出发,对同处于丝绸之路经济带上的上合组织、欧亚经济共同体等区域组织,以及中哈霍尔果斯国际边境合作中心、中俄哈蒙四国六方机制等次区域合作机制应采取开放包容的态度,鼓励这些机制为该地区提供机制保证,发挥示范和带动效应,从推动上合组织贸易投资便利化开始,逐步消除该区域关税和非关税壁垒以及贸易保护主义等,促进中亚区域经济一体化,由点及面,以贸易、投资、能源、交通、人文领域的合作为主轴,逐步推动上合组织区域经济一体化,扩大该组织的全球影响力和资源整合力,促进丝绸之路经济带的建设。

协调好三个互动。建设丝绸之路经济带要注意协调好国内与国外的互动、政治与经济的互动、东部与西部的互动。首先,应实现内外互补。既要推动中国与域外国家的经济合作,将同欧亚国家的互利合作推向新的高度,为建立世界上最长、最具有发展潜力的经济大走廊,从而打造世界第三大贸易轴心的世界经济格局奠定基础;也要带动中国西部发展及助推全方位改革开放,为优化区域发展布局提供充分条件并为中华民族伟大复兴提供强有力的支撑。其次,应注重政经复合。对外突出经济属性,强调互利共赢的"命运共同体"意识,对内增添政治、战略属性,确保其为促进中国西部边疆稳定提供坚实基础。最后,

---

① 赵常庆:《对国际社会普遍关注的中亚几个问题的看法》,载《俄罗斯中亚东欧研究》2010 年第 1 期。

应统筹东西互动。在为西部省份提供广阔市场和丰富资源的同时,打造承接东部沿海地区产业转移的重要平台,激发西部后发优势,并为中国的经济转型打开一扇新的窗口。同时,还应为保持东部沿海经济牵引提供资源支撑,从而为增强西北地区经济活力提供助推引擎,最终形成东西良性互动的全方位开放、发展局面。①

3. 不断完善有效保障贸易与投资的区域政策与环境建设

从各方面改善促进中国与中亚贸易与投资条件的软环境。完善中国与中亚双方国家间和国内有关地缘经济合作的政策法规建设;制定针对性较强的有关关税、税收、通关、投资、金融等方面的优惠政策和执行措施。借助中国政府正在实施的西部大开发战略、扶贫战略、西气东输和西电东送战略、发展西部交通战略、经济转移战略与向西开放六大战略,积极推进中国与中亚区域合作。一是中国与中亚双方应建立健全风险规避机制和地方性法规,促使合作的稳定性和规范化。二是尽快出台中国与中亚两国境外投资和工程承包等的前期费用风险补贴和滚动使用办法,专门成立针对双方国家的对外投资的保险公司。三是在中国与中亚市场逐步建立起规范、透明的市场体系;增强政策的可预见性、可操作性和透明度。四是严格中国与中亚的贸易与投资管理形式,体现"公平竞争""国民待遇"的对等原则,依照国际通行规则并结合双方实际协商制定毗邻国家贸易投资政策,规范双方的贸易投资行为。②五是依据对外贸易法、行政许可法等法律法规,完善中国与中亚贸易与投资的各类经营资质准入标准,健全进入、退出机制,确保边境贸易税收优惠政策能够落实到位。六是中国与中亚地方政府外经贸主管部门应建立常规的联络机制、协调的磋商处置机制和口岸通关突发事件应急预案,增强协调解决外贸进出口通关问题的能力。七是中国与中亚加强口岸基础设施建设,完善口岸管理机制,净化通关环境,加快网络信息化建设和科技装备的投入。八是促进中国与中亚贸易投资一体化,鼓励中国与中亚之间的双向投资,以投资带动贸易;稳步推进重点特殊领域的合作,优化双方的产业结构,提升双方加工工业的水平。

---

① 刘俊波:《构建丝绸之路经济带的地缘战略意义》,http://www.piffle365.com/portal.php?mod=view&aid=55981。

② 王海燕:《新地缘经济:中国与中亚》,世界知识出版社 2012 年版,第 272—284 页。

4. 完善交通运输条件和机制建设

为了全面实现上合组织成员国间的交通运输合作,应从以下几个方面完善中国与中亚的交通运输条件和机制建设。一是在本组织内签署一项适用于各成员国的统一的交通运输协定;有效实施并完善现行合作协议。二是协调国内外各部门,通关查验逐步推行一站式服务,互认查验和电子通关,简化通关手续,以减少重复查验,提高通关和查验速度。三是加快交通运输信息化进程,建立口岸信息平台,构建国际道路运输服务信息网络,提高执法水平。四是充分利用丝路基金、亚洲基础设施开发银行等金融机构,充分争取联合国开发署、亚太经合会、亚洲开发银行、伊斯兰开发银行等国际组织或机构的资金支持,多方融资,促进上合组织区域交通基础设施建设。五是开辟更多方向的线路,建设更多从中国通往中亚国家的公路、铁路、管道和航空线路,在转机和办理手续方面提供更加优质便利的服务。六是学习和借鉴发达国家的国际道路运输的运作方法,引进现代物流、快速客运、快速货运等方面的先进技术和管理经验,引进外资,鼓励有实力的国际物流企业与外国先进运输企业合作,建立多个国际物流中心,推动国际联运早日实现。①

5. 建立有效的地区能源合作机制

加强上合组织国家的能源合作,必须协调各方的能源政策,构建区域内的公共设施和筹集实施资金,制定统一的规则和定价机制等,这些都需要一个实体机制来运作。建立上合组织能源俱乐部是俄罗斯最早提出的构想,2013 年习近平主席在上合组织成员国元首理事会上又提出成立能源俱乐部的主张。②第一,该机制可加快双边和多边能源合作促进机构建设,形成政府、社会和企业之间的多级对话和合作机制,增强上合组织能源合作协议的整体执行力。第二,可形成区域内能源供求机制和保障机制,在价格、避免双重征税、进出口路线、技术标准等方面采取协调一致的行动,并对共同体内成员实行开发、运输、优先供应等各方面的便利化措施。第三,该机制可逐步建立起符合区域发展水平和

---

① 王海燕:《贸易投资便利化:中国与哈萨克斯坦》,华东师范大学出版社 2012 年版,第 111—115 页。

② 《国家主席习近平提议上海合作组织成立能源俱乐部》,2013 年 9 月 14 日,http://www.china.com.cn/news/2013-09/14/content_30026202.htm。

特点的定价机制,逐步建立上合组织能源交易市场;同时建立保障支持体系,使合作各方能够在国际市场行情波动范围内进行互利、长期、稳定的交易,消除阻碍,提高能源合作的实效,增强抗风险能力。第四,建立预警和防御机制,为应对区域内的各种安全隐患,保障区域能源安全,建立发挥监督和保护作用的混合部队,降低能源生产和运输的安全风险,保护各方的能源资产和企业。[①]第五,建立能源技术合作与交流机制,上合组织国家可利用各国不同的技术优势和实力,积极探索能源"上中下游"一体化合作的途径,提高其在国际市场的竞争力,全面提升上合组织区域在国际市场的能源话语权。

6. 构建人文交流的合作平台

世界融合发展新格局为中国与中亚地区的人文交流带来强大动力,共同建设丝路经济带倡议的提出,既顺应了世界融合加速发展,又符合区域合作方兴未艾的世界潮流,将促进欧亚大陆经济、人文整合新格局。为使中国成为欧亚经济大通道的支点、东西方文明交汇的桥梁,应在以下领域构建与中亚人文合作的平台:一是推动中国和中亚区域合作开展各部门执法人员的制度化和法制化培训,同时开展对中亚国家经贸官员和企业经营人员业务培训和标准化培训,提高他们掌握国际规则和依法办事的能力和水平,加强对其外经贸经营与管理理念的培训,从交通部门,到海关、边防、商检、公安等其他相关部门等更多环节和层面减少人为不利因素干扰,减少人为障碍。二是充分利用上合组织平台,加大对中国和中亚外经贸人才培训的资金投入,对企业经营管理者和企业员工进行不同层次的培训,操作与理论相结合,提高培训效果。三是全面实施人才强商工程,通过政府、民间等多种渠道开展境内外教育合作,通过多种渠道培养语言、法律、贸易制度等方面的专业人才和复合型人才,鼓励企业引进人才、重用人才,提供人才成长的空间。四是实施电子商务资格认证,组织外销员和国际商务执业资格考试,为外经贸发展提供人才支撑,鼓励企业家做大做强。五是通过多种方式推动人员流动通畅,建议中国与中亚互免签证,简化进出境手续,降低手续费;建立电子联网管理,互开电子档案记录,对双方有劣迹的人实行通报制;尽力保证政策的有效执行和一定时期的稳定性。[②]

---

① 王海燕:《新地缘经济:中国与中亚》,世界知识出版社 2012 年版,第 251—252 页。
② 同上,第 279—280 页。

7. 金融创新

2009 年全球金融危机之后,上合组织峰会讨论了服务区域发展,共御金融风暴,将来建立跨国结算方式、扩大外汇储备品种、建立新的超国家货币和结算方式,以及增加本币结算的比重,使成员国的部分储备货币进入伙伴国的金融机构的可能性。上合组织应深化银联体合作,加快建立上合组织专门账户,解决能源大项目合作融资问题。为有效规避部分国家缺乏外汇、汇率上升等风险,上合组织成员内部进行能源交易时可尝试运用区域内卢布、人民币结算或本币结算,以及能源换货物等多种金融结算方式,有效规避美元汇率动荡带来的风险和损失。同时,还应发挥政策性金融机构的作用,积极为能源项目提供融资便利。

8. 开展区域内跨国联合研究

为更有效地开展务实性合作,中国与中亚各方可集中相关的专业人员,就区域合作的相关问题开展跨国、跨区域、跨领域的研究合作。如研究该区域能源开采引起的生态保护、环境问题,运输体系综合发展等技术问题,以及制定相关的法律、检验检疫标准等需要各方合作协商一致解决的问题。此外,还应从全球视野和区域发展的大格局出发,共同对丝绸之路经济带建设合作进行符合实际的、长远的、综合的、多边的、多元的,既体现该区域战略上一致性,又体现各国差异性的规划。

(三) 前景展望:中亚国家将积极参与丝绸之路经济带建设

世界银行(以下简称"世行")2024 年 7 月发布最新一期《全球经济展望》报告指出①,受俄乌冲突、通胀高企等因素影响,全球能源和食品价格激增、俄乌冲突引发全球供应中断以及全球主要央行普遍提高利率水平,未来数年全球通胀率将高于历史平均水平,但经济增长率将低于历史平均水平,给中低收入经济体带来潜在的不稳定增长因素,全球很多经济体或将面临衰退;同时,滞涨风险也在上升,由于通胀前景持续存在巨大的不确定性,世行将 2024 年、2025 年全

---

① 《全球经济展望》报告,2024 年 7 月,https://meetings.imf.org/zh/IMF/Home/Publications/WEO/Issues/2024/07/16/world-economic-outlook-update-july-2024。

球经济增长预期下调至 3.3%、3.3%。但与 40 年前相比,全球经济和各国政府应对经济挑战的能力有所加强。在世界经济预期普遍低迷的情况下,世行对中国 2024 年、2025 年 GDP 增长率预计分别为 5.0% 和 4.5%,依然高于世界经济增长率,中国经济的发展势头和世界经济引擎的带动能力依然强劲。

从区域上看,世行预计俄乌冲突将对欧洲和中亚地区造成更严重的衰退,尤其是对俄罗斯能源依赖严重的国家,以及一些经济欠发达国家,一些与俄罗斯有贸易、旅游合作的中亚国家,可能遭受经济损失。[①]预计哈萨克斯坦、乌兹别克斯坦、吉尔吉斯斯坦和塔吉克斯坦 2024 年、2025 年 GDP 增长率分别为 3.4% 和 4.7%、5.3% 和 5.5%、4.5% 和 4.2%、6.5% 和 4.5%,都高于全球经济增长率。[②] 整个中亚地区受俄乌战争影响失业率增加,通货膨胀率提高,食品价格居高不下,返贫率和贫困率会增加,社会经济发展会更加脆弱,对外国投资需求和依赖会增强,会更加积极寻求对外经济合作。

中亚国家 21 世纪以来保持了 10 余年的高速增长正在发生转折,多数国家越来越与世界经济同步,步入低增长的调整时期。中亚国家越来越深刻地认识到开展国际合作共度时艰的重要性,更多地选择多元化的合作伙伴、自主的发展路径等发展道路,并越来越积极地融入中国的"一带一路"建设,进入与中国务实合作的新阶段。未来,中亚国家经济将进入低增长阶段,与周边国家的联系越来越紧密,各国经济提振尚需时日。

综上所述,中亚国家经济发展的压力越大,各国对外合作的需求会越强,将会对丝绸之路经济带的建设注入越多的动力,并加强与中国的区域经济合作。中亚国家改善民生的内在需求越强烈,越会推动其参与丝绸之路经济带建设,实现中亚区域的良性发展。

由于丝绸之路经济带倡议不附带任何条件,该构想将会在沿线国家产生越来越大的吸引力和聚合力。借助该倡议,丝绸之路经济带沿线国家将可能

---

① 熊茂伶:《世行下调 2022 年全球经济增长预期》,新华网,2022 年 6 月 8 日,http://www.news.cn/2022-06/08/c_1128722945.htm。

② "В странах Центральной Азии в 2024 году ожидается снижение темпов роста ВВП до 4,1%",11.04.2024,https://kapital.kz/economic/124757/v-stranakh-tsentral-noy-azii-v-2024-godu-ozhidayet-sya-snizheniye-tempov-rosta-vvp-do-4-1.html。

不再只是欧美等制定的世界经济规则的追随者和参与者,而可能成为新规则的制定者和倡导者,共同建立新的符合该区域发展水平和特点的新机制、新模式和新路径,成员国在亚欧区域合作上的主导地位和引领作用将开始凸显。

一方面,受中亚地区严峻的安全环境、中亚国家复杂的政治经济形势,以及大国博弈等因素困扰,丝绸之路经济带建设面临的环境比较复杂,不可能一蹴而就,不可操之过急,丝绸之路经济带的构建将是一个长期而艰难的过程。

另一方面,中国与中亚国家将能够更加主动、灵活多样地在更广范围开展互补性区域经济合作。丝绸之路经济带将为沿线国家通过经济合作同亚欧地区主要国家建设新型国家关系准备可靠渠道,提供合适平台,奠定物质基础。并促进亚欧地区的经济一体化更加开放自由,获得连续提升、动态发展的潜力。亚欧经济一体化的发展前景将更加充满希望。

进入下一个黄金30年,中国与中亚国家关系走入新时代。双方可进一步扩大相互开放与合作:一是深化共建"一带一路"倡议同中亚五国发展战略对接;二是对标国际标准,提升贸易和投资便利化水平,扩大相互投资和贸易规模;三是打造亚欧地区新的金融中心,深化上海证券交易所与哈萨克斯坦阿斯塔纳国际金融中心(AIFC)、阿斯塔纳国际交易所(AIX)等的金融合作,推动上海合作组织合作银行的建立,为相互贸易和企业投融资创造便利条件;四是加强跨境电商等数字经济合作;五是加强农业合作,扩大进口中亚优质农产品;六是构建全方位、可持续的交通基础设施体系,巩固中亚作为欧亚大陆交通枢纽的重要地位,共同保障亚欧区域产业链供应链稳定畅通安全;七是与中亚各国在减贫经验、发展筹资等方面加强交流合作。共同推动"一带一路"高质量发展,共同维护多元稳定的国际经济格局和经贸关系,共享互惠互利合作成果。

展望未来,出于大国平衡战略和自身利益考虑,并吸取乌克兰一边倒导致危机的教训,中亚国家也会选择包容性合作策略,将会参与到从中亚到亚欧,上海合作组织、欧亚经济联盟、金砖国家、东盟等越来越多的区域经济一体化机制当中。同时,借助中国与中亚各国区域、次区域相关国际论坛、展会以及博鳌亚洲论坛、中国—亚欧博览会、欧亚经济论坛、中国国际投资贸易洽谈会,以及中国西部国际博览会、中俄哈蒙四国六方机制等平台的建设性作用,探索区域和次区域合作机制并行的模式。中亚国家将会在与中国共建丝绸之路经济带中得到越来越多的发展机会,开发出更大的潜能。中国与中亚国家致力于携手构建更加紧密的中国—中亚命运共同体,前景看好。

实现"一带一路"倡议与上海国际金融中心建设的协同:以企业对沿线地区的直接投资为视角

李 巍

丝绸之路经济带和 21 世纪海上丝绸之路是由习近平主席在 2013 年分别提出的。共建"一带一路",是习近平主席深刻思考人类前途命运以及中国和世界发展大势,推动中国和世界合作共赢、共同发展作出的重大决策,是新时代中国特色大国外交的重大创举。十年来,共建"一带一路"应潮流、得民心、惠民生、利天下,实现了共建国家的互利共赢,不仅为世界各国发展提供了新机遇,也为中国开放发展开辟了新天地。2023 年,中国企业对共建"一带一路"国家直接投资 407.1 亿美元,较上年增长 31.5%,占当年对外直接投资流量的 23%。中国海外投资的战略布局已全新开启,我们可以清晰地看到,"一带一路"建设的稳步推进将对上海金融中心建设提出更高的要求。

一、"一带一路"倡议下中国海外投资的现状分析

"一带一路"倡议的实施要求国内企业通过海外投资更好地贴近国际市场,优化资源配置,在国际市场树立中国品牌,带动国内货物、技术和服务出口,推动国内产业升级。截至 2023 年底,中国对外直接投资净额为 1 772.9 亿美元,比上年增长 7.8%,3.1 万家境内投资者在境外共设立对外直接投资企业 4.8 万家,分布在全球 189 个国家和地区,年末境外企业资产总额近 9 万亿美元。对外直接投资累计净额 29 554 亿美元。

综合观察,第一,中国对外直接投资流量稳步增长,已连续 12 年位列全球对外直接投资流量前三。联合国贸发会议《2024 年世界投资报告》显示,2023 年全球对外直接投资流量 1.55 万亿美元,比上年下降 2%,其中发达经济体对外直接投资 1.06 万亿美元,增长 3.5%,占全球流量的 68.3%;发展中经济体对外直接投资 4 913 亿美元,下降 10.9%,占全球流量的 31.7%。2023 年,中国对外直接投资流量 1 772.9 亿美元,比上年增长 8.7%,为历史第三高值,占全球份额的 11.4%,较上年提升 0.5 个百分点。[①]第二,对外投资并购规模小幅增长,但仍为历史较低水平。2023 年,受地缘政治冲突等多重影响,全球跨国并购交易下降 15%。2023 年,中国企业共在 53 个国家和地区实施并购项目 383 起,对外投资并购交易总额 205.7 亿美元,较上年增长 2.5%,但规模仍为 2010 年以来第二低位。从并购资金来源看,中国企业境内出资 167.8 亿美元,占并购总额的 81.6%;境外融资 37.9 亿美元,占并购总额的 18.4%。2023 年,中国企业对共建"一带一路"国家实施并购项目 111 个,并购金额 121.3 亿美元,占并购总额的 59%。其中,新加坡、印度尼西亚、波兰、韩国和老挝等国吸引中国企业投资并购规模均超 5 亿美元。第三,投资领域持续多元,近八成流向服务行业。2023 年,中国对外直接投资涵盖了国民经济的 18 个行业门类,其中流向租赁和商务服务、批发和零售、制造、金融领域投资均超过百亿美元。流向租赁和商务服务业的投资 541.7 亿美元,位列行业门类之首,比上年增长 24.6%,占当年流量总额的 30.6%。投资主要分布在中国香港、开曼群岛、英属维尔京群岛、新加坡等国家和地区。[②]

(一) 国内企业对外直接投资的行业分布现状

为实现海外投资产业选择与区域布局的有序组合,实现海外投资以点带面的集群化有序布局,还需剖析目前对外直接投资的产业分布状况。

流向制造业的投资近三年来稳步提升,2023 年为 273.4 亿美元,较上年增长 0.7%,占当年流量总额的 15.4%。主要流向汽车制造、其他制造、计算机/通信和其他电子设备制造、通用设备制造、有色金属冶炼和压延加工、非金属矿物制品、橡胶和塑料制品、医药制造、电气机械和器材制造、化学原料和化学制品、金

---

①② 联合国贸易与发展会议:《世界投资报告》(2024 年)。

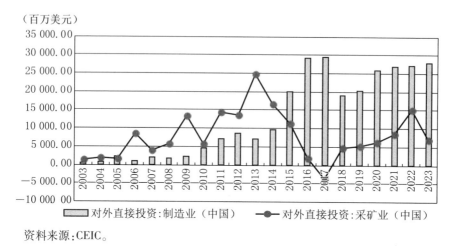

资料来源：CEIC。

图 3.1 相关产业对外直接投资金额的年度变化

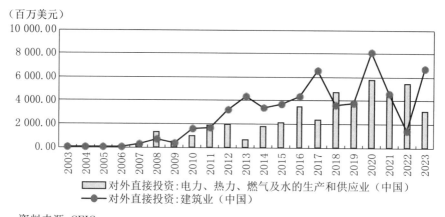

资料来源：CEIC。

图 3.2 相关产业对外直接投资金额的年度变化

属制品、专用设备制造等。

现代服务业是中国对外投资的一个薄弱环节，也是提升产业结构的发展导向。国内的计算机、软件和科学技术等高端服务业中有实力的企业相对比较集中，应营造有利环境推动有条件的企业去海外开展相关业务。图 3.3 和图 3.4 均显示国内现代服务业对外直接投资增长速度迅猛，其中流向租赁和商务服务、批发和零售、制造、金融领域投资均超过百亿美元。流向租赁和商务服务业的投资 541.7 亿美元，位列行业门类之首，比上年增长 24.6%，占当年流量总额的 30.6%。这同样是"一带一路"建设规划所期待的结果。

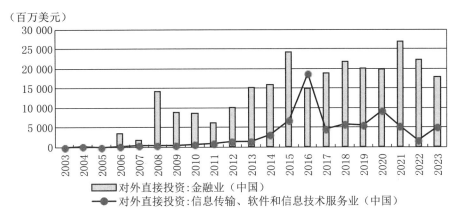

（百万美元）

资料来源:CEIC。

图 3.3　相关现代服务业对外直接投资额的年度变化

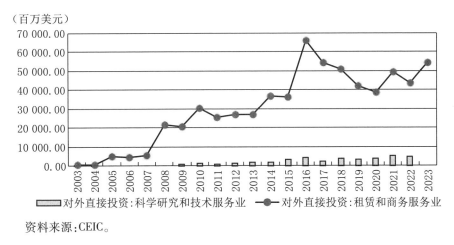

（百万美元）

资料来源:CEIC。

图 3.4　相关现代服务业对外直接投资额的年度变化

（二）国内企业对外直接投资的区域分布现状

　　从 2023 年中国对"一带一路"沿线国家和地区直接投资的区位分布来看,亚洲地区占比较高。2023 年,流向亚洲的投资为 1 416.0 亿美元,比上年增长13.9%,占当年对外直接投资流量的 79.9%,较上年提升 3.7 个百分点。①2023 年10 月,习近平主席在第三届"一带一路"国际合作高峰论坛开幕式上发表题为

---

　　①　联合国贸易与发展会议:《世界投资报告》（2024 年）。

（百万美元）

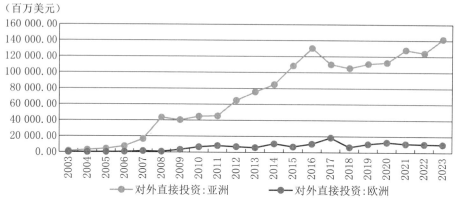

资料来源：CEIC。

图 3.5　中国对亚洲和欧洲直接投资额的年度变化比较

《建设开放包容、互联互通、共同发展的世界》的主旨演讲,宣布中国支持高质量共建"一带一路"的八项行动。展望未来,中国将携手东盟国家,以高质量共建"一带一路"为纽带,推进更高水平的战略对接,建设更高质量的互联互通网络,构建更高韧性的产业链供应链体系,打造更高层次的人文合作平台,共同推动区域经济一体化进程,共同激发区域发展新动能,共同促进区域经济可持续复苏,携手构建更为紧密的中国—东盟命运共同体,更好造福双方人民,为共创更加繁荣美好的地区和世界、构建人类命运共同体作出新的更大贡献。2023 年,中国对东盟 10 国的投资为 251.2 亿美元,增长 34.7%,占对亚洲投资的 17.7%。

二、"一带一路"倡议下的海外投资：机遇优势、存在的问题及影响因素剖析

（一）企业（或行业）海外投资过程中所存在的问题：基于系列访谈资料的分析

1. 对外直接投资区位分布和行业选择过程中所存在的问题

伴随"一带一路"建设的实施,一些企业通过海外投资利用国外资源与市场,在扩大出口产品国际市场占有率、学习国外先进技术和管理经验及培养跨国经营人才等诸多方面取得积极成果,为进一步扩大海外投资奠定了坚实的基

础。然而,海外投资也暴露出许多问题,如投资行业结构不甚合理。

【访谈一】 提问:国内企业对外直接投资区位和行业选择目前面临的最大问题和障碍是什么?回答:最主要的问题和障碍包括(1)投资对象国设定的产品质量及环保标准;(2)劳资纠纷,主要是旷日持久的工资薪酬谈判;(3)对当地产品分销渠道的掌控程度;(4)投资对象国对原材料进口设定的标准;(5)如何改变中小企业在对外投资过程中所处的弱势地位;(6)如何分析当地的行业竞争格局,选择最为合宜的投资项目。(访谈提问——课题组负责人;访谈应答——东方海外货柜航运有限公司船队管理部助理×××;上海九州通医药有限公司副总理×××。)

通过实施"走出去"战略,可以扩大外部资源供给,转移过剩的生产能力,保证日益短缺的战略性资源的长期稳定供给,保证国内市场的海外延伸与扩展。结合中国油气、矿产、木材、纸浆等资源人均占有量小且日趋短缺的状况,海外投资显然应该以资源开发和加工贸易为重点。但对中国海外直接投资的行业观察表明,贸易型投资比重最高,资源开发型投资仍有待提高,海外投资行业结构的不合理,一方面说明中国企业走出国门确实需要贸易先行;另一方面也反映出由于缺乏管理经验,对海外投资的方式、重点等战略性问题思路不清,缺乏统筹规划和部署【访谈一,(6)】。

目前,对外经济合作机构的规模相对较大,也具有一些经验。但由于内部产权不清,缺乏正确的激励机制,不仅在国内市场缺乏竞争能力,在国际竞争中也暴露出许多弊病,由此企业在海外投资项目成功的概率并不高。原因涵盖:(1)有些投资目标是解决国内企业生产原料的短缺问题,如××公司投资3.12亿美元到秘鲁开采铁矿,确实为国内提供了比较稳定的原料来源,功不可没。但由于缺乏处理劳资纠纷的经验,劳动力成本不断上升,企业经济效益下降,亏损严重【访谈一,(2)(5);访谈二,(3)】。(2)有些企业到海外投机,结果难免亏损。如有的企业指望从海外房地产投资中获利,结果上当受骗,赔得一塌糊涂。(3)有的企业好大喜功,不切合实际。他们以为背靠国家这棵大树,非大生意不做,要和世界500强平起平坐,结果眼高手低,头重脚轻,一事无成。(4)缺乏国际型企业管理人才,人员素质差,外语水平不高,缺乏对外贸易、金融方面的专业知识。(5)有些投资海外的企业不懂得国际竞争规则,把企业的一些弊病也带到海外。(6)由于企业内部缺乏明晰的激励机制,企业的海外代理人不能长期效忠于企业,而为自己谋私利。由此,有些投资海外的企业在初期比较成功,随后就因为利益分配不合理而矛盾重重。

【访谈二】 提问:特定行业对外直接投资区位选择目前面临的最大问题是什么?回答:最主要的问题包括(1)对象国的投资风险,主要是资金汇回的安全性;(2)对象国的税率及相关税收政策;(3)当地劳动力的素质和成本;(4)投资目的地交通运输基础设施的状况;(5)国内政治稳定以及双边政治经贸关系等。(访谈提问——课题组负责人;访谈应答——上海市各地在沪企业协会联合会秘书长×××。)

2. "一带一路"海外投资项目经营管理过程中存在的问题

目前,国内企业从事跨国经营的一大主要障碍是缺乏擅长国际化经营的高层次、综合性的经营管理人才,这已成为企业跨国经营的一大制约因素。企业从事跨国经营需要一批懂得金融、国际工商管理,熟悉海外投资操作,能够驾驭跨国生产经营管理和了解东道国法律制度、社会文化、传统习俗的高级专门管理人才。国内企业由于从事跨国经营活动起步晚、发展快,因而对人才的培养跟不上企业发展的客观需求。不仅如此,人才流失的现象也大量存在,导致上述现象雪上加霜。这是企业在跨国经营的实践中感到最为困难的方面,严重阻碍了企业跨国经营活动的开展【访谈三,(2)(4)】。

国内跨国企业在海外投资的财务决策方面既缺乏实践经验,又缺乏相应的理论知识。国内企业在对海外投资项目进行全面的分析和评估进程中,尚缺乏合理的资产投资管理程序、科学的投资项目评价指标体系以及新产品开发的经济财务总表分析。但是,系统科学的财务分析方法和纠偏机制对于企业海外投资决策科学化、规范化和投资管理的市场化都必不可少【访谈三,(1)(3);访谈四,(3)】。

【访谈三】 提问:在对外投资项目的经营管理过程中,贵公司面临的问题和困境有哪些? 回答:(1)亟须建立较为完善的财务决策纠偏机制(公司治理制衡机制的重要组成部分),以有效规避经营风险;(2)如何实施企业员工培训计划、构建积极的企业组织文化,降低员工的高流失率;(3)如何引入合宜的量化考核指标(专利数量等),以提升产品的研发和创新能力;(4)如何根据文化习俗的差异,调整各投资对象国企业的管理方式。(访谈提问——课题组负责人;访谈应答——上海天相投资咨询有限公司市场部经理××。)

在海外投资企业中,虽不乏在投资决策前进行数年项目可行性研究和准备的成功典范,但更多的却是在对对象国的投资环境与合作伙伴知之甚少的情况下走出国门的,结果往往由于不了解当地政策法规、经营环境变化、管理不当或上当受骗等原因,严重亏损,血本无归。企业对项目投资前的技术经济分析论证工作做得不够,既有计划经济体制下盲目投资决策的遗风在作怪,也与政府和行业协会为企业提供的海外投资指导与信息咨询服务较少有关。一些企业急于走出去,但不知道从何处能了解到有关国家和地区的政治、法律、经济等投资环境资料。盲目投资的结果,只能是低的投资成功率和差的经济效果。【访谈四,(1);访谈三,(4)】。

同时,国内企业在海外兼并收购前缺乏对自身成长方向与业务发展战略的周密思考与规划,对目标行业的了解也知之甚少,一味热衷于实施相关甚至无关多元化并购。这不仅影响并购活动进程,尤其是并购交易完成后整合管理的开展,而且还将对企业的成长与战略发展产生重大影响。多元化并购作为企业选择的一种发展战略,本身并无好坏之分,但是若贸然实施非相关多元化经营战略,进入自身不熟悉的行业,反而会加大经营风险。由此,并购企业有无进行多元化经营的关键资源与能力成为该项目最终经营是否成功的关键因素。此外,中国企业的管理人员对企业并购的整合管理缺乏全面深入的认识,没有对整合工作进行系统和规范的管理,忽视对经营结构、人力资源配置、实际整合模式和方法的深入研究。因此,主业与海外兼并收购项目之间的低关联性已经严重地影响到企业并购的绩效,也会对母公司的主营业务产生较大的负面影响

【访谈四,(2)】。

此外,面对瞬息万变、错综复杂的国际政治、经济、技术环境,要求从事跨国经营的企业,必须拥有与之适应的现代化信息收集、加工处理和反馈系统。而目前国内大部分跨国经营企业中信息收集、分析、加工、处理的功能不甚健全和完善,有的甚至还相当落后,国内为之提供服务和支持的信息也不够。由于资料不充分,信息不完整、不及时,中小企业对国际市场最新动向把握不准,导致经营方向不明,经营决策失误。

【访谈四】 提问:在海外投资项目的经营管理过程中,目前面临的困境有哪些? 回答:(1)遭遇外部宏观环境的突然恶化,企业经营战略如何调整;(2)在实施多元化经营战略的进程中,如何提高主业与兼并收购项目之间的关联性;(3)在企业内部财务管理制度逐步规范和健全的背景之下,如何提高项目运行动态调整的灵活性。(访谈提问——课题组负责人;访谈应答——上海财经大学500强企业研究中心教授×××;特灵空调系统中国有限公司上海研发分公司财务经理××。)

3. 海外直接投资项目的金融机构融资支持

随着海外投资业务的不断增多,资金短缺将成为制约"走出去"企业发展的重要瓶颈,如何有效融通资金成为企业发展亟待解决的难题。

从图3.6和图3.7可以发现,近年来国内金融机构短期和中长期对企业等单位的贷款依然存在一定程度的波动,同时其结构性问题不可小觑。不适宜货币政策的实施会直接引致国内融资规模的缩小和成本的上升,许多资金密集型行业由于资产负债率相对较高,融资更是难上加难。跨国投资企业如要保持国际竞争力,必须拓宽融资渠道,开发境外融资平台,降低融资成本,有效利用国内、国外两个平台来融通资金。企业融资工作应以企业的发展规划、发展思路为指导,以保发展、控制风险为目标,基于对国内外金融市场环境及内部优劣势的分析,抓住融资工作中遇到的关键矛盾和核心问题,科学统筹安排资金供求,结合企业及项目实际,充分利用上海金融中心构筑的境内外融资平台,全面利用各种融资方式,拓宽融资渠道,优化投资和融资结构,科学设计投资和融资方案,合理安排资金投放规模和进度,规避相关财务风险。

（十亿人民币）

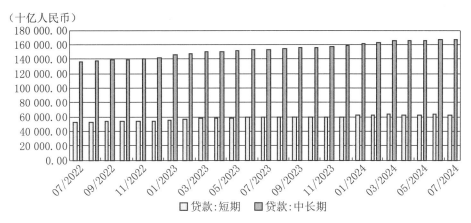

资料来源:CEIC。

图 3.6　国内金融机构短期和中长期贷款的月度变化

（十亿人民币）

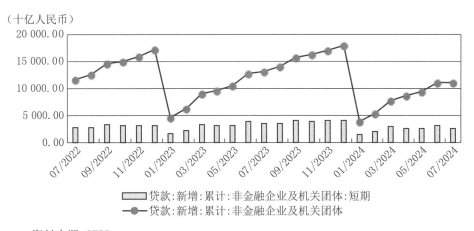

资料来源:CEIC。

图 3.7　金融机构对企业等单位的贷款(包括短期贷款)的月度变化

随着"一带一路"建设的深入推进,"走出去"企业面临的融资环境日益复杂。从国际环境看,美国经济逐步复苏,国际金融市场流动性增强,为中资企业利用境外资金提供了有利条件,但同时也预示着在未来较长时期内市场利率将呈上升趋势,利率风险加大;美元汇率波动风险加大。从国内环境看,国有银行的国际化程度还很低,不能为企业提供全方位的金融和咨询服务,缺乏合理的融资品种;但与此同时,国家鼓励中资企业"走出去"的相关政策没有改变,境外项目融资和投资保险等依然拥有国家的政策支持。

从企业层面观察,对于实力较强和信誉良好的企业,能够在信用评级、融资担保等方面为海外子公司融资提供强有力的支持。此外,大部分"走出去"的企业都已经在中国香港、新加坡等金融中心成立控股子公司,可以作为境外融资平台,在境外金融市场融通资金。与此同时,对于"走出去"步伐相对较晚、境外资产现有规模较小和盈利能力及现金流产出能力较弱的企业而言:(1)独立进行股东融资的能力不强,抗财务风险的能力也相对较弱;(2)由于资本金需求比例和境外项目的风险相对较高,银行往往会提高对资本金要求的比例,资本金的供应不足会制约境外项目开发快速发展的要求;(3)如海外项目开展的所在区域和国家为东南亚、中亚等不发达、投资风险较大的地区,开展国际项目融资就会存在一定困难,融资成本也相对较高;(4)大部分企业"走出去"的时间较晚,缺乏能为企业进行多维度资金融通运作的复合型人才。这就需要上海国际金融中心充分发挥其在资金融通方面的重要作用。

4. 补短板——加快审慎对外投资开放进程

在积极推进借贷融资流入与流出开放的总体趋势之下,中国的开放进程必须首先侧重于能够部分解决国内众多中小企业融资难问题的借贷融资流入,继而再采取一种相对保守和谨慎的策略推进借贷融资流出的开放。特别需要重视的是,对于处在不同开放阶段的经济体,借贷融资流动开放对金融风险的影响存在一定的差异性;在不同的开放阶段应主动调整开放策略,注意规避开放带来的潜在风险,确保国内金融稳定。具体措施包括:(1)阻止短期资本非官方途径的流动,尤其要监控高利率借贷资本的跨境流动。(2)在借贷融资资本流入的开放方面,应重点防范可能出现的过度借贷以及过度投资风险,充分规避因信贷扩张而导致的资产价格泡沫。(3)通过与其他国家,特别是发达国家(如美国与日本)不同时期开放水平的比较分析,借鉴已有的成功经验和教训,对中国借贷融资开放是否适度进行准确判定,找到一条确保国内金融稳定的最优开放路径,防止出现开放过度或开放不足的状况。(4)对于借贷融资资本流出的开放,应建立有效的风险防范机制,在进行对外投资之前对意向国的投资环境进行分类评级,对借方的盈利能力进行细致调查,以最大限度地消除潜在的金融风险。(5)努力降低金融机构脆弱性所带来的风险,深化金融体制改革,加大金融制度、法规和监管等方面的建设力度,提高中国各类金融机构的管理和赢利能力,加快推进借贷融资资本流出的开放进程。

另外,上海国际金融中心应秉持先流入后流出的次序原则,针对证券投资流入和流出的开放进行先行先试。具体措施包括:(1)完善国内证券市场的风险评估体系,尽快推出"国际板"。国债与企业债市场应即刻开放,包括债券的发行、承销及二级市场的投资与经纪业务等。(2)采取谨慎、渐进的政策措施推动中国相关专业机构和企业投资海外成熟证券市场,以期在中外资本的融合过程中,确保投资资金的平稳运作和持续发展。(3)建立有效的风险防范机制,在进行对外投资之前对意向国的投资环境进行分类评级,对投资对象的盈利状况进行细致调查,以最大限度地消除 QDII 的风险。同时,激励中国的专业机构投资者聚焦海外高收益率市场,使投资资金实现保值增值。(4)协调好金融衍生产品的利用与对外证券投资开放的关系以规避可能的金融风险。(5)结合金融中心的具体情况,构建精简高效的金融监管体制,以适应金融市场双向开放以及快速发展的客观要求。

与此同时,坚持规模适度与量力而行的准则,对贷款融资开放过程进行严格的风险管理,兼顾项目风险和收益的平衡【访谈五,(1)】。研究成果也充分说明股权类以及金融衍生产品投资的开放应缓步而行。同时,金融中心应准确运用金融工具冲销汇率波动风险;与投资沿线国家和地区当地的银行合作,完成动态风险控制目标;有效规避企业利用贷款资金获取投机性资本利得,降低本国金融体系的内在脆弱性以及资本账户自由化进程中潜在风险的冲击影响【访谈五,(2)(3)(4)】。

【访谈五】 提问:在对外投资(主要涉及金融机构对境外项目提供贷款等)的监控过程中,面临的问题有哪些?回答:(1)对于中长期贷款来说,关键在于项目本身的评估;(2)如何准确运用金融工具冲销汇率波动风险;(3)如何与投资对象国当地的银行合作,完成动态风险控制目标;(4)如何有效规避企业利用贷款资金获取投机性资本利得。(访谈提问——课题组负责人;访谈应答——上海银监局业务监察室负责人×××;上海银行创新业务部总经理×××。)

【访谈六】 提问:论及海外资本市场的投融资业务,面临的问题有哪些? 回答:(1)如何确保在外上市企业公开披露财务报表的真实性;(2)清晰明确融资目的,继而确保后续资金使用的合理性;(3)如何顺应海外资本市场的严格监管,完善国内企业的公司治理结构;(4)在投资境外证券市场时,必须密切关注瞬息万变的国内外形势,有效规避投资对象国的政治经济风险。(访谈提问——课题组负责人;访谈应答——上海证监局办公室主任/基金监管处处长×××。)

(二)抓住机遇,促进中国与俄罗斯双向投资的稳定发展

中俄两国企业家密集的互动,为中俄以及与沿线其他国家的合作奠定了良好的基础。据统计,中国对俄罗斯直接投资继续保持快速增长,已经成为俄罗斯第四大投资来源地。中俄在采矿业、冶金、煤炭、铝业、木业、化工、机械设备制造、建筑、轻工业、运输、旅游、林业和渔业等领域相互开展合作,已完成一系列大规模的经济合作项目。与此同时,中国对俄罗斯投资的领域更加开阔,中俄投资合作委员会正式启动,双方初步遴选 32 个大型投资合作项目,总投资额超过 1 000 亿美元。中俄还积极商谈油田大项目合作,探讨核电、水电合作新项目,双方还同意加强高铁、高科技、航天等领域的合作(图 3.8 和图 3.9)。

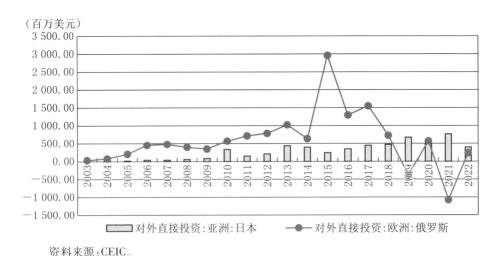

资料来源:CEIC。

图 3.8 中国对俄罗斯及日本直接投资趋势变化的比较

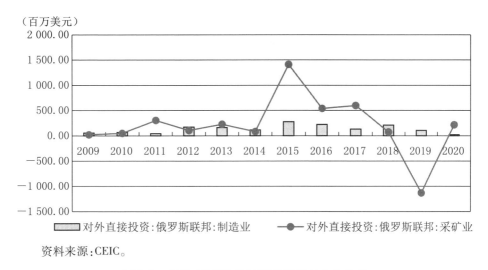

（百万美元）

对外直接投资:俄罗斯联邦:制造业　　●对外直接投资:俄罗斯联邦:采矿业

资料来源:CEIC。

图 3.9　中国对俄罗斯不同行业投资的变动趋势

俄罗斯领导人多次强调,俄罗斯与中国是优先合作伙伴。在能源领域的卢布和人民币直接结算马上实施,有利于能源领域国际合作;能源领域结算货币多元化,可以保障能源金融体系稳定。此外,哈尔滨银行作为中国对俄金融业务的先行者,与俄罗斯最大的商业银行和全球领先的金融机构之一——俄罗斯联邦储蓄银行在北京签署金融合作协议。根据协议,哈尔滨银行拟向俄联邦储蓄银行提供人民币资金拆借业务,及扩大在代理行关系、单证业务、贸易融资一级金融市场等领域的合作内容,为中俄金融合作迈出实质性步伐。

同时,我们也观察到,因为中亚等传统地缘因素,中俄之间在上海合作组织、欧亚经济联盟等框架下的区域机制合作一直难以取得突破。乌克兰危机之后俄罗斯对中方的倚重加强,中方可借此机会提出建立中俄自贸协定,或从推进中俄哈蒙阿尔泰区域四国六方机制、图们江流域机制、中蒙俄机制等次区域机制着手推进中俄两个世界最大的转型国家的自贸区建设倡议,并将俄罗斯的欧亚经济发展带与中国的"一带一路"建设相契合,从机制构建、制度建设,海关、进出境检验检疫、标准一致化等规则制定和保障、互联互通到产业联动等软硬件结合,尽快开启实质性的自贸区谈判,先行先试,为建立中俄主导参与制定的能与 TPP 等相抗衡的自贸区协定开启多种实质性试验,积累经验。

另外,由于乌克兰危机之后受到欧美等国家的制裁,俄罗斯为保障本国经济安全,不得不采取去美元化的策略,鼓励人民币和卢布本币结算。随着制裁的加深,制裁的后果逐步显现,俄罗斯卢布的汇率不断下跌。中俄之间在采用本币结算等金融合作时,需要考虑到卢布下跌的巨大风险,采取人民币按照国际汇率即时交易价格等多种未雨绸缪的措施,将金融风险降至安全线以内。这是中俄合作的底线。更为重要的是,中俄两国都在进行经济结构调整,双方都在鼓励本国的创新型产业发展壮大,在军工、航空航天、民用品、机械制造、农业、信息通信等多领域的产业链、供应链和价值链上存在广泛的互补性,是双方未来经济最大的增长点和最具世界竞争力的领域,通过广泛的上下游一体化合作和互嵌式合作,既可以加快提升双方的产业水平,又可以加深彼此合作的广度和深度,通过实质性合作增进互信和相互依赖,打造责任和利益共同体。

俄罗斯强调中国是其优先合作伙伴,它的 6 个联邦区已制定囊括 190 个投资项目,投资总额超过 7 万亿卢布的重点投资项目清单,希望中国的企业参与投资建设。上海金融中心可以针对俄罗斯的优势产业鼓励各省区市滚动式设立一些引资引技的重点项目清单,既鼓励中国企业走出去到俄罗斯投资设厂,又重点吸引俄罗斯部分企业到中国投资合作;对双方企业都给予相应的政策或资金优惠支持,形成良性互动的格局,同时也对中亚和东欧相关国家形成示范效应。

投资便利化的标志之一是人员往来便利化。中国应当与俄罗斯协商在亚太经合组织、上合组织框架下或双边框架下简化签证手续,采取鼓励双方人员往来便利化的措施。一旦成功,也可能推广至中亚和东欧等部分国家。

(三) 企业海外直接投资受阻的影响因素分析

受全球经济低迷的影响,地区保护主义趋势愈发显著,这不仅加大了投资环境的整体风险水平,而且针对中国企业的审查力度也显著加强,为中国企业进入沿线国家市场设置了更为严峻的障碍,我们认为中国企业对外投资受阻的原因存在明显多样化的特征。

1. 由于市场形势的变化所导致的投资受阻

当市场形势出现恶化时,如股市普遍走低、经济金融局势动荡不安,海外投资风险显著上升时,中国企业出于审慎的考量,可能会选择放弃投资;而当经济形势好转时,资源价格的攀升促使目标资源企业恢复了流动性,与此同时,经济形势的改善也带动了目标企业经营业绩的提升,双重因素共同作用,降低了它们对中国企业资本注入的依赖程度,甚至导致报价上涨,超出中国企业的预算范围。这类市场形势的变化,虽然对东道国的目标企业而言是有利的,但却对中国投资者构成了不利影响,从而致使部分企业海外投资遭遇阻碍。

2. 政治与监管层面因素导致的投资受阻

政治与监管层面因素具体包括国外的政治阻力以及国内的监管审核,以国有企业为主导的海外投资活动,在面临文化和意识形态差异的同时,还需要审慎应对地缘政治因素及战略目标的考量。在这种情况下,"国家安全"的概念有时被异化,转而成为将正常商业行为"政治化"的借口,导致中国企业的海外投资不幸成为东道国利益集团游说活动及国内政治斗争中的牺牲品,尤其是对于那些关乎地缘政治敏感地带以及国家竞争力的行业,如通信、航空航天、能源、5G技术、人工智能等驱动的数字产业,其海外投资更易受到上述因素的阻碍,因为这些是受到政治和监管因素阻力最大的行业。

3. 竞争对手动态与企业自身实力导致的投资受阻

企业自身实力与竞争对手的动态涵盖了国内外竞争对手的阻挠以及企业自身实力的局限性。竞争对手为了维护自己在东道国的竞争优势或争夺市场份额,难免会对中国企业的投资设置种种障碍,即使东道国开出更加优厚的条件,中国企业也未必能够投资成功。除了来自对手的竞争压力,自身实力的不足也是中国企业海外投资受阻的重要原因,这一短板尤其反映在经验较少的民营企业身上,这些企业不仅缺乏对国际市场的深入了解,还可能存在管理经验不足以及资源有限等问题,这使它们在海外投资过程中面临更多的挑战和不确定性,从而增加了投资受阻的风险。

4. 特定投资动机导致的投资受阻

当前遭遇阻碍的投资项目,其主导动机多为获取自然资源、技术以及品牌等核心资产,同时,自然资源寻求型和技术寻求型的对外直接投资同样受到较大阻碍,因为这两类投资较为敏感,且带来的就业贡献相对更小,同时还需应对更为激烈的市场竞争,因此,它们面临受阻的风险也相应增大。

5. 投资额、投资方式以及投资行业等因素导致的投资受阻

通过实证分析发现,投资额、投资方式以及投资行业等也成为影响国内企业海外投资受阻的重要因素。具体而言,首先,投资规模越大,双边政治关系越差,东道国技术水平越高,企业海外投资受阻的概率越高;其次,从投资方式上来看,兼并收购类海外投资更容易面临阻力;而在投资行业方面,投资于海外电信和汽车行业的中国企业遭遇阻力的可能性更高,其中,电信行业尤为突出。

此外,尽管投资受阻案例中,国有企业占据主导地位,但考虑到成功完成的投资案例同样以国有企业为主,因此,在包含受阻与成功投资的全样本分析中,国有企业性质并未显著影响投资受阻的概率,同时,尽管在某些沿线国家中,中国企业的海外投资更易受到政治和监管层面的阻碍,但东道国的地理位置也未显示出对中国企业海外投资受阻的显著影响。

综上所述,市场形势的变化、政治与监管、企业自身实力与竞争对手动态、投资动机、投资额、投资方式以及投资行业均成为中国企业海外投资受阻的影响因素,而企业的产权性质与东道国的地理位置似乎没有成为阻碍中国企业对外投资的重要因素。

"一带一路"倡议在整体层面上显著地降低了海外投资遭遇阻碍的可能性,这一倡议通过强化政权稳定性与社会稳定性,对投资活动产生了积极的正面效应,进而提升了投资成功的概率。在"一带一路"倡议的框架下,东道国所实施的政策法律因素变得更为严格和完善,这些变化反过来对投资成功率产生了深远的影响。具体而言,在"一带一路"沿线国家中,如果其法律政策能够展现出更高的公平性与保护性,那么海外投资面临阻碍的概率将会相应地降低,也就是说,一个具备公正、健全法律环境的国家,更有可能吸引并保障海外投资的顺利进行,从而有效减少投资过程中的不确定性和风险。

(四) 双向直接投资的联动发展方能真正实现企业的"走出去"战略

第一,经典理论与目前相关的文献研究普遍认为,企业竞争优势是一国在国际竞争中获胜的关键,一国具备国际竞争优势的企业越多,就越可能在国际分工中更多地整合别国的资源。与此同时,中国企业要想在全球竞争中战胜对手,又需要依靠外商投资流入引致的国内市场竞争,国内市场的激烈竞争一方

面能促使企业向国外直接投资;另一方面,激励型竞争会造成国内市场的差异化产品和精致化服务,又为跨国企业在国际竞争中获胜创造条件。另外,研究发现,如一国推进具有互补性的渐进式金融改革,就会形成市场导向型的金融体制,进而使其更倾向于实现双向直接投资的均衡发展。

第二,应该承认,伴随外商投资企业的不断涌入,国内企业持续发展壮大,国际地位和竞争力也逐年提高,但产品增加值低和盈利空间小等问题依然突出;同时,劳动力工资和原材料价格持续上涨、学习发达国家现有技术的空间不断缩小等新挑战也已开始凸显。解决旧问题和应对新挑战都需要中国企业采取更积极的行动,越来越多的跨国公司选择对外直接投资作为开拓新的海外市场、整合全球经济资源、利用国际技术溢出以及优化自身产业链结构的手段。但影响企业竞争优势的诸多因素,如新产品占比、人均管理成本、人均产出、资本密集度、企业年龄以及债务利息率等,都在一定程度上成为中国跨国公司海外投资的障碍。尤其值得注意的是,由于核心竞争优势缺失的短板,大量行业及企业还无法建立起外资流入与对外投资之间的联动发展机制。推进互补性金融改革可以创造更好的竞争环境,有利于企业根据自身的比较优势进行跨境投资。具体来说,逐步消除金融领域(尤其是银行等金融机构)的进入壁垒能有效限制违背市场通行规则行为的发生,继而起到提高企业要素生产率的作用;通过增加市场透明度以及减少寻租行为发出一个明确的信号,即中国将构建更加开放、更加便利的国际投资制度。同时,不适宜的监管体系也使一些金融机构拥有了垄断权力,可以通过价格串通行为造成对要素资源配置的扭曲,从而削弱市场主体的竞争优势。此外,利率市场化改革及资本账户的审慎开放,可以让异质性行业(或企业)更加公平地获取生产资源,进一步提高跨国企业的边际收益率,使高质量直接投资资本的双向流动更加常态化。基于上述论点,需要特别指出的是,只有推进相协调的金融改革才能真正营造良好的竞争环境以增强国内跨国企业的竞争优势,进而加大双向投资实现联动发展的可能性。

第三,建构投资网络关系的一个主要目的就是通过系统、持久的相互作用来促进自愿协作。一般而言,反复地进行合作交流可以在投资网络参与者之间建立起充分的信任,从而能够为稳定的自愿协作提供支持。相反,如果合作各方觉得相关承诺缺乏保障,就会使得背叛性的非协作行为愈演愈烈,而且不信任心理也会为投资合作行为设置有形或无形的障碍。由此可见,履行承诺和增强信任对国内企业与国际知名跨国公司之间建立稳定自愿的协作关系非常重要。同时,这种投资网络协作关系的建立将有助于国内跨国公司从合作伙伴那里获得所需的互补型高端产品和新技术,进而有效增强自身的市场控制能力;通过基于学习的跨国知识转移机制能够实现国内企业的产品升级和服务功能升级,使对外直接投资的质量和效益得到提升。除此之外,稳固的跨国投资网络关系也有助于消除投资对象国对中国"战略资产寻求型"直接投资以及相应投资模式选择的担忧。尤其值得关注的是,互补性金融改革的推进必然提高一国金融机构和金融市场的国际化程度,其带来的制度约束效应和"市场一体化"效应将有效抬升国内企业在国际投资协作网络中的地位,从而更有利于实现双向直接投资的协同发展。

第四,要义无反顾地推进中国利用外资由量向质的根本转变。研究发现,外商投资相对规模与一些行业(或企业)的技术水平呈现负相关关系,表明 IFDI 在中国出现了低端化锁定的现象,对国内企业的技术外溢效应并不明显,继而在一定程度上也给"供给侧结构性改革"的实施带来诸多隐患。与此同时,中国企业在"走出去"的过程中面临诸如资金、技术、人才和品牌缺失的短板,投资所面临的国际环境也呈现出良好的投资环境和激烈的行业竞争环境并存的态势,大多数企业由于缺乏核心竞争力导致其在市场规则和标准的竞争中处于不利地位。更值得关注的是,由于双向直接投资结构和模式存在诸多不合理的问题,在一些行业及企业层面还无法建立双向直接投资的联动发展机制。要扭转现有格局,推进互补性金融改革以建立和健全信号机制、促进要素资源合理配置是十分重要的。其中,减少对生产要素资源配置的人为干预,保证稀缺资源根据市场信号对直接投资进行引导和取舍显得尤为关键。具体来说,由于证券市场(尤其是企业债券市场)在传递市场信号,减少验证成本方面的优势,亟须通过制度、工具的改革和创新实现稳步发展;国内金融机构监管体系低效的原因也在于人为干预扭曲了信号机制,因此必须扎实推进改革,降低一些融资合同的验证成本,有效提高合同效率。当然,这里讨论的金融改革目标决不是金融体系内部的结构变迁和效率提升,而是强调如何增强不同维度金融改革之间互补的协调性,充分发挥可靠信息的信号传递功能,通过投资结构和投资模式的改善使双向直接投资的互动式发展得以实现。

第五,一般来说,多种机制绝对不是从数量、功效上进行简单的叠加以发挥作用,其必然是通过互相影响、相互制约并相互耦合以形成最终的整体效应。互补性金融改革将更有效地发挥可靠信息的信号传递功能,使要素资源向高生产率企业转移,从而进一步凸显中国跨国公司的国际市场竞争优势;具有较强市场竞争力的国内企业才能与国际知名跨国公司之间建立稳固自愿的投资网络协作关系;履行并获得基于跨国投资网络关系的承诺和信任,有助于国内行业(及企业)双向直接投资结构和模式的优化;跨国公司投资结构和投资模式的持续改善,将进一步增强不同维度金融改革之间互补的协调性;等等。总之,影响双向直接投资联动发展的不同机制之间存在相互依赖和相互支持的密切关系,只要采取的整合策略得当,就可以带来最大的协同效应。我们需要明确中国未来的对外经济发展方向,制定有针对性的实施方案和具体措施,充分发挥通过不同机制之间的有机整合所产生的协同效应,在更高水平上实现中国双向直接投资的均衡互动发展,从而确保"一带一路"建设的顺利推进。

三、增强"一带一路"建设与上海国际金融中心建设协同性的策略建议:以企业海外投资为视角

海外投资必然伴随风险,不过考虑到企业海外投资增速迅猛的态势,在世界政治与经济都存在巨大变数的当下,风险更加值得警惕。国内企业走出去正步入风险高发期,亟待一个国际金融中心构筑"走出去"的风险防控体系平台。[①]因此必须清醒地看到,当前"一带一路"建设进入一个新的阶段,既面临难得的发展机遇,也面临着安全、风险等方面的挑战。除此之外,来自海外的壁垒也有增多的迹象,如越来越多的企业将投资目光转向欧洲,尤其是以品牌和技术为目的的并购明显增多。而这样的并购一向难度更大,阻碍也更多。中国增长迅速的海外投资恐会遭遇明显而有力的障碍,因为境外虽对中国资金存在迫切需

[①] 《上海市人民政府关于印发〈上海国际金融中心建设"十四五"规划〉的通知》,《上海市人民政府公报》2021年第19期,第7—18页。

求,但面对一拥而上的中国资金,又存在明显的不安情绪。据悉,法国成立了11个委员会对核心产业进行监督,包括汽车、航空航天、海军和铁路运输、奢侈品、消费者行业、科技、医疗和可再生能源行业;意大利也效仿法国策略,在被视为具有战略重要性的行业(如能源、电信、科技、防务和食品等)挫败不受欢迎的外国并购业务。

海外投资的风险是不可避免的,如货币价值不稳定带来的汇率风险、外汇管制等政策风险、立法议会的审查抵触风险等都是经常遇到的。从表象上观察,近期风险确实增多了,尤其是相关地区的政局动荡要特别注意。但我们注意到,除了外界环境的客观原因之外,企业"走出去"的风险也来自自身的原因。主要是企业国际风险防范能力不足,具体体现在国际化经营能力普遍不足;国际化人才的短缺;企业的经营层对国外的法律环境和经营环境不熟悉等。如一些中央企业在"走出去"过程中出现了亏损,而造成亏损的原因在于境外经营风险防范体系不健全、境外资产管控体系不完善以及国际化经营人才短缺、经验不足等。以海外并购为例,中国海外并购交易数量与交易金额保持显著增长,但值得注意的是,中国企业的海外并购失败率也一直为全球最高。其中的风险除了外界环境之外,还有企业自身的原因。例如光明食品对澳大利亚 Sucrogen 的收购没有成功,就是因为缺少专业的团队导致未能对 Sucrogen 作出正确估价及谈判不力,过早地公开收购信息,结果不仅收购过程中屡屡碰壁,还不得不以失败告终,被新加坡丰益国际渔翁得利。因此,国际金融中心设立的海外投资平台首先要辅导企业,使其具备一定的基础和实力,了解并且精通行业运作,之后还要对海外企业进行深入了解,明确收购的目的。其次,企业在进行海外并购之前要将所有问题和解决方法思考清楚,这样遇到问题就不会手忙脚乱。另外,交易成功之后,企业要知道如何建立优秀的管理团队,并在经营过程中实现永续学习。

国内海外投资进入风险高发期也彰显了上海国际金融中心建设的必要性和紧迫性。第一,金融中心设立的海外投资平台可以帮助企业在投资之前做好预案,尽可能选择风险低的国家。企业在走出去之前可以做好投保,出现问题可以通过保险渠道获得补偿。第二,金融中心的各类投资平台可以联合构建风险防控体系,指导企业成功实现"走出去"战略。(1)加强基础工作,开发运行对外投资合作统计系统,覆盖所有在外企业、项目和人员的信息。一旦境外出现问题,能迅速掌握信息,为妥善处置境外安全事件提供有效保障。(2)建立预警制度,会同有关部门加强对热点地区安全形势的监测分析研判,及时发布预警。(3)强化监管措施,对到高风险国家设立企业和实施项目,进行安全审核。(4)提供公共服务,定期发布对外投资合作国别地区指南、国别贸易投资环境报告,给企业防范境外风险提供指导,组织企业境外有关人员进行境外安全培训,商签双边投资保护协定,帮助企业解决遇到境外风险问题等。此外,上海国际金融中心还需和多个中央相关部门联合,如外交部的参与,因为很多时候发生风险靠经济层面是解决不了的,必须靠外交手段。总之,各类平台可以采取措施有效帮助企业防范风险,一方面关注投资项目是否符合中国境外投资的导向和制度要求,另一方面观察资金来源是否有保障,确保国内企业健康地走出去。

(一)适度加大上海国际金融中心对海外投资项目融资支持的建议

企业融资的一个重要前提是对资金需求进行准确预测,测算资金需求总量及资金需求的时间。企业境外项目投资建设所需资金包括资本金和项目贷款,下面分别从资本金和项目贷款两个部分来分析筹集的渠道。

1. 资本金的筹集

资本金不足是制约企业发展的重要因素,资本金的筹集包括企业内部积累、引入战略投资者、上市融资、利用财政补贴以及债务融资等,上海国际金融中心应帮助企业:(1)提高项目的盈利水平,增强自身融资能力。实现企业利润和经营性净现金流的快速稳步增长,从而增强企业的融资能力;加强对已投产项目的管理,确保项目获得预期收益;加强收入管理,尽快实现收入货币化。(2)引入专业金融公司作为战略投资者,在保障企业控制权的前提下减少资本金出资压力。首先需要与潜在战略合作伙伴进行接洽,建立战略合作关系;其次是对项目资产或开发权等进行评估和包装,提出股权作价转让方案,选择合适时机与潜在战略投资者进行谈判;最后,在条件成熟时,出售部分已投产项目和在建项目股权,为项目开发筹措资本金。(3)推动上市工作,搭建强大资本市场融资平台。上市融资规模的扩大,是从根本上解决企业资本金不足的有效途径,但需要的时间较长。上市可以综合考虑国内、国际多个融资平台,从目前来看,境外子公司作为上市平台比在国内上市更容易实现。上市融资工作需综合考虑上市的要求条件以及企业自身资产状况和盈利能力,对上市工作早做安排、合理设计:首先是要全面详细了解国内、国际上市融资的条件,选定上市地点,企业成立上市工作小组,根据相关要求制定上市方案和时间表;其次是根据企业自身资产状况和盈利能力现状,通过所属集团公司系统内划转资产或者企业收购资产来满足上市规模要求与盈利要求;最后是待上市条件成熟时,选择合适的中介机构,启动实质性上市融资工作,争取成功上市。(4)利用国家政策扶持,获取财政补贴资金。财政补贴是资本金的一个有益补充。近年来,国家实施"一带一路"建设,上海国际金融中心应帮助企业密切跟踪并认真研究国家出台的扶持政策,规范投资行为并完成政府审批报备等手续,以满足政策补贴的范围和条件要求;做好日常的专项资金申报相关凭据的收集、分类、整理、归档工作,提前做好基础材料准备;分层管理,明确责任,各部门和母子公司相互配合,及时、规范提供申报材料。(5)做好发债工作,解决中短期资本金缺口问题。债券融资具有融资规模大、期限相对较长、融资成本低的特点,可作为资本金的补充。随着跨境人民币业务的不断推广,目前在许多地区发行人民币债券的业务受到一定程度的追捧,一方面资金供给量大,另一方面融资的成本大大低于国内。因此,企业可以利用海外资本市场的特点,发行人民币债券,作为境外投资项目资本金需求的重要补充。(6)利用内保外贷等方式解决短期资本金缺口问题。内保外贷也是筹集资本金的一个有效渠道,即由国内企业出具融资保函、国外银行的境外分支机构直接对境外企业放款。内保外贷方式贷款的期限一般可做到1—3年,一年期占绝大多数,可以补充短期资金需求。内保外贷方式的好处是审批快、贷款额度大、融资成本相对较低、取得贷款的手续简便、贷款审批和发放不需要外管局的审批。

2. 做好项目融资,满足项目开发资金需求

与项目资本金筹集比较而言,项目融资的取得相对容易、操作也比较规范。根据实际操作经验来看,如果办理项目融资,在政府相关批准文件、投资协议、购售协议、环境评价等基本条件具备后,银行完成中介审查、项目融资评价及内部审批最少还需半年时间。上海国际金融中心相关平台在实际运作过程中应(1)严格按照程序依次推进海外项目开发。开发海外项目的一般程序是:签署

谅解备忘录;开展调研工作;签署项目开发协议;签署合资协议;注册成立合资公司;项目开工建设。如果不按程序完成前期工作就开始大规模的工程建设,所需资金将无法获得银行的支持,出口退税政策难以享受,相关的财政补贴也难以获取。(2)做好项目执行概算的编制工作。银行审批项目融资基本上按照发改委核准项目时批复的融资金额,最多只能上浮 10%。这就要求企业在编制执行概算时尽量准确,避免出现投资额较大变动的情况,以保障贷款资金满足项目建设需要。(3)尽早取得发改委、外管局等相关批准文件。申请项目融资需要提供发改委等关于项目的核准批复,没有这些批复手续,一方面难以取得项目贷款,另一方面即使通过其他途径取得资金,资金的汇出手续也不好办理。(4)尽早落实购售协议。购售协议的签署非常重要,不但是保证项目经济性的必要条件,也是确定融资方案、签署融资协议的一个必要条件。落实项目现金流的币种、期限,才能确定融资的还款来源,从而优化设计融资所需币种、期限,确定融资方案。(5)谨慎选择合作方。由于目前的项目融资还不是完全意义上的项目融资,一般需要股东在建设期向银行提供担保,这就要求企业选择有实力的合作方,能够按比例出资并具备一定的担保实力。

此外,上海国际金融中心也要鼓励企业灵活使用其他融资方式,为项目开发资金需求提供补充。企业应持续保持与国内政策性银行、商业银行、外资银行、境外金融机构等的沟通与联系,争取综合授信额度,作为以上筹资方式的补充。在条件成熟时,还可以考虑向租赁公司申请融资租赁贷款、利用企业已有资产进行抵押贷款等融资方式。

(二) 上海国际金融中心扩展外部融资渠道,促进外向型制造业的发展

研究表明,就国内整体外向型制造业来说,外部融资规模的扩大会直接引致就业状况的改善。同时,企业家对未来经济发展前景的良好预期确实存在正向溢出效应;而外部融资对员工工资报酬则不存在直接的显著性影响,最低契约工资对劳动力的实际工资水平存在较大约束。同时,对于技术密集型制造业来说,外部融资规模的扩大不但明显改善了相关行业的就业状况,而且制造业采购经理指数的上升显著提高了外部融资的边际影响程度,因此技术密集型行业中的企业家将更加期盼良好的未来经济发展趋势。

我们发现,"对于受信贷约束影响较大行业的企业家个体而言,其对良好经济发展前景的诉求将更为强烈"的说法提示技术密集型行业中企业受到信贷约束的程度相对严重,优化其外部融资环境显得尤为紧迫和重要。此外,由于外向型制造业就业状况的改善和工资收入的逐步提高都是在制定经济发展中长期战略中必须兼顾的重要命题,因此扩大外部融资规模的作用不能小觑,而如何利用好上海国际金融中心建设的契机,扩展外部融资渠道,实现金融资源在异质性行业间的合理配置,对确保外向型制造业总产值的有序和均衡增长显得更为关键。

上海国际金融中心扩展外部融资渠道,从而改善国内外向型制造业就业状况的作用机理和可能途径包括:(1)外部融资规模的扩大会直接导致企业能够获得更多的金融机构贷款,而国内投融资环境的逐步改善会使各个行业获得更大的发展空间,从而创造大量的就业岗位,进一步促进就业率的大幅攀升。(2)伴随商业银行风险定价能力的提高,小型国有企业尤其是发展较快的非国有外向型企业能够获得更多的银行信贷支持,同时由于许多企业逐步加大在境内外证券市场上的融资力度,国内外向型制造业的整体就业状况出现明显好转。(3)对于中小或小微外向型制造企业来说,金融机构不仅仅是提供外部资金资源,而且能够通过信贷方式规范企业的财务和经营行为、优化企业的资产负债表,进而通过提高市场竞争力改善整个行业的就业状况。(4)以国际金融中心为依托,许多投融资服务平台的建立为外向型制造业,特别是高端制造企业提供了信用评级、融资推介、信用担保和贷款等一系列专业化服务,不仅推动了特色制造业的优化升级,同时也使高端人才的就业率不断攀升。

外部融资与制造业员工工资报酬之间复杂的关联性有如下缘由:(1)在劳动力供给相对充裕的状况下,企业能够获得更多的金融机构贷款并不会直接提高员工的工资水平。(2)总体而言,国内劳动力需求处于 AD1 或 AD2——刘易斯第一拐点附近,但依然远离 AD3(参见图 3.10)。(3)中国针对劳动力要素的投入从全局、长期的角度看可谓严重不足,从结构、短期的角度看则相对不足。在推动经济增长的诸多要素中,劳动生产率的提升速度和资本投入增速之间始终处于不平衡状态,进而使得外部融资规模与劳动力工资报酬之间不可能建构起较为显著的关联性。(4)目前,国内制造业产品市场竞争加剧,中小企业盈利

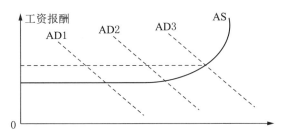

图 3.10　均衡的劳动供给与工资报酬

空间受到明显挤压,不可持续的行业经济增长模式在一定程度上脱离了生产率的提高,而单纯依靠增加要素投入实现。因此,外部融资规模的扩大对工资报酬不产生显著性影响实属情理之中。(5)值得注意的是,中国具有典型的"结构性经济特征",外部融资对工资报酬的影响在不同行业(企业)、不同阶段都是有明显差别的。由此,相关面板数据模型的不显著检验结果是可以预期的。

就外向型制造业整体而言,企业家对未来经济发展前景的良好预期确实显著增强了外部融资的边际影响,同时技术密集型行业中的企业家将更加期盼良好的未来经济发展趋势。其内在的作用机理和可能途径包括:(1)乐观的经济发展环境会逐步消除外部融资约束,使国有经济与非国有经济在融资过程中处于相对平等的地位。当非公有经济的融资需求得到充分满足时,其在改善国内就业状况的过程中就能发挥巨大的作用。(2)资源配置的重新调整可以改善外向型企业的公司治理结构、降低信息成本和交易成本以及提高行业的经济效率,进而确保国内就业率的持续增长。(3)在现代经济学分析框架中,面临预期稳定的宏观发展前景,外部融资规模的扩大与经济增长之间存在局部均衡关系,在不同的发展阶段,逐步缓解外源信贷融资约束始终是确保制造业持续增长的前提条件。由此,"较为乐观的经济前景利于外部融资规模的扩大,对于受信贷约束影响较大行业的企业家个体而言,其对良好经济发展前景的诉求将更为强烈"的论点在一定程度上有其内在合理性。(4)之所以技术密集型行业中的企业家更加期盼良好的经济发展前景,究其原因可能包括:国内还存在重复建设和盲目投资的现象,严重干扰金融资源优化配置的最终实现;各类信用担保机构的规模普遍较小;高新技术行业的风险代偿机制还未真正建立;金融机构和金融市场的经营管理模式与技术密集型产业外部融资业务的特殊要求之间缺乏协调性等。

基于上述分析,可以认为:(1)对于外向型制造业,尤其是技术密集型制造业来说,非常重要的是探寻一条最优的外源融资发展路径,使之既能保持就业率稳步攀升的格局,又能使劳动力的实际工资水平脱离最低契约工资的约束。(2)由于不合宜的外部环境在一定程度上会逆转企业外部融资规模扩大的趋势,因此宏观当局应更多地运用结构性政策工具——行业均衡增长的内在稳定器,促进制造业的转型升级和协调发展。(3)良好经济前景所产生的溢出效应会扩大企业的外部融资规模,就技术密集型制造业而言,由于受到金融机构经营管理模式与特殊行业融资业务要求之间缺乏协调性等因素的影响,尤其需要关注行业差异并设计出不同经济政策的最优组合,使企业逐步摆脱融资难困境。(4)将融资规模快速扩张进程中金融体系的内生不稳定性和自由化带来的衍生风险纳入政策调整的视野范围,以保持一个较为乐观的经济前景预期。尤其需要指出的是,中国经济已经步入新常态,经济增长换挡变速,产业结构优化升级,增长动力转向创新驱动。上海国际金融中心要适应新常态、引领新常态,关键在于加快改革开放步伐,进一步加大对外向型制造业等实体经济的支持力度,不断改善金融服务。

(三) 上海国际金融中心防范服务业吸收外商直接投资的潜在风险

在产业结构调整的背景之下,作为旨在成为国际金融中心的上海来说,探索如何稳妥地实施服务业外商直接投资开放,如何准确把握开放的最佳进程,确保上海金融机构、金融市场的稳定也是其经济金融发展的内在需要。

1. 上海金融风险状况总体可控,但仍需未雨绸缪

近年来,随着上海总体经济结构的逐步转型,服务业外商直接投资的流入规模也在不断增大。与此同时,上海整体金融风险程度在全球金融危机之后总体上是下降的,然而近期整体金融风险指标起伏波动,呈现出小幅上升的明显趋势,表明金融风险已经开始出现一定程度的集聚,应引起足够的关注。此外,研究结果显示,伴随实体经济的持续发展,服务业外商直接投资的流入会导致上海整体金融风险(包括银行风险)的上升。

2. 上海服务业吸引外商直接投资进程中逐步增大的潜在风险

一方面,外商直接投资确实从先进技术、管理经验、人才等方面促进了服务贸易的生产和消费及其自由化进程,并且服务消费的增加也提高了社会总体福利水平;另一方面,在制造业和服务业相对价格不变的条件下,外商直接投资的流入增加了服务贸易逆差,相对降低了上海服务业的竞争力,确实给服务业的发展带来了潜在风险。更为重要的是,金融服务业利用外资会引起国内金融体系的不稳定。具体而言,外国金融机构的进入降低了金融业的特许权价值,直接导致银行等金融机构筹集资金成本上升、运用资金收益下降、存贷差缩小以及单位资产收益下降,从而降低了金融体系的稳定性。因此,金融机构竞争的加剧,在一定程度上会对上海金融业产生负面影响。

另一方面,国际金融市场波动以及外国金融机构及其母行出现的问题都有可能引起国内金融体系的动荡。作为构建国际金融中心的大都市上海,各类本地金融机构与外资企业之间存在着非常密切的业务往来关系,为其提供信贷资金、结售汇、转账结算等项目服务。一旦外资企业出现经营亏损,由此引发债务支付困难或危机,就会累积较大的金融风险[①];此外,如果国内金融机构经营不善,破产倒闭,损害外商投资企业的利益,同样会在一定程度上增加企业乃至主权信用风险。

3. 与制造业外商直接投资流入不同,上海服务业外商直接投资流入会加剧金融市场风险

研究发现,服务业外商直接投资流入会明显加剧房地产市场的资产泡沫风险,而制造业外资流入的变动对金融市场风险不产生显著性影响。无独有偶,针对全国 31 个省区市的实证分析发现,服务业外商直接投资开放在通货膨胀上升的状况下会进一步加剧房地产市场的金融风险。

4. 短期内适度管控服务业外商直接投资的流入利于国内金融稳定

如要在服务业外商直接投资开放状况下确保国内金融稳定,应采取有效措施提高外商投资的正向溢出效应,适度降低短期投资收益率并严格管控投机性

---

① 《国务院关于推进上海加快发展现代服务业和先进制造业建设国际金融中心和国际航运中心的意见》,国发〔2009〕19 号。

资本的跨境频繁流动。研究结果显示,在未来一段时期内,房地产金融市场的总体价格涨幅应出现明显回落,而证券市场投资收益率应维持小幅上涨的态势;与此同时,短期内适度降低服务业外商直接投资流入是合宜的。

(四) 上海国际金融中心建设与优化企业对外直接投资的区位和行业分布

根据上述对外直接投资产业和区位选择现状和存在问题的分析,对外直接投资的产业和区位选择应采取措施予以优化。

1. 积极推动在资源丰富的沿线国家和地区投资发展资源密集型产业,创建资源开发的国际化体系

中国是人均资源不充裕的国家,尤其是油田、矿山、森林资源不足。在工业化过程中,资源约束对中国经济可持续发展的影响日益明显,特别是随着中国经济的持续快速健康发展,对资源的需求也越来越大,而选择战略性的对外投资开发资源无疑是明智的。而那些资源充裕的中亚国家成为投资的重点区域。通过对这些国家的投资,兴办油田、矿山、森林等资源密集型产业,充分利用和发挥这些区位丰富的资源优势来弥补国内资源缺口,为中国经济建设和人民生活提供必要的物资。如中俄合作开发远东地区丰富的森林资源,既满足了中国经济建设对木材的需求,也为俄罗斯带来了大量的外汇收入;又如对苏丹、中亚、印度尼西亚等地投资开发石油,使中国初步建立了稳定的石油资源基地。今后应继续利用自己在资源密集型产业开采和开发方面的比较优势,加大对资源丰富和资源开发加工潜力较大国家的投资。

2. 应积极推动对"一带一路"沿线国家制造业的投资,逐步建立制造业的国际生产体系

由于自然禀赋条件以及经过几十年的深化改革和利用外资,中国制造业中的轻纺、家电、电子、机械部门有一定的比较优势,同时有较大规模的加工组装型制造业,其中相当一部分产品技术性能和质量稳定,很适合国外市场特别是"一带一路"沿线国家的市场需求,并且这些产业部门的生产出现了总供给过剩而国内市场相对饱和的情况,具备了向沿线国家和地区实行"梯度转移"的条件。由于中国已建立相对完整的工业体系,有必要在国际领域建立和发展制造

业国际生产体系。大多数"一带一路"沿线国家和地区还处于低层次的技术结构,与发达国家的高技术结构相比技术梯度比较小,可通过对外直接投资实现产业与技术的国际转换。利用比较优势,将富余的劳动力和设备转移到经济发展水平类似的或低于中国的一些沿线国家,不仅为剩余的生产能力找到出路,还能促进中国产业结构的升级。目前在中国东部和南部沿海的发达省市,通过将劳动密集型产业向国外转移,为国内腾出空间发展高科技产业,使得国内的产业结构得到提升。由此,今后中国制造业的发展应本着建立国际生产体系的目标,发挥产业比较优势,在适合制造业发展的"一带一路"沿线国家进行对外直接投资。

3. 以发达国家为重点投资对象发展高新技术产业,创建高新技术产业的国际生产体系

中国虽然在总体产业技术水平上落后于经济发达国家,但在某些高科技研究技术领域具有一定的比较优势,有一批处于世界领先地位的尖端技术,如航天技术、激光通信、生物遗传工程等。由于有些科技成果国内产业化条件尚未成熟,产业化比例较低,而发达国家拥有优越的产业化条件,所以可以通过技术入股的方式对外投资或对与外国合作的方式进行产业化,引进国外先进技术和关键设备,促进高新技术成果商品化和产业化。与国外大型跨国公司相比,一些高新技术企业有较大的技术差距和研发能力差距,可以选择在国外技术资源和智力资源密集的地区设立研发中心和科技型中小企业,充分利用发达国家高新技术产业的集聚效应,利用这些国家信息渠道多、信息资源丰富的有利条件,及时跟踪国际科技最新动态,直接利用国际先进技术提高研发能力,提升产品的高新技术含量。中国高新技术产业应通过利用发达国家的区位优势,在提高行业国际竞争能力的同时,带动国内相关产业的发展,并促进对外直接投资产业结构的高级化。

4. 在发达国家以服务业作为直接投资重点,形成并发展服务业的国际化体系

虽然中国服务业的发展规模和水平远不及发达国家,但是服务业当中却有中国具有比较优势的行业(如贸易和运输业),也是对外投资比较集中的行业。在服务业发展水平较高的发达国家进行投资,可以充分利用其先进的管理经验

和技术,带动中国服务业及相关产业的发展。从服务业自身的特点上看,投资服务业是符合中国经济发展现状和目标的选择。首先,服务业的投资规模较小且见效快,这个特点使其成为中国对外直接投资初级阶段的产业选择。其次,贸易等服务业的直接投资可作为其他行业对外直接投资的先导,发挥贸易业的后向关联作用。服务业特别是贸易业的这一特点也是符合中国现阶段对外投资的发展目标和政策的。从对外直接投资发展历史看,许多国家以出口贸易为先导,然后扩展贸易服务业(仓储、包装、运输、保险),再从贸易服务业发展到就地生产,发展工业制造业。中国也可以通过扩大贸易业的直接投资规模,逐步带动其他行业对外直接投资。从世界投资趋势看,服务业是今后对外直接投资的重点产业,中国应抓住全球开放银行、保险、证券、金融信息市场的契机,积极培育和发展中国的对外投资服务行业。

(五)上海国际金融中心建设与优化企业对外直接投资模式

我们重点聚焦制度环境对中国企业海外投资进入模式选择的影响。在对200多家海外投资企业进行问卷调查发现,制度环境中的调节机制对企业海外投资进入模式选择具有显著影响,东道国的政策法规等正式制度越健全,中国企业越倾向于采取并购和独资的进入模式。在规范机制方面,中国企业主要通过所有权模式的调整来应对文化距离等非正式制度因素的影响,东道国与中国的文化距离越大,中国企业越倾向于采取合资的进入模式。在模仿机制方面,母子公司一体化程度越高,企业越倾向于以新建的方式进入当地市场。与许多发达国家跨国企业不同的是,国际化经验对中国企业海外投资进入模式的选择没有明显影响。

第一,中国企业在进入海外市场的过程中必须高度重视制度环境中政策法规等调节机制的影响。健全的法律制度能够对外来投资提供有效的保护,刺激性的外资政策有利于企业选择高控制程度和高承诺的进入模式。与此同时,中国企业要特别注意东道国对外资的限制性政策法规,采取灵活变通的策略进入当地市场。当前,中国企业正处于国际化高速发展的新时期,以获取国外品牌、渠道、技术和自然资源为目标的并购活动此起彼伏,这很容易引起东道国的警觉,并加强对中国企业的限制。中国企业应该在国际化过程中学会国际化,不断提升跨国管理能力,既要抓住时机,大胆进入,又要善于规避政策法规的限制,选择切实可行的进入模式达成企业的目标。

第二,中国企业应该高度重视非正式制度特别是文化距离对进入模式选择的影响。非正式制度虽然不具有强制性,但其影响不容忽视。由于缺乏对东道国准则、价值观和行为方式的理解,跨国企业在当地的运营会面临很大的困难。中国企业由于国际化经验不足,往往忽视文化距离对进入模式选择的影响,这会直接影响子公司的经营绩效或导致企业内部的文化冲突。中国跨国企业应该重视对"一带一路"沿线国家准则、价值观和行为方式的研究,将文化距离作为一个重要变量纳入进入模式决策之中。

第三,中国企业在进入海外市场的过程中不能被动地适应东道国的制度环境,而应该制定明确的战略,与当地的制度环境展开积极的互动。中国企业进入当地市场,不仅会带去宝贵的资金和技术,而且可以促进东道国的就业和经济发展。不能仅仅将中国海外投资企业当作当地制度环境的接受者,而应当做当地制度的参与者。中国海外投资企业要善于发挥自身的优势,采取积极主动的措施与当地其他制度参与者展开互动,以维护自身权利,选择更为有利的进入模式,保障国际化战略的顺利实施。

(六) 上海国际金融中心促进对外投资项目经营管理过程持续改进的策略建议

中国企业海外投资经营之所以出现亏损或失败,要弄清其原因非常不容易。这里既有来自宏观层面如体制、法制及传统文化等方面的因素,也有微观方面如企业家缺乏国际视野、经营理念陈旧等多种因素。

1. 上海国际金融中心需改变企业经营信息国际化程度较低的现状

身负重责的中国企业家对国际市场上的"风吹草动"难以觉察,仅依靠"二手信息"作决策,经常判断失误,却时刻还想与国际上一流企业展开"真刀真枪"竞争,其风险之大可想而知。由此,应尽早实现信息国际化,使国内国外在信息交流层面真正实现接轨。确保企业家决策有足够和可靠的信息支持。

金融中心应尽快设立中心数据库,尤其需汇集海外投资企业经营过程中的相关财务数据。企业财务风险基本评价指标有盈利能力(包括主营业务利润率、净资产收益率、总资本收益率等二级指标)、财务结构(资产负债率、长期债务资本化比率、全部债务资本化比率)和偿债能力(流动比率、速动比率、经营现金流动负债比、全部债务/EBITDA、筹资前现金流量净额债务保护倍数、筹资前现金流量净额利息偿还能力)等。中心数据库的运行主要是为了建立风险预警机制,风险预警机制是风险预警系统良好运转的保障,核心是风险评价制度。建立风险评价制度是金融中心提供相关服务的重要手段,金融中心将根据企业报送的数据以及各类风险的不同特征,确定其风险等级;根据数据和定量、定性分析,按投资企业所属行业、职能和地区设置预警指标、预警参数、预警模型;根据预警结果,设置预警区域,即绿灯区、黄灯区和红灯区,对不同风险区域的企业采取不同的辅导对策。

2. 金融中心应帮助对外投资企业建立内控和相互制衡的财务风险控制机制

企业奖罚不明,不能实施有效的权力制衡,是造成中国对外经营困局的重要原因。因此,必须使企业经营行为尽快纳入法治轨道,只有法治才能使中国企业端正经营理念、摒弃短期化行为,与国外先进企业一样迈向以顾客为中心的健康之路。

3. 金融中心应帮助企业慎选合作伙伴

中国企业境外投资经营不要采取独资建厂或投资百分百股份形式,这也是中国企业对外投资经营失败率高的一个重要原因。应更多地采取与对方合资和投资部分股份(包括控股)的方式,这样做有利于平稳地进入该企业,了解并掌控企业,缩短震荡期,提高成功率。

4. 金融中心应帮助企业强化风险防范意识

企业到国外投资经营,要对该国各种影响因素,预先制定相应防范措施,如可办理经营保险与担保等。当风险发生并给经营者造成经济损失后,保险机构按合同支付保险赔偿金。对于可能出现的经营环境风险,在经营前可与经营国(地区)政府签订有关经营特许规定加以防范。

(七) 上海国际金融中心需要进一步向中央有关部门呼吁的政策诉求

虽然由于政治原因各中资银行总部大多位于北京,但是应推动相关全国性银行、证券以及保险公司的业务、运营中心机构落户上海,四大国有商业银行的上市公司总部应落户上海。同时,其营运中心、数据处理中心、软件中心、信用卡中心等总行直属部门应迁至上海。另外应大力吸引国内基金管理公司、综合类和创新类券商的管理总部或业务总部以及外资金融机构的亚洲总部或中国区总部落户上海,把上海建设为国际知名的中资金融机构总部基地和外资金融机构进入中国的桥头堡和在亚洲的总部集聚地。

赋予上海在更多的金融领域先行先试的优先权。在税收优惠、放松管制,金融业国际化等方面获取中央支持,并且充分发挥人民银行上海总部的作用,适当争取一些独立制定政策的权利,提高非银行金融机构和金融中介服务机构的数量和质量,规范其管理。上海在发展商业银行的同时,不应忽略对证券公司、期货公司、基金公司、信托投资公司和保险类公司等非银行金融机构的培养,争取在资产规模、业务量、服务质量等方面居全国前列。同时应给予中介机构更多的政策支持并对其进行规范管理。以市场为基础发展货币经纪、投资咨询、资信评级、资产评估、金融租赁、金融软件、会计事务所、律师事务所等金融中介和金融辅助产业并规范其管理,杜绝部分中介服务行业的恶性竞争,培养出具有行业公信力和领导力的本地金融中介服务公司。

把上海建设成为外资金融机构进入中国的桥头堡和外资金融机构在华总部所在地;继续大胆吸引外资银行中国总代表处或主报告行、管辖行等落户上海,把上海打造成外资金融机构在华管理和运营中心。一是在上海进行私人银行市场准入试点,以适应上海整体经济和大都市发展以及国际金融中心建设的需要,在更大的空间争取地方金融管理权的改革试点。大力发展金融辅助产业,以专业化财经媒体、指数编制机构等为载体,发展金融市场信息加工、传播产业,把上海建设成为国内金融市场信息中心。二是探索金融业综合经营的有效方式,优化整合和调控本地金融资源,降低协调成本,使金融股本结构相对集中。上海应成为调动金融资源的一艘旗舰,为国际金融中心培育有竞争力的全球金融机构。三是为支持中小企业发展,可大量创办以中小企业为服务对象的金融机构,继续创办股份制中小银行和合作金融机构。

放松对各类金融市场和金融产品创新的管制,改变"一事一报"的方式。债券市场规模小的主要问题是由于市场结构还不够完善,包括发行的限制、监管多头、审批没有市场化,以及流通市场不成熟以致流通性差等。在逐步扩大债市规模之后,一些公司就无需再到股市去融资,可以在债市集资,不影响公司股权。我们必须指出,最重要的是中央对上海地区放松发行的管制,建立市场化的监管机制,同时建立合理的流通市场运行机制,创造债市健康发展的空间。对于提高上海金融市场的创新能力,发挥上海的比较优势,必须赋予上海在金融创新方面的先行先试权,这种采取试验性政策的方式有利于中国金融体制的渐进式改革。当然上海仍应重视优惠性政策的作用,应抓住重点,如特别注重有行业影响力或者核心地位的骨干金融企业或特殊企业,给予更有针对性、更有竞争力的优惠政策;再如对一些国家尚无立法的,但又在上海居于发展前列的市场,如产权交易市场,应专门出台一些优惠发展政策。

要加速“一带一路”建设与上海国际金融中心协同发展态势的形成,就必须争取在国务院的授权下,由上海市政府牵头,建立与国务院相关部委和各金融主管部门(中国人民银行、银监会、证监会、保监会)的协调机制和联席会议机制,构建一个上海地方政府与国家各金融管理部门之间顺畅的沟通渠道,统筹考虑上海国际金融中心建设与当前分业经营、分业监管的关系。同时建立与长江三角洲地区各省市共同推进金融中心建设的合作机制。[①] 为鼓励金融创新,可扩大驻沪金融监管部门的管理权限,并进行金融混业监管试点;在上海设立国家清算银行,构建完备的人民币清算体系;将内地和香港的银团贷款中心移师上海;与此同时,继续扩大银行和企业开展部分资本项下本外币结算的试点范围。

(八)“一带一路”建设赋予上海金融中心建设新的机遇和责任

目前,经济全球化进程受挫,全球经济前景扑朔迷离,国际贸易和投资遭受冲击,世界范围的贸易保护主义倾向抬头,经济和金融不稳定因素明显增加,应该说世界经济已经进入深度调整期。在世界经济环境发生变化的同时,中国经济增长的内生性驱动条件也发生了较大的改变,如区域发展失衡,资源能源和环境约束等结构性矛盾加剧,土地价格、劳动力成本快速上升,高端制造业发展

---

① 《十二五期间上海国际金融中心建设规划》,上海市发改委 2012 年 1 月。

不足,低端制造业产能严重过剩等。要解决这些问题,上海作为全国乃至全球的金融中心责无旁贷,必须把握好"一带一路"建设的历史机遇期,在与沿线60多个发展中国家实行双向投资开放的背景下,更优质地服务于跨国企业,使中国将自身的资源和市场与沿线国家的优势资源和广袤市场结合起来,为中国经济结构的调整转型以及经济持续稳定增长获得更大的发展空间。[①]

"一带一路"倡议的实施,将使中国的对外开放由以东部沿海地区为主向东部与中西部并重的格局转变。实际上,在"一带一路"建设中,中国东中西部有着不同的优势,可以发挥不同的作用:东部地区开放基础好,在高端人才、先进技术、优质商品与服务方面均具有优势,而且还是离岸商贸、跨境金融投资的策源地和运筹地[②];中部则具有重大装备制造、综合物流、人才培养的优势,具有成为新的对外开放高地的条件与潜力;西部地区是建设"一带一路"的重要通道、平台和载体,直接关系着"一带一路"建设的成败。因此,上海国际金融中心可以在"一带一路"建设的引领下,使东部沿海地区的开放水平进一步提高,开放型经济率先得以转型升级。与此同时,要使中西部尤其沿边地区由对外开放的边缘变成前沿。金融中心将充分发挥"一带一路"倡议实施过程中统筹与协调的作用,使中国的对外开放形成海陆协同、东中西部均衡、面向全球的局面。

【访谈七】 提问:请谈谈上海国际金融中心面对"一带一路"建设,需要如何应对? 如何抓住可能的机遇? 回答:最主要包括(1)练好内功,实现金融等相关服务的便利化;(2)简化审批与加强监管并重,以提高企业效能;(3)提供专业化的整体服务使跨国企业到沿线国家和地区的投资更为便捷和安全;(4)金融中心将利用优势形成集聚效应;(5)尤其需改变中小民营企业在对外投资过程中所处的弱势地位。(访谈提问——课题组负责人;访谈应答——上海市发展改革研究院资深研究员×××。)

---

① 《上海市人民政府关于印发〈"十三五"时期上海国际贸易中心建设规划〉的通知》,《上海市人民政府公报》2016年第17期,第54—69页。

② 《上海市人民政府关于印发〈"十三五"时期国际航运中心建设规划〉的通知》,《上海市人民政府公报》2016年第19期,第48—56页。

　　总之,"一带一路"倡议的实施为上海金融中心迈向更优的经济结构及获得更高的经济效益提供了契机。在两者协同发展的过程中,会促进内外资金融机构的全球或区域总部、功能性金融机构以及境外知名的会计师事务所和律师事务所落户上海。与此同时,全球金融中心的活力和发展状况也会吸引国际高端金融人才,乃至上海经济发展所需的各类紧缺人才纷至沓来。同时,也会加速中国金融改革和开放在上海"先行先试"的步伐,这将有利于上海拓展各类金融创新业务,不断提升跨境金融服务的整体能力和水平,在此基础上营造出具有国际竞争力的金融发展环境,从而吸引跨国企业以上海为支点开展对沿线国家的投资业务。另外,建设稳定、具国际吸引力的外汇和证券交易市场,增强沿线国家金融发展的协调性,共同参与对现行国际金融体系的改革进程等,在一定程度上也为中长期上海国际金融中心建设,乃至制定实施大国金融方略的宏伟规划奠定了基础。

美国主流智库与"一带一路"研究

刘　军

一、中国"一带一路"倡议的内涵及现实意义

一直以来,美国智库在美国对外决策的制定中占据着举足轻重的地位。智库也因此被誉为美国对外决策的"外脑"。美国智库之所以能有如此影响力,最重要的原因就是其"旋转门"机制。美国的行政当局是典型的"一朝天子一朝臣",选出新的总统后,政府官员就要经历一次"大换血"。辞去职务的政府官员可以回到智库成为研究人员,智库学者也可以进入政府工作。所谓"旋转门"机制,说的就是这种学者和政府官员之间的角色转换,这也使得智库的影响力直接渗透到美国政治决策的核心,深刻影响着美国内外政策的制定。

2013 年 9—10 月,中国先后提出了"丝绸之路经济带"和"21 世纪海上丝绸之路"这一对外合作的新倡议,这是既关系到中国国内经济发展前景,又蕴含了重要外交含义的倡议。美国在欧亚大陆向来具有最广泛的利益,其对"一带一路"倡议的认知和反应无疑至关重要。但从整体上而言,美国官方对该倡议的态度较为冷淡,也并未针对这一倡议发表过专门评论,此时,美国智库的分析便可成为我们判断美国对该倡议认知和反应的重要窗口。正如上文所述,美国智库的分析将直接影响美国政府下一步的战略和政策,而他们的结论也会主导大多数国家对该倡议的态度和政策。本文选取了布鲁金斯学会等四个主流智库作为分析样本,对其网站上的年度报告、文章、引用文段等进行收集、挑选、分析,尽可能客观地将智库目前的研究现状展现出来,并在此基础上探析其对这一倡议的关注情况和认知倾向。

这项研究将拓展中美研究的范围,充实研究内容,加深对美国对华政策的理解;并且,通过这项研究可以从美国智库眼中的"一带一路"来反观我们这一倡议的未详尽之处及可能遇到的挑战,从而更全面客观地去完善并推进这一倡议。

(一)"一带一路"倡议的内涵

西汉年间张骞出使西域,开拓出以长安为起点,一直连接到地中海的一条陆上通道,中国的丝绸通过这条路线源源不断地输送到西方,德国地理学家将这条道路冠以"丝绸之路"的美名。伴随古丝绸之路的衰落,欧亚大陆内部的地缘经济纽带也销声匿迹。复兴古丝绸之路,重新联通亚欧非大陆成为中国新一届领导人的重要议题。2013年9月7日,中国国家主席习近平在哈萨克斯坦纳扎尔巴耶夫大学演讲时建议:"欧亚各国用创新的合作模式,共同建设'丝绸之路经济带'。"[1]2013年10月3日,习近平主席又在印度尼西亚国会大厦演讲时表示,中国愿同东盟国家发展好海洋合作伙伴关系,共同建设"21世纪海上丝绸之路"。[2]此后,在2015年博鳌亚洲论坛上,中国政府相关部门联合发布《推动共建丝绸之路经济带和21世纪海上丝绸之路的愿景与行动》(以下简称《愿景与行动》),这意味着中国领导人正式发起了"一带一路"倡议。

目前为止,《愿景与行动》是中国官方阐述"一带一路"倡议最为权威、全面的文件。根据这一文件,"一带"大致可以分为三个方向,其中两条是由中国向西出发,分别到达欧洲波罗的海和地中海,还有一条是中国至东南亚地区;"一路"则覆盖了东南亚、波斯湾和"非洲之角"等地区。《愿景与行动》还指出:"'一带一路'旨在促进经济要素有序自由流动、资源高效配置和市场深度融合,推动沿线各国实现经济政策协调,开展更大范围、更高水平、更深层次的区域合作,共同打造开放、包容、均衡、普惠的区域经济合作架构。"这显示出中国希望在顺应全球发展潮流的前提下,进一步融入国际体系,并在其中积极发挥大国作用。

───────────

① 习近平:《弘扬人民友谊 共创美好未来——在纳扎尔巴耶夫大学的演讲》,《人民日报》2013年9月8日,第3版。
② 习近平:《携手建设中国—东盟命运共同体——在印度尼西亚国会的演讲》,《人民日报》2013年10月4日,第2版。

从"一带一路"倡议中,也可以看到中国在外交上的两个新特点。

第一,文化性。无论是"一带"还是"一路"都包含了"丝绸之路"这一文化符号。提起"丝绸之路",我们脑海中涌现的是一幅繁荣昌盛的画面,伴随清脆的驼铃声,中国的茶叶、丝绸、瓷器等进入西方世界,同样这条道路也给中国带来了珠宝、葡萄、石榴等。在商品之外,这条道路还为中西方民间文化、社会风俗、科学技术提供了交流通道,加深了沿线各民族人民的友谊,也为地区稳定与和平贡献了力量。但今天的"一带一路"并非将当年那条贸易路线重新建立,而是希望延续丝绸之路"和平、繁荣、友谊、交往"精神,同时将这种精神传递给世界,赋予"一带一路"显著的文化标识,表明自己的和平发展决心。

第二,世界性。以前中国也提出过诸如"和平发展"等外交方针,但都是从国家或民族的概念上表明中国以后的政策方向。"一带一路"倡议覆盖范围横跨欧亚大陆,试图打造中国和沿线国家的"命运共同体""利益共同体",这是站在整个世界的高度提出的外交政策,不单单是考虑中国自身的利益。从这样的视角设计出来的政策极具包容性,它欢迎所有国家平等地加入,强调共同发展、繁荣,同时又尊重文化的多元性,等等。这一倡议也说明中国在进一步考虑整个世界的问题,肩负起自己的大国责任。

(二)"一带一路"的发展路径及进展

"一带一路"倡议提出后,中国可以从以下路径来推进。首先是进行国内政策部署与对外宣传。这一宏大倡议的实施离不开对应的政治安排,这样才能快速整合国内资源与之对接;中国也要向沿线国家宣传"一带一路"倡议,以获得域外国家的支持和参与。其次是要加强与沿线国家的金融合作,这是未来向沿线国家提供资金支持,以及跨境贸易结算的有力保障。再次是打造跨境铁路、公路以及港口等基础设施的互联互通,这是未来商品交换、文化交流的重要前提。最后则是推动"一带一路"沿线上的次区域合作,中央层面之外,省、市等地方政府也可以根据当地优势来和周边地区开展合作。①

---

① 邹磊:《中国"一带一路"战略的政治经济学》,上海人民出版社 2015 年版,第 139—156 页。

在政策沟通方面,中国从倡议提出后便加大了外交资源的投入,开展了多项"请进来"和"走出去"的活动,积极利用现有的双边或多边机制推动区域和跨区域合作。中国依托上海合作组织、中国—东盟、博鳌亚洲论坛、亚信会议、亚洲合作对话、亚欧首脑会议等现有的双边或多边合作机制来对"一带一路"倡议进行宣传和动员,吸引更多国家响应这一倡议。此外,在2013年9月至2016年8月近三年的时间内,习近平主席出访了包括亚洲、非洲、拉丁美洲、大洋洲共计37个国家,在和当地国家或国际组织的会晤中向对方发出共建"一带一路"的邀请,也得到相关国家的热烈回应。据统计,截至2023年9月,中国已同150多个国家和30多个国际组织签署了建设"一带一路"倡议的政府合作协议。①

在设施联通和贸易融通方面,10年来,中欧班列累计开行7.7万列,运送货物731万标箱,货值超3 400亿美元,通达欧洲25个国家的217个城市,成为国际经贸合作的重要桥梁,打造了中国至欧洲的铁路货运网络。此外,中国在海外投资建设了近40个炼油厂、风力发电站等能源相关的项目,涉及19个国家。上述基础设施建设为贸易畅通创造了条件。为推动贸易便利化,中国积极开展自贸区谈判,截至2024年4月,已经与29个国家和地区签署了22个自贸协定,占中国对外贸易总额的1/3左右。②同时从简化通关手续、减少关税等方面开展通关建设,创造更加高效、便利的通关环境。

在资金融通上,中国亚洲投资银行、国家开发银行、丝路基金等都将为"一带一路"未来的投融资提供支持。中国在提出"一带一路"倡议前,对沿线国家的投资规模已经呈现出快速增长的势头。据统计,2013—2022年,中国与共建国家进出口总额累计19.1万亿美元,年均增长6.4%;与共建国家双向投资累计超过3 800亿美元,其中中国对外直接投资超过2 400亿美元;中国在共建国家承包工程新签合同额、完成营业额累计分别达到2万亿美元、1.3万亿美元。2022年,中国与共建国家进出口总额近2.9万亿美元,占同期中国外贸总值的45.4%,较2013年提高了6.2个百分点;中国民营企业对共建国家进出口总额超

---

① 《共建"一带一路"十周年　这份成绩单很亮眼》,中国"一带一路"网,2023年10月11日,https://www.yidaiyilu.gov.cn/p/0870QOQP.html。

② 《中国已与29个国家和地区签署22个自贸协定——以高水平开放促进互利共赢》,中国政府网,2024年4月11日,https://www.gov.cn/yaowen/liebiao/202404/content_6944500.htm。

表 4.1　2020—2022 年"一带一路"沿线重大投资项目

时　　间	项目名称	行业	国家	项目总金额 （亿元）
2020 年 12 月	乌克兰年产 600 万吨煤制汽油和二甲醚综合体 EPC 项目	化工	乌克兰	257.00
2021 年 2 月	塞尔维亚污水处理项目	基础建设	塞尔维亚	219.32
2021 年 4 月	尼日利亚东线铁路修复改造项目	铁路	尼日利亚	197.51
2022 年 12 月	坦桑尼亚中央线标准轨铁路项目	铁路	坦桑尼亚	191.03
2022 年 9 月	沙特阿拉伯 NEOM 新城交通隧道(山区部分)二、三标段项目	交通基础建设	沙特阿拉伯	78.60
2022 年 6 月	沙特麦地那隧道项目	交通基础建设	沙特阿拉伯	64.60

资料来源:笔者根据《中国对外投资合作发展报告 2022》《2022 年中国海外投资概览》和中标企业官网数据整理。

过 1.5 万亿美元,占同期中国与共建国家进出口总额的 53.7%。[1]

中国"一带一路"的倡议内涵是丰富的,其对于加速周边国家经济发展、稳定周边政治环境、促进区域一体化及其全球化都具有积极作用;中国从不同层面不断推进建设的实施,取得了一定的成就。

二、美国智库与外交决策的发生机制

(一) 美国智库的产生与发展

智库(think-tank)被称为"人才库""智囊团"或"思想库",从字面上看,是指储备和提供思想的"仓库"。20 世纪初成立的智库主要作为公共政策研究机构,这个词最早作为军事术语出现在第二次世界大战时期,当时美国人将商讨作战方略的保密房间称为"智库"。在战争结束后,人们将军工企业中的研究与发展部(Research and Development Sections)称为"智库",而当时最广为人知的是道

---

[1] 《"一带一路"数据"说"|中国与共建国家贸易投资规模稳步扩大》,新华社,2023 年 10 月 10 日, https://app. xinhuanet. com/news/article. html? articleId = a6c1cfb49c8a78e772094610d3dd1de7。

格拉斯飞机公司（McDonnell-Douglas Corporation）的研发部门。该部门于1948年从飞机公司独立出来，也就是后来的兰德公司。①此后，智库的概念逐渐为人所知。

那么，到底什么是"智库"？在20世纪80年代以后，不同学者均对其进行过定义。例如，加拿大智库专家埃布尔森认为，智库是"由关心广泛公共政策问题的人组成的独立的、非营利性的组织"。②此后，美国学者安德鲁·里奇（Andrew Rich）的定义是："独立的、没有利益倾向的非营利性组织，它们提供专业知识或建议，并以此获得支持，影响决策过程。"③中国学者也试图对其进行定义，孙哲认为智库是针对一个国家的内政及外交问题而成立的一种决策服务团体和咨询机构，往往由学有所长的专家组成。④

虽然不同学者对智库的定义不同，但一种被广泛接受的定义是：智库是对公共政策进行研究、评估和分析，以影响政府决策为明确目标的独立的、非营利的组织。⑤首先，这些组织都在从事与公共政策相关的研究，且这种研究并非纯学术性的，更多是和社会实际相结合，看重研究的实用性以及时效性。其次，这些组织从事研究最终是为了影响政府决策，或是通过游说和政策倡导来直接影响政策决策；或是通过培养主流舆论以迫使政府顺从舆论、选择相应政策来间接影响政府决策。因此，也有学者将美国智库称为"影子政府"。最后，智库的非营利性决定了其研究的独立性及相对客观性。虽然智库大多有一定的政治倾向或政府背景，但它们的研究还是可以保证独立性及客观性的。

美国智库的发展经历了漫长的过程，例如詹姆斯·史密斯将其大致分为初创（1910年左右）、政府合同型（1950—1960年）、兜售政策型（1970—1980年）三个阶段。王莉丽则将美国智库的发展历程大致分为四个阶段：第一阶段是20

① James G. McGann, R. Kent Weaver, *Think Tanks and Civil Societies: Catalysts for Ideas and Action*, New Brunswick, NJ: Transaction Publishers, 2000: 13—17.

② Donald E. Abelson, *American Think-tanks and Their Role in U. S. Foreign Policy*, New York: MacMillan Press Ltd, 1996: 21.

③ Andrew Rich, "Think Tank and the Intersection of Ideology Advocacy and Influence", *NIRA Review* winter 2001: 54.

④ 孙哲：《中国外交思想库：参与决策的角色分析》，载《复旦学报（社会科学版）》2004年第4期，第98—104页。

⑤ 任晓：《第五种权力》，北京大学出版社2015年版，第45—71页。

世纪初至 40 年代的理想主义时期,智库更多只是单纯地进行政策研究;第二阶段是 20 世纪 40—60 年代的国家战略研究时期,智库开始以解决现实问题、服务国家利益为目标;第三阶段是 20 世纪 60—80 年代的爆炸式发展阶段,这一时期的智库开始宣传、营销政策研究以影响政策制定;第四阶段是 20 世纪 90 年代以来的全球化发展阶段,美国智库积极布局海外市场,扩大其对别国政策制定的影响。①纵观整个发展历程,美国智库正不断加深与政府的关系,逐步渗透到政策制定的各个阶段中。

时至今日,美国已拥有世界上数目最多的智库,根据美国宾夕法尼亚大学发布的《2020 年度全球智库报告》,全球共有 11 175 家智库,其中美国智库有 2 203 家,位居世界第一,中国智库数量为 1 413 家,位居第二;在世界综合排名中,无论是从数量还是质量上看,美国仍为全球智库第一大国。②此外,美国智库也已较为成熟,形成了多个类别。按照资金来源,美国智库可以分为以下三种:一是财团、慈善家出资成立的,比如卡内基国际和平基金会;二是依托政府资助成立的,比如和平研究所;三是民间力量组建的。按照研究内容,美国智库又可以分为综合学术团体、专业学术团体、合同研究组织、政策倡导型以及政策企业型五类。在上述划分方法之外,考虑到智库对美国政治决策日益明显的影响,一些学者开始从智库的价值取向上对其进行分类。安德鲁·里奇正是从这一角度对智库进行分类,但其依靠的是智库自身文章或报告中的关键词,而不是其他媒体或学者的评估。他将智库分为保守派、自由派以及中间派。③

1913 年,伍德罗·威尔逊(Woodrow Wilson)入主白宫并向智库借鉴新思想,开了美国总统就某种政策或观点咨询智库的先河。此后经过数年的发展和演变,美国智库的影响力更是渗透到美国外交政策制定以及社会生活的方方面面。智库学者詹姆斯·麦根对智库的功能进行了总结:"在政府面对复杂的国际国内问题时提供帮助;在政策辩论中充当独立和权威的声音;制定政策议题;

---

① 王莉丽:《旋转门:美国思想库研究》,国家行政学院出版社 2010 年版,第 35—44 页。

② James McGann, 2015 Global Go To Think Tank Index Report, Think Tanks and Civil Societies Program, University of Pennsylvania, 2015.

③ Andrew Rich, "Think Tank and the Intersection of Ideology Advocacy and Influence", *NIRA Review* winter 2001: 54.

在政府和公众之间承担调停角色;帮助公众理解政策问题;为政策制定者提供交流平台;挑战传统。"①从这一论断可以看出,智库最核心的目的是对政府决策层发挥政治影响力。

(二)"旋转门"机制与外交决策

毋庸置疑,美国已发展成为世界上最为成熟的智库市场,在不同国家的智库中,美国智库在政府对外决策中发挥的作用也是最大的。其如此大的影响力是与美国政治决策过程分不开的。对于美国政治决策过程,有以下几种理论:精英理论、利益集团理论、公众舆论理论、权力分层理论。

精英理论认为政治的权力掌握在一小部分政治、经济、军事精英手里,他们对政府决策的制定起着决定性作用。利益集团理论也就是多元化团体理论,认为民众不会以个人身份去参与政治决策,而是组成具有某种共同目的的团体,这些团体互相博弈,最终对政治决策产生影响。②公众舆论理论则是说作为民主国家,美国政治决策的方向都要尽可能符合大多数美国人所认可的方向。权力分层理论则更像是对上述三种理论的综合,认为美国外交决策全民都会参与进来,但根据参与程度的不同,可以将参与者划分为三个不同的层次,总统、国会、政府部门等属于核心决策层;各种利益集团、政党、智库等是中间参与层;选民、大众传媒、公众舆论则是外围配合层。

美国智库作为一种政策研究机构,并不属于政府体系,也不具有制定公共政策的正当权利。但美国智库在加强自身建设的同时,不断与总统、国会、政府行政机构以及社会各界建立联系,渗透政治决策的各个层面,实现其影响公共决策的最终目的。从不同的权力层次上看,首先,智库通过"旋转门"机制、国会听证会等方式直接影响政府决策层,正如劳伦斯·雅各布的一项研究所表明的,以智库学者为主体的专家对政策制定者的影响力为 30%;③其次,智库通过

---

① James McGann, *Comparative Think Tanks*, *Politics and Public Policy*, Edward Elgar, 2005: 11—19.

② 宋静:《双理论视角下的美国思想库权力分层营销模式分析》,载《天津行政学院学报》2013 年第 4 期,第 107—109 页。

③ Lawrence R. Jacobs, Benjamin I. Page, "Who Influences US Foreign Policy?" *American Political Science Review*, 2005, 99(1): 107—123.

发行研究报告、举办会议等方式去影响各种利益集团、政党等;最后,智库还会通过电子媒介、网络媒介等引发公众对某一问题的关注或思考,再利用公众舆论向政策制定者施压,间接影响政府的对外决策。

1. 旋转门机制

"旋转门"机制是美国智库最与众不同的地方,这一特殊机制根植于美国的政治体制。不同于其他议会制度的一点在于,美国的内阁部长或政府高官并不完全来自议会党团或政府部门,很大一部分来自智库。每四年一次的美国总统选举,到新政府担任要职的很大一部分都是智库学者;而从政府卸任的官员也会到智库从事研究工作,这种智库专家和政府官员之间的身份转换就是"旋转门"机制。所谓"衙门有人好办事",一方面,"入朝为官者"可以将自己的研究成果或政策理念转化为具体政策;另一方面,这一机制在学者和政客之间形成了一个强有力的人际关系网络。①

到政府任职的智库学者,很大一部分在总统大选时期就为总统候选人出谋划策。大选时期,总统候选人为了当选,离不开各方面的资助和支持,尽管募捐筹款占据了大量精力,但物色一帮出谋划策的政策顾问也十分关键。尤其对于缺乏执政经历的候选人来说,这点十分关键。与智库建立联系,听取智库学者的政策建议,不仅可以迅速、深入地了解华盛顿政策以及国内外问题,还可以借由智库学者带来人际关系网络。智库此时非常乐意借机发挥作用,为候选人出谋划策,未来一旦智库学者支持的人当上总统,他们便可顺利进入白宫,将自己的思想付诸实践。在总统竞选的历史上,对智库学者依赖最多的当数里根。1980 年竞选期间,有多达 200 多名来自智库的政策顾问为其提供政策建议,在1981—1988 年执政期间,这 200 多名智库学者几乎全部进入里根政府工作。②奥巴马竞选胜利后,美国进步中心的约翰·博德斯和巴恩斯分别担任了白宫高级顾问和国内政策委员会主任。③

---

① 王莉丽:《美国智库的"旋转门"机制》,载《国际问题研究》2010 年第 2 期,第 13—17 页。

② 中国现代国际关系研究所:《美国思想库及其对华倾向》,时事出版社 2003 年版,第45—50 页。

③ 宋静:《奥巴马政府对外决策与中美关系中的智库因素》,载《智库理论与实践》2017 年第 1 期,第 33—41 页。

2. 参加国会听证

在美国只有经过国会两院的准许,总统才能制定外交政策,因此国会在外交决策的确立中起着决定性的作用。国会有诸如委员会和小组委员会等机构,这些机构经常就某一重要问题举行听证会。出席听证会并提供证词可以影响国会议员对某一问题的态度,进而影响政府决策。因此,智库学者影响政府决策制定的另一个途径是在国会的听证会中作证,直接向国会议员以及其他精英阶层阐述新思想或政策建议。为了有更多的机会去国会听证会作证,智库会十分重视与国会的关系。

3. 举办研讨会、培训班、公共论坛等

智库还经常面向政府决策者或其他学者举行研讨会、培训班或各种论坛。例如布鲁金斯学会的东北亚政策研究中心,不仅会从中国、日本、蒙古等国请来一批当地学者参与相关研究,还会从政府部门挑选官员,与学者一起研究某些议题。通过这种方式,智库为学者和官员搭建了沟通平台,也为各国学者之间建立了沟通的桥梁。此外,智库还会针对当下政策议题举行开放式的讨论会、公共论坛等,这些会议可以自由报名参加,在网站论坛上也会有会议的音频、文字记录等,公众可以随意查看,这有助于特定议题在民众中形成热烈的讨论氛围。

4. 大众媒体

对于智库而言,大众传媒是把它们的思想传递给公众和政策制定者最有效的渠道,因此智库还会借助电视、报纸、网络等大众媒体来吸引公众对某一特定问题的关注。出版书籍、杂志也是智库最早、最重要的一种传播渠道。各智库也都出版发行杂志来表达自己的观点,如卡内基国际和平基金会的《外交政策》(*Foreign Policy*)、布鲁金斯学会的《布鲁金斯评论》(*Brookings Reviews*)等,都已成为具有影响力的杂志。近年来,随着传播媒介的发展,网络在舆论传播中占据了重要地位,各大智库都成立了自己的网站,民众不仅可以从中全面了解智库的研究动态,甚至可以与智库专家直接交流观点,实现全方位的舆论传播。

5. 人际关系网络

在上述几种影响路径之外,一些学者认为智库对政策制定还存在着某些隐形的影响力,也就是智库与政府核心官员之间人际关系网络产生的影响力。有些官员与学者私下会面,或依靠和总统之间紧密的关系来发挥影响力。

总之,在信息爆炸的当今社会,智库也在采取多种多样的市场策略来吸引政策制定者以及公众的注意力,从权力的不同层次推销自己的思想,最终实现影响政治决策的目的。

(三)美国主流智库界定及样本分析

不少文献均使用了"美国主流智库"这一概念,但并未对其明确界定。鉴于本文最终是要探析美国智库对中国政策的认知,因此对主流智库做如下界定。

首先,主流智库是指规模和影响力都处于核心地位的美国智库,本文将这一范围缩小至世界智库20强中的美国智库,主要有布鲁金斯学会、卡内基国际和平基金会、兰德公司、外交关系委员会、传统基金会、美国进步中心等。

其次,从政治倾向上来看,为保证观点的全面性,本文认为主流智库应该涵盖自由派、中间派和保守派智库。正如上文所说,美国智库尽管在法律上不允许参与政党活动,但正如在民间层面存在诸如自由主义等众多思潮一样,很多智库存在一定的政治倾向。自由派智库强调政府的调控和干预功能,采取平和、宽容的外交政策,认为世界各国应该相互合作,比如美国进步中心、凯托研究所。保守派则是尊重市场经济制度,主张小政府,推广保守主义,主张防范遏制和美国第一,这一类智库的代表是传统基金会、企业研究所、新美国安全中心等。中间派智库的政策主张则是介于两者之间,比如布鲁金斯学会、兰德公司、卡内基国际和平基金会、外交关系委员会等。[①]值得注意的是,在《2020年全球智库报告》中,不管是综合排名还是在对外政策和国际事务方面的排名,前五位都属于中间派智库。

在上述界定之后,本文选取了布鲁金斯学会、卡内基国际和平基金会、传统基金会、美国进步中心作为研究的样本。首先,上述智库在2020年智库国际综合排名中都名列前茅,从和外交决策相关的各单项排名看,布鲁金斯学会和卡内基国际和平基金会的外交政策和国际事务研究能力、媒体运用能力以及公共政策影响力方面排名靠前,传统基金会和美国进步中心在社交网络运用以及倡

---

① 褚鸣:《美欧智库比较研究》,中国社会科学出版社2013年版,第71—83页。

表 4.2 2020 年度世界智库 20 强

序号	智　　　库	国　家
1	**卡内基国际和平基金会（Carnegie Endowment for International Peace）**	美　国
2	布鲁塞尔欧洲与全球经济实验室（Bruegel）	比利时
3	巴西瓦加斯商学院（Fundação Getúlio Vargas）	巴　西
4	**战略与国际研究中心（Center for Strategic and International Studies）**	美　国
5	法国国际关系研究所（French Institute of International Relations）	法　国
6	查塔姆研究所（Chatham House）	英　国
7	**兰德公司（RAND Corporation）**	美　国
8	日本国际问题研究所（Japan Institute of International Affairs）	日　本
9	**彼得森国际经济研究所（Peterson Institute for International Economics）**	美　国
10	**伍德罗·威尔逊国际学者中心（Wilson Center，FKA Woodrow Wilson International Center for Scholars）**	美　国
11	**美国进步中心（Center for American Progress）**	美　国
12	国际战略研究所（International Institute for Strategic Studies）	英　国
13	**传统基金会（Heritage Foundation）**	美　国
14	弗雷泽研究所（Fraser Institute）	加拿大
15	康拉德·阿登纳基金会（Konrad-Adenauer-Stiftung）	德　国
16	韩国发展研究院（Korea Development Institute）	韩　国
17	艾伯特基金会（Friedrich-Ebert-Stiftung）	德　国
18	中国现代国际关系研究院（China Institutes of Contemporary International Relations）	中　国
19	**外交关系委员会（Council on Foreign Relations）**	美　国
20	印度观察家研究基金会（Observer Research Foundation）	印　度

资料来源：《2020 年全球智库报告》（2020 Global Go To Think Tank Index Report），https://repository.upenn.edu/entities/publication/9f1730fa-da55-40bd-a1f4-1c2b2346b753。

表 4.3　2020 年度四个智库排名情况

项　　目	布鲁金斯学会	卡内基国际和平基金会	传统基金会	美国进步中心
综合排名	—	1	13	11
外交政策和国际事务研究能力	2	3	24	16
社交网络运用	4	5	3	1
媒体(包括纸质和电子媒介)运用	3	2	5	6
对公共政策的影响力	1	2	6	10
宣传、倡导能力	—	—	2	1

注:以上均为在美国智库中的排名。

资料来源:《2020 年全球智库报告》(2020 Global Go To Think Tank Index Report),https://www. bruegel. org/sites/default/files/wp-content/uploads/2021/03/2020-Global-Go-To-Think-Tank-Index-Report-Bruegel.pdf。

导、宣传能力方面的排名尤其突出。此外,这四个智库涵盖了中间派、自由派、保守派。最后,布鲁金斯学会和卡内基国际和平基金会都有专门对中国进行研究的项目或机构,积累了大批中国专家。

1. 布鲁金斯学会

布鲁金斯学会前身是 1916 年罗伯特·布鲁金斯(Robert S. Brookings)与其他政府改革者创立的政治研究所——"第一个致力于研究国家层面公共政策的私人组织"[①]。之后,布鲁金斯分别在 1922 年与 1924 年创办了经济研究所(The Institute of Economics)和罗伯特·布鲁金斯研究院(The Robert Brookings Graduate School),1927 年这三个组织合并成立了布鲁金斯学会。学会宗旨是"提高、指导、促进经济学、政府行政、政治科学多方面研究"。目前,布鲁金斯学会拥有来自世界各地的 390 位权威专家,凭借其"独立、非党派、尊重事实"的研究精神成为最具影响力的智库。回顾其百年历史,布鲁金斯学会先后在联合国、马歇尔计划、解除管制政策、税收改革、福利改革和对外援助方面作出了巨大的贡献,特别是在对外政策方面,布鲁金斯学会被视为美国第一流的智库,对

---

① Brooking Institution, "Our History", https://www.brookings.edu/about-us/brookings-institution-history/, Accessed on novermber 13, 2016.

美国政治决策产生了深远影响。近十年来的《全球智库报告》中布鲁金斯学会一直位列第一,2020 年在对外政策及国际事务这项中排名第二。

为了更好地研究中国,布鲁金斯学会分别于 1998 年、2006 年、2007 年创建了东北亚政策研究中心(Centre for Northeast Asian Policy Studies)、约翰·桑顿中国中心(John L. Thornton China Centre)、清华-布鲁金斯公共政策研究中心。

2. 卡内基国际和平基金会

卡内基国际和平基金会创设于 1910 年,是由钢铁大王安德鲁·卡内基(Andrew Carnegie)资助成立的。从名字就可以看出,该基金会的初衷是消除战争,缔造和平。在政治立场上,卡内基国际和平基金会强调跨党派立场,不偏向任何一方,力求政治观点客观公正。在前院长马修斯的领导下,基金会对自己的职责进行了新的定位,即建立全球型智库,倡导智库专家和研究问题本身都来自当地,这样便于掌握第一手资料,研究问题也更有针对性和现实意义。在这种思路下,基金会在北京、贝鲁特、布鲁塞尔、莫斯科以及华盛顿特区设立研究机构,发展成为全球型智库。卡内基国际和平基金会往往不惜重金聘用具有政府工作经验的专家前来工作,保障了基金会专家的研究能力与学术水平。此外,基金会主办的《外交政策》杂志发行地已经覆盖全球 100 余个国家,被誉为"国际关系领域知名杂志",在提高基金会的影响力上扮演了相当重要的角色。[1]

中国项目是卡内基国际和平基金会近几年重点建设的项目。2003 年,基金会创建了独立运行的中国项目,研究内容着重于中国国内民主和法制建设、社会经济改革、区域安全等问题。此外,基金会还与清华大学国际关系学院共同建立了"清华-卡内基全球政策中心",不断拓展其在中国的活动范围,基金会的中国之路也被视为美国智库中中国化最成功的。

3. 传统基金会

传统基金会成立于 1973 年,基金会网站明确界定了该机构的任务和使命,使命是"有效的研究、卓越的沟通机制、一流的号召力",同时其致力于在自由企

---

[1] 翟东航、于洋、曹安阳:《世界著名智库概览》,载《政工导刊》2016 年第 7 期,第 19—22 页。

业、有限政府、个人自由、传统美国价值观和坚强的国家防御等原则基础上拟定和推动保守主义的公共政策议程。与其他智库不同的是,该基金会具有明确的政治倾向立场。小布什任期中,传统基金会在阿富汗战争、伊拉克问题上都产生了很大影响,被《外交杂志》评为 2009 年最具影响力的智库。[①]

4. 美国进步中心

美国进步中心是华盛顿自由派智库,其宗旨是"致力于通过进步主义思想和行动提升美国人的生活品质"[②]。该中心的前身是美国进步政策研究所,隶属民主党领导委员会。该中心给自己的定位是:独立的非党派的政策研究机构,致力于通过大胆进步的想法、强有力的领导和协调一致的行动来改善所有美国人的生活。2008 年美国总统大选中,美国进步中心选择支持奥巴马,为其提供了一系列研究报告,奥巴马当选后,中心 100 多名研究人员应邀进入奥巴马政府,对内外决策产生了深远影响。在对华政策方面,其于 2008 年发表了《进步视角下的美中关系》,强调了处理好中美关系的重要性,该报告也被美国进步中心列为十大重要报告。

三、美国主流智库对"一带一路"倡议的认知框架

"一带一路"倡议提出以来,中国已与 150 多个国家、30 多个国际组织签署了 200 多份共建"一带一路"合作文件,形成 3 000 多个合作项目,拉动近万亿美元投资规模,打造了一个个"国家地标""民生工程""合作丰碑",为共建国家发展注入强劲动力,成为最受欢迎的国际公共产品和最大规模的国际合作平台。[③]可见,中国这一倡议的实施将对世界经济政治格局产生深刻的影响。作为当今世界的唯一超级大国,美国的利益触角已经遍及世界的每一个角落,尤其是美国近年来提出的"新丝绸之路"计划,也与"一带一路"倡议有重叠部分。"一带

① 倪世雄等编著:《美国政治的理论研究》,复旦大学出版社 2014 年版,第 270—283 页。

② "About Us", https://www.americanprogress.org/about/mission/, accessed on November 13, 2016.

③ 《习近平总书记关于共建"一带一路"重要论述综述》,中国政府网,2023 年 10 月 16 日,https://www.gov.cn/yaowen/liebiao/202310/content_6909316.htm.

一路"倡议的后续推进,必然对美国产生影响,了解美国如何看待这一倡议具有较为重要的意义。正如上文所说,美国智库和美国政府对外决策之间存在着密切的联系,因此,美国智库正是可以窥探到美国政府对"一带一路"倡议所采取的态度、政策的一个窗口。

(一)关于材料来源的说明

本文一方面为了保证观点的全面性和客观性,另一方面又受限于时间和精力,因此在综合智库排名以及政治倾向的前提下,选取了布鲁金斯学会、卡内基国际和平基金会、传统基金会以及美国进步中心这四个智库。此后,以 2015 年 1 月至 2021 年 12 月为研究时间范围,以"一带一路""丝绸之路""中美关系"为关键词在各网站上进行搜索,对搜索出的文献进一步阅读、筛选,再将文献观点分类、整理得出了上述认知框架。本文将与"一带一路"相关的文章具体来源整理如表 4.4 所示。在剔除掉与本文内容相关性不大以及观点重叠的文章或报告后,写作中实际应用的文章为 42 篇。

表 4.4 智库文章具体来源统计

机构名称	"一带一路"倡议相关文章数量(篇)	标题中含"一带一路"的文章数量(篇)
布鲁金斯学会	40	12
卡内基国际和平基金会	27	14
传统基金会	17	3
美国进步中心	10	2
合计	94	31

资料来源:作者自制。

从表 4.4 数据来看,所选的这四个美国智库对"一带一路"倡议的研究有以下特点。

第一,从研究成果的数量上看,"一带一路"倡议并未引起美国主流智库的认真对待和广泛响应。从表 4.4 的统计中看到,2015—2021 年,四个智库直接以"一带一路"命名的文章仅有 31 篇,文章内容与"一带一路"倡议高度相关的也只有 94 篇。与之形成鲜明对比的是,仅布鲁金斯学会在过去一年就国际事务发表的文章至少有 2 625 篇。此外,在中国知网以"一带一路"为主题,以 2015—2021 年度为时间段进行搜索有多达 5 万余篇文章。可见,无论是和国内对"一带一路"倡议热火朝天的研究状况相比,还是和美国主流智库对其他问题的关注状况相比,美国主流智库对"一带一路"倡议的关注度是比较有限的。

第二,从研究成果的形式上看,美国主流智库对"一带一路"倡议的分析大多是相对简单的评论性文字,且大多存在于中东研究、东亚研究、中美关系等议题下相关文章的少数段落中,系统性、专门性的著作以及报告相对较少。目前已有著作是马克·雷奥纳德(Mark Leonard)2016 年编著的《连通性战争》(Connectivity War),这是一本发布在卡内基国际和平基金会网站上的报告集,其中三篇文章《中国阴影下的世界秩序》(China's Shadow World Order)、《基础设施联盟的时代》(The Era of Infrastructure Alliances)、《中国:将经济影响力转为政治影响力》(China: Turning Money Into Power)中对"一带一路"倡议进行了相关描述。[①]

此外,从报告上来看数量也非常有限,相关性较强的当属布鲁金斯学会专家杜大伟 2016 年撰写的《中国:全球投资者》(China as a Global Investor)。[②]2019 年 9 月,杜大伟又在一份报告中专门介绍了中国在非洲的"一带一路"基础设施项目。[③]

除上述报告外,2019 年 4 月,布鲁金斯学会副会长兼外交政策主任布鲁斯·琼斯召集了七位布鲁金斯学会学者,讨论了他们对"一带一路"倡议的新认知,并以采访记录的形式发布在布鲁金斯学会网站上。[④]此外,还在同月刊登了杰米·霍斯利(Jamie Horsley)发表在《外交政策》的文章,重点调查了中国政府如何应对与中国海外投资有关的一系列财政、环境、社会和政治风险问题。[⑤]

---

① Mark Leonard, *Connectivity War*, The European Council on Foreign Relations, 2016.

② David Dollar, *China as a Global Investor*, May 18, 2016, https://www.brookings.edu/research/china-as-a-global-investor/.

③ David Dollar, *Understanding China's Belt and Road infrastructure projects in Africa*, September 2019, https://www.brookings.edu/wp-content/uploads/2019/09/FP_20190930_china_bri_dollar.pdf.

④ Ryan Hass, Bruce Jones, and Jennifer Mason, *China's Belt and Road: The New Geopolitics of Global Infrastructure Development*, April 2019, https://www.brookings.edu/wp-content/uploads/2019/04/FP_20190419_bri_interview.pdf.

⑤ Jamie P. Horsley, *Can China Deliver a Better Belt and Road?*, April 21, 2019, https://www.brookings.edu/articles/can-china-deliver-a-better-belt-and-road/.

除了布鲁金斯学会,传统基金会在 2018 年 8 月发布了《中国"一带一路"倡议:战略意义与国际反对》的相关报告。①在另一些涉及中国关系的报告中,美国智库也较为系统地分析了对"一带一路"倡议的认知。其中,在美国进步中心2019 年 2 月发布的《描绘中国的全球治理愿景》中,详细阐述了对中国"一带一路"倡议的理解,并从西方自由民主的角度进行了批判。②同年 4 月,梅兰妮·哈特和凯莉·马格萨曼又在名为《限制、利用和竞争:对华新战略》的报告中,专门提及美国可以利用中国的"一带一路"倡议支持区域发展需求。③2021 年,乔丹·林克在名为《美国决策者必须了解的关于中非关系的五件事》的报告中,也重点分析了中国"一带一路"倡议对非洲的影响。④

第三,从研究成果发表的时间和作者来看,相较于其他国家和地区而言,"一带一路"倡议并没有引起美国主流智库的重视。首先,从时间线上看,发表的主要文章还是集中在 2017 年之前。2018 年起,关于"一带一路"倡议的分析文章和报告数量急剧减少。2019 年,因为中国举办第二届"一带一路"峰会,美国智库网站刊出了一批报告和研究文章,此后数量又呈现断崖式下降的趋势。整体而言,大部分的主要观点与之前发表的文章和报告类似。其次,存在同一作者写了数篇"一带一路"倡议研究文章的情况,也就是说,美国主流智库中真正关注中国这一倡议的学者少之又少。

从以上分析可以看出,美国主流智库对"一带一路"倡议的关注程度并不是很高,也并非像中国想象的那样受到广泛的认可,这就有必要对美国目前对"一带一路"倡议有怎样的认知,存在哪些偏差,能否消除这一系列问题进行解答。

---

① Jeff Smith, *China's Belt and Road Initiative: Strategic Implications and International Opposition*, August 9, 2018, https://www.heritage.org/sites/default/files/2018-08/BG3331_2.pdf.

② Melanie Hart, Blaine Johnson, *Mapping China's Global Governance Ambitions*, February 28, 2019, https://www.americanprogress.org/article/mapping-chinas-global-governance-ambitions/.

③ Melanie Hart, Kelly Magsamen, *Limit, Leverage, and Compete: A New Strategy on China*, April 3, 2019, https://www.americanprogress.org/article/limit-leverage-compete-new-strategy-china/.

④ Jordan Link, *5 Things U. S. Policymakers Must Understand About China-Africa Relations*, October 5, 2021, https://www.americanprogress.org/article/5-things-u-s-policymakers-must-understand-china-africa-relations/.

(二)"一带一路"倡议的动因认知

研究中国问题的美国学者对这一倡议的意图并不明确,下文将从经济、安全、战略等方面对智库观点进行总结。

1. "一带一路"倡议是中国追求经济新发展的举措

美国学者认为,"一带一路"倡议的出台发生在中国经济迈入新常态,增长速度出现回落的背景下。从当时的国内经济形势来看,中国面临着粗放型经济增长模式、东西部地区发展不平衡等问题,解决这些问题属于中国的当务之急。从外部环境来看,在经过1998年金融危机的冲击后,世界经济增长的动力主要来源于印度、俄罗斯、中国等新兴市场国家以及发展中国家,这些国家相对便宜的人力资源成本吸引着制造业等劳动密集型产业的进入,带动全球产业的新布局。在这样的背景下,货物、能源等在世界范围的运输需求上涨,随之而来的是对铁路、公路、物流中心等基础设施的需求,加强区域互联互通的重要性就凸显出来。因此有些智库学者便提出,中国此时提出"一带一路"倡议是为了应对国内外经济形势的新变化,是中国追求经济新发展的举措。

还有学者认为这一倡议具有平衡中国国内东西部发展的目标。前任美国国家安全委员会官员、现供职于布鲁金斯学会的学者弗林特·莱弗里特(Flynt Leverett)等人认为,自1978年中国改革开放以来40多年的时间里,中国日新月异的变化主要集中在东部沿海地区。在新的历史条件下,"一带一路"倡议的提出正是为了实现西部内陆地区的经济现代化,促进东西部地区间协调一致的发展。①

更有学者认为这将促进区域合作,加深亚洲市场一体化程度。皮尔斯·戴维斯(Pierce Davis)等认为,这一倡议将在欧亚大陆的范围内加大投资力度,拓宽中国与其他发展中国家的经济接触,扩大双边贸易流量,为沿线国家创造更多的就业机会,这必然会吸引更多的合作伙伴,加深中国与周边国家的市场一体化程度。②

---

① Flynt Leverett, Hilliry Mann Leverett, *China's Drive for a "New Silk Road"*, January 29, 2015, https://consortiumnews.com/2015/01/29/chinas-drive-for-a-new-silk-road/.

② Pierce Davis, Paul Haenle, *The Belt and Road Initiative and China's Strategic Rebalance*, April 22, 2016, http://carnegietsinghua.org/2016/04/22/belt-and-road-initiative-and-china-s-strategic-rebalance-event-5222.

除了对于实体经济的考虑之外,美国智库学者认为"一带一路"倡议对于人民币国际化也发挥着作用。布鲁金斯学会客座研究员孙仁柱(Injoo Sohn)认为,一个联盟组织有助于人民币的国际化,中国未能加入这样的联盟组织是人民币未能国际化的重要原因。而"一带一路"倡议发起后,通过亚投行以及"丝路基金"向沿线国家借贷人民币,同时贸易结算也将大规模使用人民币,扩大人民币的适用范围,有助于加强人民币作为一种全球货币的国际力量,削弱美元的霸权地位。

2. "一带一路"倡议旨在塑造稳定周边环境

许多美国智库学者认为中国"一带一路"这一宏大的倡议不仅仅是主推经济外交,其背后更有地缘政治安全的考量,旨在塑造稳定的周边环境。

中国外交中非常重要的一环便是周边外交,"睦邻、富邻、安邻"也是中国一直以来所坚持的周边外交方针。在新的历史条件下,周边外交更加成为中国外交的重中之重。如果没有邻国的支持,中国的发展将无从谈起。就中国目前的综合实力来看,更应重视与邻国的关系。而"一带一路"倡议的提出正展现出了中国对于周边国家的重视,这一倡议若能成功实施,将会加强地区一体化,提升中国在这一地区的政治、经济影响力。

布鲁金斯学会研究员克马尔·克里斯(Kemal Kirişci)和菲利普·雷科(Philippe Le Corre)认为,不管是亚洲基础设施投资银行(以下简称"亚投行"),还是"一带一路"倡议,都是中国在彰显和平发展决心、塑造稳定周边环境的新尝试。一方面,中国政府正是通过这样一个倡议消除中亚国家对于中国崛起的担心。不管是陆上丝绸之路还是海上丝绸之路,必须首先要从邻国通过,基础设施的互联也需要和邻国的合作。另一方面,中亚和中东地区长期受恐怖主义极端势力的困扰,中国"一带一路"倡议很明显将使这些地区在安全和反恐方面受益。新的经济发展机会将帮助稳定这些地区日益增长的恐怖主义,安全方面的利益也会让中美两国进一步加强合作。中国的"一带一路"倡议并非要彻底改变全球政治格局,甚至是主导世界秩序,相反,这一倡议是在中国扩大其在欧亚大陆政治影响力的同时,稳定全球经济和政治环境。①

---

① Kemal Kirişci, Philippe Le Corre, *The Great Game that Never Ends: China and Russia Fight over Kazakhstan*, December 18, 2015, https://www.brookings.edu/blog/order-from-chaos/2015/12/18/the-great-game-that-never-ends-china-and-russia-fight-over-kazakhstan/.

3. 用"一带一路"倡议缓解美国"亚太再平衡"的战略压力

2011 年,奥巴马政府公布了"亚太再平衡"战略。之后,美国在亚太地区加强了海军部署,进一步巩固与盟国的合作,同时在海洋争端上持续向中国施压。尽管美国强调"重返亚太"这样的政策并非为了对付某个国家,更不是在遏制中国的崛起,但不可否认,这难免带来美国和中国在亚太地区展开的战略竞争。亚太国际环境急剧变化,给中国带来了一定的战略压力。在这样的国际背景下,道格拉斯·包(Douglas H. Paal)认为,中国政府希望通过"一带一路"这种综合性的政策来抵消美国"亚太再平衡"战略的影响。[1]

布鲁金斯学会研究员孙云(Yun Sun)分析认为,中国的"一带一路"倡议正是对美国"亚太再平衡"战略的应对。美国的再平衡战略表明美国遏制中国不断崛起的决心,为了避免两国出现更多矛盾和问题,中国应该将注意力从竞争激烈的东亚地区转向中亚到中东这片更为广阔的区域。[2]更进一步,美国进步中心学者维卡姆·萨仁(Vikram Singh)等认为,中美在中东地区具有更为广阔的合作空间。中国在由区域性强国转变为全球性强国时,在中东地区和美国一样面临着诸如极端暴力主义、贸易安全、石油能源问题等一系列挑战,这都需要中美携手共同面对。中国"一带一路"倡议在避免中美在亚洲地区的正面交锋之外,还为两国在中东地区的合作提供了契机。[3]

可以看到,美国主流智库学者充分考虑到中国目前国内外的形势,没有否认中国"一带一路"倡议是为了缓解国内经济压力,塑造更为稳定的周边环境、避免与美国在亚太地区的正面冲突等一系列现实考量。

(三)"一带一路"倡议的影响认知

美国智库学者在对"一带一路"倡议提出的原因进行分析后,还进一步探讨了伴随倡议推进可能会对美国以及全球秩序带来什么样的影响。大部分智库

① Douglas H. Paal, *China's Counterbalance to the American Rebalance*, November 1, 2015, http://carnegieendowment.org/2015/11/01/china-s-counterbalance-to-american-rebalance/is5m.

② Yun Sun, "*March West*": *China's Response to the U. S. Rebalancing*, January 31, 2013, http://www.brookings.edu/blogs/up-front/posts/2013/01/31-china-us-sun.

③ Vikram Singh, Alan Wong, *U. S.-China Cooperation on the Middle East*, July 13, 2015, https://www.americanprogress.org/events/2015/07/06/116538/u-s-china-cooperation-in-the-middle-east/.

学者认为,这一倡议若能顺利实施,将会削弱美国在中亚、中东甚至是欧洲的主导性地位,美国务必密切注视这一倡议的进展情况。但提到这一倡议给整个世界秩序带来的影响时,智库学者则换了一副态度,认为对世界政治和经济秩序的稳定是有益的。但呼吁美国更加包容地去看待这一倡议的学者相对较少。

1. 削弱美国的地区主导性影响力

乔纳森·波拉克(Jonanthan D. Pollack)在研究中指出,"一带一路"倡议的实施将会改变中美两国在中东地区力量的相对转变,中国综合国力的提高将会对后冷战时代美国主导的国际秩序形成挑战。此外,中国几乎是其所有邻国最大的贸易伙伴,"一带一路"倡议的实施投入大量的经济资源将会给邻国带来实惠,增加其对中国的好感。可见,中国在该地区的硬实力和软实力都会增加。而美国扮演的只是防守角色,长期来看,这一倡议必然会对美国带来负面影响。[1]迈克·斯维因(Michael Swaine)也认为,中亚、东亚地区是21世纪经济增长和权力对抗的中心,同时也是美国现在及几十年以来经济增长的主要来源,这一地区还有美国最亲密的盟友,目前对美国来说是最关键的地区。中国在这一地区实施"一带一路"建设,其政治、经济、外交影响力将会改变权力格局。这种消极的权力格局的转变将会加重盟友对美国的疑虑,它们会怀疑美国是否还有能力像承诺的那样致力于亚洲事务。[2]

甚至有美国学者认为,如果美国忽视亚洲的新变化,不尽快适应并发展对应方案的话,或将失去在亚洲的影响力。保罗·斯特罗斯基(Paul Stronski)认为,中国作为中亚最重要的贸易伙伴,在中亚经济发展中发挥着不可替代的作用,这正使中国的影响力越来越大,而美国的影响力逐渐消退。[3]凯末尔·基里什奇和菲利普·勒科尔则指出,在"一带一路"倡议的推进过程中,哈萨克斯坦可能会迅速转变为主要面向中国的开放市场,一旦发生这种情况,很可能会削

---

① Jonanthan D. Pollack, *Changes and Prospects for the Structure of Regional Stability in East Asia*: *A U. S. Perspective*, January 25, 2016, http://www.brookings.edu/research/presentations/2016/01/25-regional-stability-east-asia-pollack.

② Michael Swaine, *How America Can Lead in Asia*, December 12, 2016, http://carnegieendowment.org/2016/12/12/how-america-can-lead-in-asia-pub-66428.

③ Richard Sokolsky, Paul Stronski, *How Much Should the United States Still Care About Central Asia?*, http://carnegieendowment.org/2016/01/25/how-much-should-united-states-still-care-about-central-asia-pub-62575.

弱和破坏美国主导的国际经济秩序。①

卡内基国际和平基金会研究员埃文·费根鲍姆(Evan A. Feigenbaum)认为,亚洲各国在历史上是紧密相连的,商品、资本、技术、思想都是通过丝绸之路上的商队和亚洲繁忙的海上航线被传输到各国的,只不过在 17 世纪和 19 世纪亚洲开始支离破碎。如今,中国正作为主导者将亚洲各国重新连接在一起,恢复它们在古代的关系,若美国不能尽快制定出应对方案,很可能会被排挤出亚洲。②

在中亚地区之外,放眼欧洲,美国智库学者认为欧洲将十分欢迎中国的"一带一路"倡议。与美国不同的是,当中国领导人访问欧洲时,会与欧洲领导人谈论在不同的经济体制之下,如何进一步加强各方面合作的问题。因此,大部分智库学者都认为"一带一路"倡议会给欧洲带来新的契机。

比如布鲁金斯学会研究员菲利普·勒科尔(Philippe Le Corre)认为,中国在2015 年 6 月底的中欧峰会上宣布对欧洲战略投资基金注资,正是在寻求"一带一路"建设与欧洲基础设施建设的对接,欧洲对与中国的合作也表现出极大的兴趣。"容克计划"与"一带一路"倡议的对接将给中欧经济的发展合作带来更多机遇。③帕诺斯·拉斯卡里蒂斯(Panos Laskaridis)认为"一带一路"倡议或为希腊摆脱困境提供了新方法。2016 年春天,中国最大航运公司——中国远洋控股股份有限公司收购了希腊比雷埃夫斯港口的大部分股权,这一港口是中国进入欧洲中部的入口,具有重要的经济意义,中欧关系正走在相当积极的道路上。④中美欧已成为世界上最重要的三边关系之一,欧洲国家在制定和调整对华政策的过程中往往会先揣测美国可能的反应并对本国政策作出相应调整,因而

---

① Kemal Kirişci and Kemal Kirişci, *The New Geopolitics of Central Asia*: *China Vies for Influence in Russia's Backyard*, January 2, 2018, https://www.brookings.edu/articles/the-new-geopolitics-of-central-asia-china-vies-for-influence-in-russias-backyard/.

② Evan A. Feigenbaum, "Why American No Longer Gets Asia", *Washington Quarterly*, 2015, 34: 25—43.

③ Philippe Le Corre, *EU-China Summit*: *What Happens When the U. S. Isn't Watching*, June 26, 2015, http://www.brookings.edu/blogs/order-from-chaos/posts/2015/06/26-china-europe-summit-lecorre.

④ Panos Laskaridis and Leonidas Rokanas, *Sino-Hellenic Cooperation on the Maritime Silk Road*, September 26, 2016, http://carnegietsinghua.org/2016/09/26/sino-hellenic-cooperation-on-maritime-silk-road-event-5372.

受到美国因素的影响和制约。"一带一路"倡议实施后,更为密切的中欧关系将会制约美国的单边主义,削弱美国在欧洲地区的影响力。

2. 反衬出美国"新丝绸之路"的失败

早在 2011 年 7 月,美国时任国务卿希拉里在金奈发表演讲,第一次向世界宣布美国"新丝绸之路"计划,号召设立一个以阿富汗为核心、贯穿中亚至南亚的交通与贸易枢纽,并试图建立一条由其主导的"新丝绸之路"。但由于阿富汗动荡的局势,美国这一计划进展缓慢,尤其是目前最重要的两个项目——中亚—南亚输电路项目和土库曼斯坦—阿富汗—巴基斯坦—印度天然气管线项目进展缓慢。[①]而中国此后提出"一带一路"倡议,二者难免会被放在一起比较。

正如理查德·索科尔斯基(Richard Sokolsky)所说,虽然美国在中亚取得了一定的成绩,但显然其希望通过"新丝绸之路"来将中亚和阿富汗、巴基斯坦联系起来的计划是失败的,而中国提出的、同样是希望通过阿富汗来将中国和其西部邻国相连以保障能源安全的丝绸之路经济带,已经有亚投行与"丝路基金"等系统性工程进行全面推进,美国"新丝绸之路"计划不由得相形见绌。[②]与美国相比,无论是在外交还是经济方面,中国在阿富汗地区有更多实质性的动作,与之进行了更加密切的联系。2014 年,中国有多位高层访问阿富汗,向其提供了援助资金。"授之以鱼不如授之以渔",在资金援助之外,中国还为阿富汗学生来中国学习设置奖学金,为其培养上千名专业人才等。中国在确保阿富汗政治和安全成功过渡之外,更是考量到阿富汗的稳定对中国"丝绸之路经济带"具有关键性作用。阿富汗位于亚洲核心位置,联通中亚、西亚、南亚,阿富汗的稳定与否直接影响到中国"一带一路"倡议能否顺利实施。

在上述竞争意识较强的观点之外,极少数学者认为美国更应该以合作、包容的视角去看待中国的行为。杜大伟认为,表面上来看,不管是美国一些盟友最后选择加入亚投行,还是"一带一路"使得美国的"新丝绸计划"黯然失色,似

---

① 崔日明、陈晨:《美国"新丝绸之路"战略研究》,载《世界经济与政治论坛》2016 年第 3 期,第 74—86 页。

② Richard Sokolsky, Paul Stronski, *How Much Should the United States Still Care about Central Asia?*, http://carnegieendowment. org/2016/01/25/how-much-should-united-states-still-care-about-central-asia-pub-62575.

乎都是中国在外交上取得了胜利。但美国应该用一种更开阔、更包容的态度去理解这些举措,应该为中国开始肩负起自己的责任而感到高兴。亚投行和"一带一路"倡议的出现,一方面,都是与现有体系的互补;另一方面,竞争也会促使效率提高,虽然竞争也许会导致贸易集团的出现,但其最终的结果必然是合作,这已经不是一个零和博弈的时代。①梅兰妮·哈特和凯莉·马格萨曼也建议美国可以利用中国"一带一路"倡议的积极方面,同时通过一些具体的方式淡化和抵消"一带一路"的负面影响,而不是试图阻止整个倡议。②

但是也有少数学者认为,跳出美国的视角,从整个世界出发,中国此举是具有积极意义的。布鲁金斯学会研究员杰瑞米·夏皮罗(Jeremy Shapiro)认为,当下美国和日本一直试图阻挠中国在全球治理中发挥出与其经济实力相匹配的作用,中国推行这些举措,只是想参与到全球治理中,肩负起一个大国应有的责任。③李成也认为中国正在积极倡导国际秩序的集体领导。中国在基础建设方面已经成为全球的楷模,"一带一路"倡议正是试图发挥自己的优势来帮助世界上其他国家建立基础设施。中国所提出的"一带一路"倡议和亚投行更多是改善而不是取代现有国际秩序,也不是要去取代美国,不能带着零和博弈的思维去看待中美关系。④

(四)"一带一路"倡议的风险认知

1. "一带一路"沿线面临恐怖主义和极端主义威胁

在"一带一路"建设可能遇到的风险中,学者们还提到了恐怖主义和极端主义。"一带一路"沿线的国家一般经济发展水平不高,甚至仍处于转型中,面临着恐怖主义、毒品走私、宗教矛盾、政局不稳等各种问题。"一带一路"西侧是瓜

---

① David Dolla, *China's Rise as a Regional and Global Power: The AIIB and the "One Belt, One Road"*, July 15, 2015, http://www.brookings.edu/research/papers/2015/07/china-regional-global-power-dollar.

② Melanie Hart, Kelly Magsamen, *Limit, Leverage, and Compete: A New Strategy on China*, April 3, 2019, https://www.americanprogress.org/article/limit-leverage-compete-new-strategy-china/.

③ Jeremy Shapiro, *The Chinese Foray into Global Governance*, April 1, 2015, http://www.brookings.edu/blogs/order-from-chaos/posts/2015/04/01-china-global-governance-shapiro.

④ 李成:《中国积极倡导国际秩序的集体领导》,2016 年 9 月 2 日,https://www.brookings.edu/zh-cn/on-the-record/g20。

达尔港和喀喇昆仑公路,分别是海上能源运输通道和陆上运输通道,这两个通道位于恐怖主义和极端主义盛行的地区,未来如何确保港口和公路的安全,是中国与相关国家共同面临的难题。此外,随着"一带一路"互联互通的推进,国外不安全因素也会伴随通道的便捷性渗透进入中国,未来恐怖主义、极端势力等都有可能成为中国新的威胁。卡内基国际和平基金会主办的杂志《外交政策》上刊登了基思·约翰逊(Keith Johnson)的观点,他认为,如果不能对"一带一路"沿线的恐怖分子和极端分子进行有效控制,那么中国希望通过"一带一路"实现能源进口通道多元化的可能性很小。[①]

2. 中国对外投资有效性问题

这一有效性可以体现在两方面:一方面中国对外投资的回报能否得到保障;另一方面中国的投资是否能真的给当地国家带来好处。

在投资回报的问题上,以非洲为例,孙云认为,中国在非洲的投资并非免费的馈赠,非洲是否有能力来偿还中国的贷款就是一个问题,如果可以偿还,如何偿还又是一个问题。一些非洲国家政治上存在的风险以及波动的政治环境也会影响该倡议投资计划的进行。此外,"一带一路"倡议对于借贷的标准十分宽松,如果沿线国家并没有合理利用借到的资金,或是将资金投入到很不成熟的项目中,中国就会白白损失这些资金。如果中国的投资失败,那么其面临的额外压力也会陡增,就达不到中国欲谋求经济发展的目标。

从上文中可以看出,在动因认知上,智库学者们承认"一带一路"倡议将给中国带来的诸多好处,比如解决国内经济问题、促进中国周边政治环境的稳定、促进人民币国际化等,这与中国自身的现实考量也是一致的。

在影响认知上,主要的观点是未来"一带一路"倡议将挑战美国在全球的主导性地位。伴随中国在"一带一路"沿线资金的投入、基础设施的建设,沿线国家也会对中国产生更多的好感,美国未来甚至有可能被排挤出亚洲。此外,也有少数学者跳出了美国的视角,从全球来看,认为中国是在倡导全球秩序的集体领导,对世界和平与稳定是有积极作用的。

在风险认知上,一部分学者表达了对沿线国家的政治局势和周边大国不配

---

① Keith Johnson, *Rough Ride on the New Silk Road*, January 1, 2014, http://foreignpolicy.com/2014/05/01/rough-ride-on-the-new-silk-road/.

合的担心。整体来看,美国智库学者认为中国要想顺利推进"一带一路"倡议还任重道远。

四、影响美国主流智库对"一带一路"倡议总体评判的因素

(一) 影响美国主流智库对"一带一路"倡议评判的基本因素

"一带一路"倡议提出十多年以来,并未受到美国官方以及智库层面的高度重视。在有限的材料中,美国主流智库学者对"一带一路"倡议的认知是复杂的。一部分学者与中国学者的观点基本一致,承认此举将给中国、周边国家乃至世界秩序所带来的好处,另一部分学者却在宣扬"中国威胁论",同时怀疑中国未来推进"一带一路"倡议的决心和能力,与中国方面认知相比出现了较大的偏差。那么,为什么会出现这样的偏差?

美国一些消极看法的背后,一个基本事实显而易见,那就是中美实力的差距在逐渐缩小,其中以中国经济地位的变化为先导。虽然相对于其他国家,美国的经济实力依旧具有绝对优势,但是与中国经济的相对差距已经越来越小。我们可以从国内生产总值、对外贸易、对外直接投资三个方面来对中美实力进行对比。

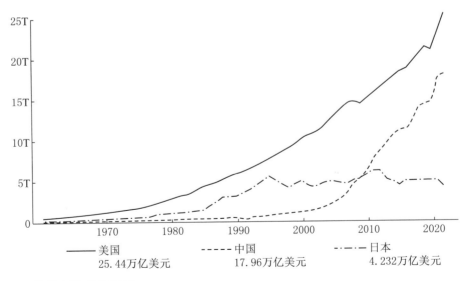

资料来源:世界银行。

图4.1 中国和美国的 GDP 变化情况(万亿美元)

从国内生产总值（GDP）上看，2000 年美国、中国的 GDP 分别为 10.28 万亿美元和 1.21 万亿美元，中国 GDP 仅为美国的 11.7%；2020 年美国 GDP 为 25.44 万亿美元，中国为 17.96 万亿美元。经过 20 年的发展，从绝对数量上看，中国 GDP 增长了近 14 倍；从相对数量上看，中美 GDP 之间的差距迅速收窄。

中国在对外贸易方面更是突飞猛进。2013 年，中国进出口贸易额创下历史新高——4.16 万亿美元，第一次超过美国成为世界第一，同时成为 120 多个国家和地区最大的贸易伙伴。2022 年，中国已成为 140 多个国家和地区的主要贸易伙伴，货物贸易总额居世界第一，吸引外资和对外投资居世界前列，形成更大范围、更宽领域、更深层次对外开放格局。[①]在货物贸易方面，2005 年中国出口总值约为 7 620 亿美元，在全球出口总值中的比例为 7%，2023 年，中国进出口总值 41.76 万亿元人民币，约合 5.94 万亿美元，领先第二名美国 0.75 万亿美元，连续七年保持全球货物贸易第一大国地位。[②]在"一带一路"倡议提出了互联互通之外，中国还与东盟、智利、瑞士、新西兰等国签署了自贸协定，致力于推进《区域全面经济伙伴关系协定》（RCEP）等自贸协定，逐步打造高标准的自贸区网络。

在 FDI 方面，根据商务部、统计局、国家外汇管理局发布的《2013 年度中国对外直接投资统计公报》，2013 年美国、中国 FDI 流量分别为 3 383 亿美元、1 078 亿美元，中国 FDI 流量总额跃居全球第三，中国 FDI 流量约为美国同期的 1/3，而在十年前，这一比例仅为 2%左右。十年之后的 2023 年，中国全行业对外直接投资 10 418.5 亿元人民币，比上年（下同）增长 5.7%（以美元计为 1 478.5 亿美元，增长 0.9%）。其中，我国境内投资者共对全球 155 个国家和地区的 7 913 家境外企业进行了非金融类直接投资，累计投资 9 169.9 亿元人民币，增长 16.7%（以美元计为 1 301.3 亿美元，增长 11.4%）。[③]与此同时，人民币国际化持

① 《我国成为 140 多个国家和地区的主要贸易伙伴——国际经济合作和竞争新优势不断增强》，中国政府网，2022 年 11 月 23 日，https://www.gov.cn/xinwen/2022-11/23/content_5728355.htm。

② 《世界贸易组织报告：我国连续 7 年保持全球货物贸易第一大国地位》，中华人民共和国商务部，2024 年 4 月 17 日，http://chinawto.mofcom.gov.cn/article/ap/p/202404/20240403503649.shtml。

③ 《2023 年我国全行业对外直接投资简明统计》，中华人民共和国商务部，2024 年 1 月 29 日，http://m.mofcom.gov.cn/article/tongjiziliao/dgzz/202401/20240103469616.shtml。

续推进,2013 年跨境贸易人民币结算额累计达 4.63 万亿元,同比增长 57%;
2023 年,经常项下跨境人民币结算金额为 14.03 万亿元,其中货物贸易、服务贸易
及其他经常项目分别为 10.69 万亿元、3.34 万亿元;直接投资跨境人民币结算金额
为 7.6 万亿元,其中对外直接投资、外商直接投资分别为 2.6 万亿元、5 万亿元。[①]上
述经济总量、对外贸易、FDI 等指标表明,中国的经济地位正处于持续上升阶段。

　　尽管中国经济增长更多体现为作为发展中国家的经济总量的增加,但其增
长速度给美国带来了强烈冲击。从美国的角度分析,中国发生着日新月异的变
化,反观自身,美国的相对衰落也是不争的事实。国内的高赤字、高债务、就业
不足、社会分化、先进制造业和基础设施建设受资金制约等,都将不利于美国经
济的长期增长。两国实力状况的变化对美国来说是不利的,这难免会引发美国
的防华心理和危机感。

　　因此,当中国提出"一带一路"这样一个宏大的倡议时,美国方面不愿看到
中国这一倡议得到周边国家的热烈响应,更不愿看到未来可能实现的中国和其
他国家间的互利共赢,更担心自己被排除在这一体系之外。在这种认知下,美
国认为中国的"一带一路"倡议实际上是在"拉拢"沿线国家,来对抗西方世界。
可见,美国依旧认为自己是世界的核心,依旧通过一种由上而下的视角去审视
中国目前的外交政策和方针。甚至美国民众心中的这种民族优越感影响了美
国学者对"一带一路"倡议的正面认知,这也是导致该倡议至今在美国官方没有
受到广泛重视和积极认可的首要原因。

(二) 未来美国政策走向预测

　　美国政治理论家布热津斯基(Zbigniew Brzezinski)曾指出:"对美国来说,欧
亚大陆是最重要的地缘政治目标,能否持久、有效地保持在欧亚大陆举足轻重
的地位,将直接影响到美国对全球事务的支配。"[②]而"一带一路"涉及的正是欧
亚大陆,虽然中国方面不断申明"一带一路"倡议是为了开创欧亚大陆国家共

[①]　《央行:2023 年经常项下跨境人民币结算金额为 14.03 万亿元》,2024 年 1 月 12 日,
https://www.thepaper.cn/newsDetail_forward_25992093。

[②]　Zheng Wang, *China's Alternative Diplomacy*, January 30, 2015, http://thediplomat.com/
2015/01/chinas-alternative-diplomacy/.

赢、互惠的局面,而不是为了扩张势力范围,对这一大陆之外的国家并不排斥,但这样宏大的倡议难免触动美国的神经。

经济一直是美国霸权的基石,为了维持这一经济霸主地位,美国不会允许任何一个有实力挑战自己的经济体崛起。一个例子就是日本,20世纪七八十年代的日本经济达到巅峰,美国认为这将对自己经济霸主的地位产生影响,便和德、法、英、日五国达成"广场协议",这一协议最直接的后果便是日元升值,市场上流通资本过剩,经济泡沫不断扩大直至破灭。①虽然日本国内过度宽松的货币政策也是经济崩溃的主要原因之一,但美国的推波助澜值得引起警惕。因此,面对一个同样在经济上强势崛起的中国,美国不会放任不管,具体来看,美国可能采取以下措施。

1. 为"一带一路"倡议设置障碍

此前,时任白宫新闻发言人乔希·欧内斯特(Josh Earnest)表示,像亚投行这样的多边国际组织和金融机构,如果要成功的话,需要达到非常高的标准。②奥巴马也曾表示,如果要成立一个新的多边借贷机构,最好有一些这一机构可以遵守的指导原则,整个机构运行必须得有透明度。③从特朗普时期开始,美国明显加大了对中国的遏制力度,特别是拜登政府从2021年起,就提出了"重建更好世界"计划(B3W)试图对冲中国的"一带一路"倡议。可以看出,近10年来,美国决策者对"一带一路"倡议的焦虑有增无减。

此外,美国还有可能进一步通过插手沿线国家内政来阻碍甚至是破坏"一带一路"倡议的推进。目前美国与菲律宾、泰国等组建的双边联盟并非一般的联盟关系,而是"威权式联盟",这种联盟最突出的特点是联盟内国家力量悬殊,美国作为主导者,对另一方具有很强的制约能力。同时也正因为这种威权的存在,联盟具有很强的凝聚力,很难解散。因此,在未来较长一段时

---

① 林尚杰:《从"一带一路"视角看美国介入南海争端》,载《政法论坛》2016年第5期,第139—140页。

② The White House Office of the Press Secretary, Press Briefing by Press Secretary Josh Earnest, 2015/03/20, https://www.whitehouse.gov/the-press-office/2015/03/20/press-briefing-press-secretary-josh-earnest-3202015.

③ The White House Office of the Press Secretary, Remarks By President Obama and Prime Minister Abe of Japan at Arrival Ceremony, 2015/04/28, https://www.whitehouse.gov/the-press-office/2015/04/28/remarks-president-obama-and-prime-minister-abe-japan-arrival-ceremony.

间内,美国在联盟内都具有较强的话语权。当其感受到中国"一带一路"倡议的推进超出其控制时,极有可能插手这些国家的对华政策来对中国进行制约。

在具体操作上,一方面,美国利用中国与周边国家现有的矛盾,通过暗箱操作支持当地反华势力登上政治舞台,直接导致中国在当地的项目建设取消或停止;另一方面,美国可能从舆论出发,破坏中国政府及中国投资者的形象,让当地群众不支持一些投资项目,从民间层面为中国设置阻碍。美国与缅甸恢复邦交、在澳大利亚达尔文地区重新部署海军、支持日本重整军备等,都是以往美国温和对抗中国崛起的举措,在未来,美国很有可能继续以各种小伎俩来阻碍中国"一带一路"倡议的实施与推进。

2. 反制中国的"一带一路"

美国方面也有可能认为,单从中国角度出发对中国进行制衡是不够的,美国自身也可以更加积极地采取某种措施来对抗或抵消这一倡议可能带来的不利影响。这一观点智库学者也有提及。托马斯·赖特(Thomas Wrigh)认为,美国对亚投行实行的阻挠主义还不够高明,美国政府应该采取更加积极的战略来制衡中国发起的这一国际金融机构。同时他还对英国政府为了自身商业利益对中国采取的合作态度表示不满,认为西方国家应该团结一致应对中国。[1]迈克尔·斯温(Michael Swaine)也提出,美国要在"一带一路"倡议一切都明朗以前,利用现有的政治影响力来反击中国。未来要实现这一目标,美国在亚洲地区的政策目标要转变为建立某种机制来对抗日益强大的中国,而不是再追求一种虚无的军事优越感。[2]在具体操作上,美国很有可能继续从军事、经济两个方面来对中国这一倡议进行反制。

美国有可能通过推行区域性的经济自由化来抗衡中国在经济上的一系列举措。这一举措包括开放美国国内外市场、鼓励区域贸易自由化等,以吸引各国投资者参与到由美国开拓的自由市场中来,与中国的"一带一路"形成竞争关

---

[1] Thomas Wrigh, *A Special Argument*:*The U. S.*,*U. K.*,*and the AIIB*, March 13, 2015, https://www. brookings. edu/blog/order-from-chaos/2015/03/13/a-special-argument-the-u-s-u-k-and-the-aiib/.

[2] Michael Swaine, *How America Can Lead in Asia*, December 12, 2016, http://carnegieen-dowment.org/2016/12/12/how-america-can-lead-in-asia-pub-66428.

系,进而削弱沿线各国与中国在经济上的联系。目前,美国仍是世界上最大的经济体,如果愿意,也依旧是经济自由化强有力的推动力量。

对于美国而言,推行经济逆全球化的大趋势难以很快发生变化。然而,推动部分领域的经济区域化合作、"撇开中国,另起炉灶"的做法依旧是美国可能遏制"一带一路"经济影响力的有效办法。在拜登任期内,美国联合盟友在全球产业链与中国脱钩,不断引导构建"去中国化"的产业链体系,这一做法即反映了美国的意图。

亚太地区国家已形成了"防务靠美国"这一传统,美国未来很可能对这一现成优势加以利用。美国太平洋司令部设在夏威夷,也已在亚太地区建立起军事基地网络,主导着一系列双边协定,因此未来美国很可能通过加强与该地区盟友的防务合作来维持自身的主导性地位,以对冲中国可能带来的不利影响。美国军方发布的新版《21世纪海上合作战略》重申"加强合作"的基础性作用,强调了"印亚太"地区对美国的重要程度,提出了"全域介入"的新战略。[1]该战略的"印亚太"与中国"21世纪海上丝绸之路"有重合区域,再加上美国不断强化与同盟国家的军事合作,这都表明美国已开始对中国的"一带一路"倡议实施反制。事实上,从美国政府近年来的举措也可以看出,印太战略是美国遏制中国"一带一路"倡议的重要战略。2022年2月,美国正式发布《印太战略》,自此以来,美国致力于推进印太地区的共同愿景,促进建立一个自由开放、互联互通、繁荣安全和具有韧性的印太地区。[2]可以看出,美国将持续通过印太战略反制"一带一路"倡议,扼制中国在这一地区影响力的提升。

3. 在特定领域与中国开展合作

美国的外交具有双面性,但其核心是现实主义。尽管在很多人看来,中美在"一带一路"问题上的竞争和冲突不可避免,但中美在中亚、中东等地区也有

---

① 刘佳、石莉、孙瑞杰:《2015年美国〈21世纪海上力量合作战略〉评析》,载《太平洋学报》2015年第10期,第50—54页。

② Office of The Spokesperson, *The United States' Enduring Commitment to the Indo-Pacific: Marking Two Years Since the Release of the Administration's Indo-Pacific Strategy*, February 9, 2024, https://www.state.gov/the-united-states-enduring-commitment-to-the-indo-pacific-marking-two-years-since-the-release-of-the-administrations-indo-pacific-strategy/.

很多利益重合点,在提供全球公共产品等其他特定领域也完全可以展开合作。

在公共产品的提供上,杜大伟就认为亚投行与现有金融机构的作用正是互补的。他认为世界银行及现存的多边发展银行目前的问题在于,虽然雇员的业务素质很高,但这些机构效率不高且官僚化现象严重,不愿为发展中国家基础建设的融资承担风险,发展中国家很难从这些机构中获得融资。亚投行正好填补了这一空白。从美国自身利益考虑,其对亚投行破坏现有金融秩序的担心是可以理解的,但美国要求其他国家在亚投行建立起风险防御机制之前不要加入则是一种失误。亚投行是有可能引起世界范围的对立和竞争,但更可能的是会与现有机构一起合作。因此,美国应该支持中国建设亚投行。①乔纳森·波拉克同样认为,美国应该支持"一带一路"以及亚投行的建设,并从中寻求合作机会。②

在阿富汗问题上中美存在合作空间。无论是美国的"新丝绸之路"计划还是中国的"一带一路"倡议,都经过了阿富汗地区,因此阿富汗的政治环境能否稳定下来都是两国关心的问题。奥巴马上台后开始从阿富汗撤军,目前,无论是阿富汗的重建问题,还是当地极端主义和恐怖主义盛行的问题,都需要多个国家联手解决,因此,美国也希望中国在当地投资基础设施建设,发挥更多的作用。在地区安全问题上,中美之间互补性大于竞争性。中美在阿富汗问题上已经存在"中美俄+"磋商机制,在阿富汗处于百业待兴、由乱及治的关键时期,中国和美国可以创造机会,进一步加强在这一地区的合作。此外,在暴力极端主义、石油和能源、贸易安全等问题上,中美在中东地区存在共同利益,同样可以开展合作。

综上可知,美国主流智库对中国"一带一路"倡议存在一定的认知偏差,中美意识形态不同、文化模式不同、近年来中美实力的变化等都导致这种偏差。综合考虑中美认知后,我们可以窥测到,未来美国在和中国保持有限合作的前

---

① David Dollar, *Welcome the New AIIB*, April 9, 2015, https://www.brookings.edu/blog/order-from-chaos/2015/04/09/welcome-the-new-aiib/.

② Jonanthan D. Pollack, *Joining the Club: How Will the United States Respond to AIIB's Expanding Membership*, https://www.brookings.edu/blog/order-from-chaos/2015/03/17/joining-the-club-how-will-the-united-states-respond-to-aiibs-expanding-membership/.

提下,更多是为"一带一路"倡议设置障碍,或是主动出击反制这一倡议。

五、结　语

中美关系是一组高度复杂的战略关系,中美关系的定位和走向,毫无疑问是美国智库对中国"一带一路"倡议认知框架的基础,规定和约束着其研究方向、研究重点和总体策略。

2017 年 3 月 19 日,时任美国国务卿雷克斯·蒂勒森(Rex Tillerson)访华期间曾表示,愿本着"不冲突、不对抗、相互尊重、合作共赢"这 14 个字发展中美关系,特朗普政府并不希望恶化与中国的双边关系,中美两国完全可以成为很好的合作伙伴。这是美国高级别官员第一次在公开场合评论中美关系时正式使用"相互尊重"一词。2023 年,中美元首在旧金山举行会晤,达成一系列重要共识,对稳定"跌跌不休"的双边关系、扩大两国间的合作面具有重要意义,也向动荡不定的世界释放了积极信号。但从目前对美国主流智库就"一带一路"倡议的研究成果来看,研究层次远远落后于"相互尊重"中美新型大国关系,明显停留在之前所谓的"不冲突、不对抗"的中美关系界定上。

从智库学者研究成果的形式上看,诸多学者的讨论主要是发布在智库官方网站及其发行杂志上的文章或是评论,系统性的报告或是出版物较为少见。从智库学者研究成果的内容上看,美国方面的认知仍存在一定偏差。总之,美国方面的负面看法较多,与中国"互惠""共赢"的初衷完全不同。这根源于中美意识形态不同、文化模式不同、中美实力的对比变化等。

为了消除差异性带来的困境,中国已经出台了一系列民心沟通和信息畅通的措施。2017 年 3 月,官方网站"中国一带一路网"已投入使用,迄今为止,网站已发布 169 个国家的投资指南。①在文化差异上,中国积极借助"一带一路"平台在各个国家和地区开展文化交流年,增强民心的沟通。中国企业在"走出去"的过程中,也非常重视培训员工对当地文化的了解,培养员工形成尊重当地文化的基本意识,尽量防止因文化差异产生的冲突。在商务及法律制度上,中国企

---

① 该网站网址为 https://www.yidaiyilu.gov.cn/index.htm。

业通过近十年的实践,也越来越能够适应各个地区的商务及法律制度。

　　然而,由于受到各自国家利益的掣肘,以及国际关系复杂性和脆弱性的影响,各国对"一带一路"项目的实施必然存在警惕性,也会非常挑剔。因此,推动"一带一路"建设并不仅仅是某个阶段的事情,而是贯穿在中国未来参与全球治理,推动经济自由化发展的全过程。对于中国而言,不论国外的言论如何,中国要更加坚定自己的战略自信,在保证项目质量的基础上,推动一个个具体项目的落地,方能推动"一带一路"高质量建设的行稳致远。

图书在版编目(CIP)数据

"一带一路"实践探索与问题研究 / 李巍主编.

上海 : 格致出版社 : 上海人民出版社，2025. -- ISBN
978-7-5432-3662-2

Ⅰ. F125

中国国家版本馆 CIP 数据核字第 2025DV1922 号

责任编辑　王亚丽
封面设计　路　静

"一带一路"实践探索与问题研究

李巍　主编

出　　版　格致出版社
　　　　　上海人民出版社
　　　　　（201101　上海市闵行区号景路 159 弄 C 座）
发　　行　上海人民出版社发行中心
印　　刷　商务印书馆上海印刷有限公司
开　　本　720×1000　1/16
印　　张　14
插　　页　1
字　　数　211,000
版　　次　2025 年 5 月第 1 版
印　　次　2025 年 5 月第 1 次印刷
ISBN 978－7－5432－3662－2/D·203
定　　价　75.00 元